林安梧著

中國人文詮釋學

臺灣學生書局印行

《中國人文詮釋學：
「生活世界」與「意義詮釋」》
代序

　　這部《中國人文詮釋學》，是我多年來對於「經典」、「話語」、「詮釋」與「方法」諸多思考的一個成果。早在這個世紀初，其實是上個世紀末，也就是二〇〇〇年八月，我接受了當時任臺灣師範大學國文系主任的傅武光教授之邀，從清華大學回到了母校臺灣師範大學來任教，八月起，即在臺灣師大國文系為研究生們講「教學、思想與方法」一課。起初，我也不知該怎樣開啟這課程，武光兄要我朝「人文學方法論」的方向講；這適巧與顏崑陽教授之邀我到東華大學中文系為博士生講的「現代人文學方法論」可以關聯為一體。就這樣，我在二〇〇〇年暑假講了這八講，大體而言，它是環繞「詮釋」與「方法」而展開的深層反省，一種上透到「存有的根源」（道）的反省。

　　這部書稿，大體在二〇〇〇年暑假完成初步錄音整理的工作，後來迭經修訂，在二〇〇三年以《人文學方法論：詮釋的存有學探源》一名出版。這書現已全部售罄，因緣須要，應再出版。

　　再出版，總要再給個序，但該縷述的因緣脈絡乃至主旨內函，已在原版序中，卻不知如何著筆。如此因循，蹉跎多時，直到書局來催，才知此事已不能再拖，卻因此腦海裡躍出了「生活世界」與「意義詮釋」的字眼來，就以此做為我的新版代序吧！

一、「生活世界」之總的理解

1. 「生活世界」一詞指的是吾人生活所成之世界。

　　「生」是通貫於天地人我萬有一切所成之總體的創造性根源。

　　「活」是以其身體、心靈通而為一展開的實存活動。

　　「世」是綿延不息的時間歷程。

　　「界」是廣袤有邊的空間區隔。

1.1. 「生活」是由通貫於天地人我萬有一切所成之總體的創造性根源，落實於人這樣的一個「活生生的實存而有」，以其身體、心靈通而為一，因之而展開的實存活動。

1.2. 「世界」是此綿延不息的時間歷程與廣袤有邊的空間區隔。時間歷程本無區隔，空間之廣袤亦本為無邊，但經由人之「智執」，因之而有區隔，亦因之而能得交錯。

1.3. 生活之為生活是因為人之「生」而「活」，世界之為世界亦因人之參與而有「世」有「界」。

1.4. 「生活世界」是「生—活—世—界」，是「生活—世界」，是「生活世界」，是天地人三才，人參與於天地之間而開啟之世界。

二、「意義詮釋」之總的理解

2. 「意義詮釋」指的是吾人以其心意，追求意義，開啟的言說，道亦因之而彰顯。

「意」是「意向」，是由純粹意向而走向一及於物的意識狀態。

「義」是由「意向」之走向一及於物的狀態，因之而生的意義理解。

「詮」是「言詮」，是由意向、意義而開啟的言說、徵符。

「釋」是「釋放」，是由總體之創造性根源的「道」之彰顯與釋放。

2.1. 「意義」是由「境識俱泯」、「境識俱起而未分」下的純粹意向，進而「境識俱起而兩分」，因之而「以識執境」，這一連串不息之歷程而生者。

2.2. 「詮釋」是由意義所必然拖帶而開啟之言說、徵符所構成者，如此之構成實乃道之彰顯與釋放。

2.3. 「意」之迴向於空無，而「義」則指向於存在。「詮」之指向「言說」與「構造」，而「釋」則指向「非言說」與「解構」。

2.4. 「意義詮釋」是「意─義─詮─釋」，是「意義─詮釋」，是「意義詮釋」，是人由其「本心」，經其「智執」，參與於天地人我萬物而開啟者，而生之解放者。

三、「生」：總體的創造性根源

3. 「生」是通貫於天地人我萬有一切所成之總體的創造性根源。

3.1. 如此說「生」，是承繼於「天地之大德曰生」之傳統而說者。

3.2. 說「天地之大德」是因「人之參與」而有天地之大德。

3.3. 換言之，由《中庸》、《易傳》之形而上的立言，而往人的心性論走，並無所謂宇宙論中心的謬誤。

3.4. 問題的關鍵點在於並不將宇宙推開去說，而是將宇宙與人關連

成一個整體來說，是宇宙原不外於人，人亦當不外於宇宙。

（陸象山語「宇宙原不限隔人，人自限隔宇宙」）

3.5. 宇宙論、本體論、心性論、實踐論是通而為一的。

3.6. 不是由人之心性去潤化一個形而上之理境，因人之道德實踐論而開啟一道德的形而上學，而是「天、地、人交與參贊」。

3.7. 「交與參贊」的強調是要闡明一「非主體主義」的立場，而是一主客交融，俱歸於寂，即寂即感，感之成「執」，又能迴返於「無執」。

3.8. 「無執」與「執」並非決定於「一心開二門」，而是取決於「存有的根源—X」（境識俱泯）、「無執著性、未對象化之存有」（境識俱起而未分）、「執著性、對象化的存有」（境識俱起而兩分，進而以識執境）這歷程。

3.9. 關聯於此，吾人可說如此之立場較近於「氣」之感通的傳統，而以為「心即理」的「本心論」與「性即理」的「天理論」皆有可議者。其為可議，皆應銷融於「氣的感通」這大傳統中，而解其蔽。

四、「活」：身心一如的實存活動

4. 「活」是以其身體、心靈通而為一展開的實存活動。

4.1. 「身體」與「心靈」是通而為一的，不是「以心控身」，而是「身心一如」。

4.2. 「以心控身」，是身心分隔為二，而「身心一如」則是打破此分隔，回到原先的無分別相、無執著相。

4.3. 關聯著「以心控身」，是「以識執境」；「身心一如」則是「境識俱泯」，渾歸於寂。

4.4. 再者，「以心控身」身之作為心所宰控者，身是隸屬於心的，嚴重的說「身」成了「心」之奴，「心」則為「身」之主。

4.5. 這樣的「主奴」關係，就中國文化而言是與其「父權社會」與「帝皇專制」密切關聯在一起的。

4.6. 「主奴式的身心論」這樣所構成的心性論傳統，必然會走向吃人的禮教、以理殺人。

4.7. 破除「主奴式的身心論」，回到原初的「主客交融式的身心論」，不再是「以心控身」，而是「健身正心」。

4.8. 「健身正心」、「身心一如」，所以不再強調「一念警惻便覺與天地相似」，而是「天地人交與參贊」。強調「身」的活動帶起「心」的活動，「心」的活動又潤化「身」的活動。

4.9. 「活」是以其身體、心靈通而為一所展開的實存活動，這是活生生的實存而有的「實—存—活—動」。

五、「世」：綿延不息的時間歷程

5. 「世」是綿延不息的時間歷程。

5.1. 時間是綿延不息的，也是剎那生滅的。

5.2. 就其綿延不息，我們說其非空無，但彼亦非一可對象化之存在。

5.3. 就其剎那生滅，我們說其還本空無，此亦非一對象的空無，而是一場域之空無。

5.4. 「場域之空無」是使得一切有之所以可能的天地（Horizon），這是在未始有命名之前的存在，所謂「無名天地之始」是也。

5.5. 「場域之空無」非空無，這亦得回返到「境識俱泯」（即迴返到「存有的根源—X」）上來說，從此而可知時間乃是道之彰顯所

伴隨而生者。

5.6. 「場域之空無」使得「天地人交與參贊而成之總體」因之而得開顯，就此開顯而為綿延不息。

5.7. 「綿延不息」與「人」之參贊化育密切相關。這是從「場域之空無」走向「存在之充實」，儒學之為實學所重在此充實之學也。

5.8. 佛老皆強調回到場域之空無，而儒家則強調落實於存在之真實，因之主張綿延不息。

5.9. 「場域之空無」不宜理解為「斷裂」，而宜理解為「連續」的背景與依憑。「綿延不息」則與中國傳統的天地人我萬物所採取的「連續觀」密切相關。這是「氣的感通」傳統。

六、「界」：廣袤有邊的空間區隔

6. 「界」是廣袤有邊的空間區隔。

6.1. 廣袤而有邊，這是落在人之「智執」而說的，這是由「存有的根源—X」之走向「存有的開顯」，進而走向「存有的執定」而起現的。

6.2. 「智執」並不是隨「一念」之轉而起現，而是在存有的開顯歷程中，有所轉進。換言之，並不是如《大乘起信論》的方式，說「一心開二門」。

6.3. 溯及於「存有的根源」，則亦回到「場域之空無」，此是無時間相、無空間相，但此卻是一切開顯的根源。此如上節所論。

6.4. 世界云者，指的是「時空的交錯」，此交錯並不是落在智執所生而為交錯，而是在存有的根源處本為一體，故後之起現得以交錯。

6.5. 「世界」是「世」「界」，是時間之綿延作用在空間之區隔，這樣的哲學不同於一般西方的主流傳統之以空間為主導，而且彼所說之空間又是一執著性、對象化所成之空間，因而時間性被忽略了。

6.6. 這也就是為何中國哲學談論的問題核心集中在「生生」，而西洋哲學所談論之問題則集中於「存有」。

6.7. 換言之，我們說「世界」便隱含有「生生」義，就是一「生活世界」。相對言之，西洋哲學之主流所論之「World」則是一對象化之存在，即如說「Life World」亦無法如中國傳統之能回到「境識俱泯」那「場域的空無」中，再因之而談道體之彰顯。

6.8. 如是言之，我們知道「界」之為智執所做之區隔，此並非一「定執不變」之區隔，而是一「暫執可變」之區隔；且彼等皆可通而為一，渾然一體。

6.9. 「界」還歸於「無界」，由「無」到「有」，這是一連續，而不是「斷裂」，這是由「場域之空無」而到「存在之充實」，是以「氣」為主導下的「默運造化」。

七、從「純粹意向」到「意義詮釋」

7. 「意」是「意向」，是由純粹意向而走向一及於物的意識狀態。「義」是由「意向」之走向一及於物的狀態，因之而生的意義理解。

7.1. 於此所說之「意」有兩層，一是如陽明所說之「心之所發為意」，另一是如蕺山所言之「意是心之所存，非心之所發」，此二者看似相反，實則是兩不同層次。

7.2. 蕺山所言乃是一純粹之意向，陽明所言則是由此純粹意向而走向一及於物之狀態。若以「意」、「念」區別之，蕺山所言為「意」，而陽明所言為「念」。

7.3. 「意」是「意識前之狀態」（pre-consciousness），而「念」則是「意識所及之狀態」（consciousness）。「意」是「境識俱泯」、「境識俱起而未分」的純粹意識狀態。「念」是由此「境識俱起」進而「以識執境」，這是由「存有的開顯」而走向「存有的執定」之狀態。

7.4. 由「意」而「念」，這是一連續的歷程，而不是一斷裂的區隔。不宜將「意」之做為「主體」視之，而將「念」則視為此主體所對治之對象。宜將「意」、「念」關聯成一個相續如瀑流之理解，然最後則可歸返於「意」，是一「場域的空無」，是「境識俱泯」之境地。

7.5. 「念」之及於物，可「因執成染」，但「念」亦可往上溯而「去染銷執」，還歸於「場域的空無」。如此作法，則可以破解主體主義的傾向，而還歸於主客交融俱歸於寂。亦可緣此寂，即寂即感，感而及於物，成就一存有的執定。

7.6. 因「意」而「念」，「念」之及於「物」，而起一「了別」之作用則為「識」，這樣的了別是對於由純粹意向而及於物這樣的主體對象化活動所成者。所謂「意義」即落在此存有之執定下所生之理解而說的。

7.8. 意義之理解雖起於「意」、「念」、「識」這樣的「智執」，但追本溯源則是意識前之狀態，是純粹意向，是歸本於「場域之空無」的狀態。此即吾人於 2.1.所言『「意義」是由「境識

俱泯」、「境識俱起而未分」下的純粹意向，進而「境識俱起
而兩分」，因之而「以識執境」，這一連串不息之歷程而生
者。』

7.9. 意義之理解實不外於「存有的根源—X」、「存有的開顯」、
「存有的執定」這樣的「意—義」，「意」之迴向於空無，而
「義」則指向存在。意義的理解，實踐的開啟，都是存有學的
顯現。

八、從「意義詮釋」到「社會實踐」

8. 「詮」是「言詮」，是由意向、意義而開啟的言說、徵符。
「釋」是「釋放」，是由總體之創造性根源的「道」之彰顯與釋
放。

8.1. 關聯如前所說之「意義」乃是「意—義」，則可知「言詮」必
落在生活世界，然此生活世界非設一外在義之世界，再將之收
攏於內在而說的生活世界。生活世界乃是天地人交與參贊而
成，活生生的實存而有的世界。

8.2. 「言詮」指向「存有的執定」，但「言詮」則歸本於「無
言」，此是「場域之空無」，是「存有的根源」，是「境識俱
泯」。這也就是說一切言詮既可以建構，亦可以解構。

8.3. 如其建構而言，與吾人之「智執」密切相關，此是由「意」、
「念」、「識」而成者，這是不離我們人這活生生的實存而有
之生長於一生活世界所成者。

8.4. 舉凡與此相關之一切言說、徵符皆可以視之。這是人「身心一
如」而涉及於「歷史社會總體」之活動所構造者。在理論上，
「心」有其優先性，然而在實踐上，「身」則是優先的。

8.5. 在理論上，「無言」是優先於「言詮」的；但在實踐上，則「言詮」優先於「無言」。這也就是說在我們的生活世界與歷史社會總體裡，到處是充滿著「言詮」的，我們即於此而展開我們的詮釋活動；但這樣的詮釋活動則是上溯於無言的。

8.6. 正因其上溯於「無言」，我們因之而可說一切之言詮都是「由總體之創造性根源的『道』之彰顯與釋放」。這也就是說「詮釋」的「詮」是指向「言說」與「構造」，而「釋」則指向「無言」與「解構」。

8.7. 將「言說」／「無言」，「構造」／「解構」連續成一個整體之辯證之歷程，這正預涵著一道德實踐論與社會批判論。我們可以說「意義詮釋」與「道德實踐」、「社會批判」三者關聯統貫為一的。

8.8. 意義詮釋必指向道德實踐，必指向社會批判，這裡所說的「必」，是因為意義詮釋是「意─義─詮─釋」，是以「場域之空無」「境識俱泯」「存有的根源」做為開啟的原初者，此原初者即涵有一不可自已的下貫到生活世界的動力。「意」是淵然而有定向的，道德實踐與社會實踐是純粹之善的意向性所必然開啟者。

8.9. 如前所說「意義詮釋」不能停留在「言說」系統上，也不能轉而為一外於歷史社會總體之「心性修養」，而宜通極於道德實踐與社會批判。這正如 2.4.所說『「意義詮釋」是「意─義─詮─釋」，是「意義─詮釋」，是「意義詮釋」，是人由其「本心」，經其「智執」，參與於天地人我萬物而開啟者，而生之解放者』。

　　邁入廿一世紀，該是中國人文貢獻於這世界的時候了，我們當有機會克服這一百多年來的文化意識危機，我們當有機會免除出主入奴的惡習性，我們當有機會讓古典漢語，經由現代漢語進到生活世界中，有著嶄新的意義詮釋，並關聯到西方近現代以來的學術話語，對比、詮釋、融通、轉化，而有進一步創造之可能。

　　最後，我仍然要說，這部書稿若非得力於臺灣師大研究生們的努力聽講、筆錄，是不可能有這樣成果的，真要感恩他們。因為他們的「傾聽」，使得「話語」因之有所開啟。

　　　　　　　　　　己丑（2009）之秋八月廿九日

　　　　　　　　　　林安梧　謹序於臺北元亨書院

原版序

　　人生真有「業力」不可思議者,而尤其不可思議者則在「願力」,這部《人文學方法論:詮釋的存有學探源》之完成,可以說既是願力之望,亦是業力之摧。方其初也,不必其有所成,卻因為有個願力在,而在諸多現實的摧逼下,居然由此願力轉化為善業之力,冥冥中自有默運造化處,闇然而日彰,終底於成。

　　我自一九七二年起,矢命為中華文化盡其力也;猶記當時高一,聞聽楊德英老師講授《論語》及中國文化課程而心生嚮往,便起如是之振動。這振動雖然很大,但卻也不是如「雷天之『大壯』」,而是如「雷在地中之『復』」。「復,其見天地之心」,自自然然,在「人之生也直」的長養下,我讀《論語》、《孟子》、《史記菁華》、《兩漢書菁華》、《老子》而心生歡喜,只此歡喜,就和著泥土的馨香,進到了中華文化的桃花源。

　　我真如那武陵人「緣溪行,忘路之遠近,忽逢桃花林,夾岸數百步,中無雜樹,芳草鮮美,落英繽紛。漁人甚異之,復前行,林盡水源,便得一山,山有小口,髣髴若有光,便捨船,從口入。初極狹,才通人;復行數十步,豁然開朗。土地平曠,屋舍儼然。有良田、美竹、桑、竹之屬,阡陌交通……」,就這樣徜徉於中華文化的桃花源之中。當然,我這世間人終究還是出了桃花源,但總在

世間尋覓桃花源，或者冀望能構成一新的桃花源。

記得起初高二讀了王陽明思想及相關傳記，寫了一篇〈由心性及中國文化談起〉在臺中一中的校刊上發表；又風雲際會，能得與同窗友人翁志宗等論辯東西文化、傳統與現代化之論題，唐君毅、牟宗三的新儒學與胡適、殷海光的自由主義，形成了有趣的張力對比。到了高三更寫了〈今日談儒家哲學〉、〈由天道及中國文化談起〉、〈論「恆」與「變」〉……，這些文章雖屬幼稚，卻也留下有趣的軌跡，像當時寫下的《五道歌》：「天地唯一道，道生萬物成，道彰萬物揚，道沉萬物淪，道殞萬物沒」，現在講習《易經》多年，回首視此，不免莞爾。

真的，雷在地中的「復」卦，初看時也只平常，但這「平常」卻也非尋常。蓋「平」者，非無曲折，非無崎嶇也，而是無論其曲折，無論其崎嶇也；「常」者，非無變動，非無異別也，而是調適而上遂之，可通極於道也。

一九七二年至於今已三十餘年矣，由臺中一中，而至師範大學本科、臺大研究所碩士、博士，從中國文化、文學、文字學、國學、中國哲學，到西方哲學之學習，從任教竹南高中、師大附中，繼而銘傳、轉至清華，借調南華，又回清華，最後回到師大。這段曲折而迤邐的歷程，似乎有定數在。猶記一九七九年，大四畢業的謝師宴上醉酒狂言，立誓要出離師大，十年後要回來任教，反哺師大，改造師大，噫！真乃「言業相隨」也，此中有願力在焉，有業力存焉，竟然廿二年後，終回得師大矣！此中之曲折者有之，崎嶇者有之，變動者有之，異別者有之；更而艱難險阻，顛危傾覆者有之。一路行來，師友扶持，方有今日，不敢相忘也。

今日回首，日仍是日，月仍是月，日月周行，山還是山，水還是水，山水依然；心無忐忑，平平常常，蓋因而通之，皆可以調適而上遂於道也。

一九九六年為南華哲學所啟教式上講的《道言論》：「道顯為象，象以為形，言以定形，言業相隨，言本無言，業乃非業，同歸於道，一本空明」，它鉤勒了我這哲學的自耕農廿餘年苦心耕耘及思索的向度。這《道言論》與高中時所謅的《五道歌》雖不無差別，但隱然相關，此中真有不可思議者在。

《道言論》的提出清楚的鉤勒了我自身的思維向度，這大體可以定位是承續著當代新儒家志業的發展，它可以說是我在一九九四年於哈佛儒學討論會所講〈後新儒學論綱〉進一步的思考，這思考是「由牟宗三而上溯至熊十力」，重開生命造化之源，再由熊十力而上溯至王船山」以落實歷史社會總體的一個發展。蓋余所關心者，「人性」與「歷史」之辯證也；余所注意者，「存有」、「意識」與「實踐」之辯證也。

從一九九六到一九九九年間，我就在這氛圍下，繼續思考，寫了多篇相關的文章，像〈牟宗三先生之後：「護教的新儒學」與「批判的新儒學」〉（1996）、〈咒術、專制、良知與解咒——對「臺灣當代新儒學」的批判與前瞻：對於《後新儒家哲學論綱》的詮解〉（1997）、〈臺灣哲學的貧困及其再生之可能——對於《臺灣、中國：邁向世界史》論綱「貳」、「參」的再解釋〉（1998）、〈「生活世界與意義詮釋」論綱——後新儒學的「存有學」與「詮釋學」〉（1998），這些篇章大體收在一九九八年出版的《儒學革命論：後新儒家哲學的問題向度》一書上面。在一九九

九年的國際中國哲學會議，我將《道言論》的思想擴大寫成了八節，題為〈後新儒家哲學之擬構：從「兩層存有論」到「存有三態論」——以《道言論》為核心展開的詮釋〉發表，它可以被視為這論題的總綱領。

我之用心運思，日月以繼，綿綿若存，用之不竭，此中願力在焉，業力存焉！生命心性習之，歷史理勢因之，山窮水複，柳暗花明，二〇〇〇年夏，因緣和合，我就在臺灣師範大學國文研究所講了這部《人文學方法論：詮釋的存有學探源》。

這部《人文學方法論：詮釋的存有學探源》雖然首先講於臺灣師大母校，但起初則是應顏崑陽兄之邀，為東華大學中文研究所博士生在二〇〇〇年秋計畫開講的一個新課。崑陽兄有見於研究生於人文學及其方法論多有不甚了解者，因此欲尋一位由中文系出身，而又轉而學習哲學，並能有文化主體性者，來任此課。據他所說，因為讀過我相關著作，故爾邀我去東華任教，我為此知遇，深為動心，後因父母年邁，不可遠游。因緣湊巧，時任師大國文系所主任的傅武光教授，一日電話來清華，他明以道理，示以公義，就在二〇〇〇年夏，我回到了闊別廿二年的臺灣師範大學，就在七八月間講了這部講稿。師大國文系所從未有公開招聘教授者，有之，自傅武光教授主任其事始，其才略非一般屑屑焉者所能及也。人間性情，上通於道，下達於義，咸可誌念也，眾俗之口，囂囂然，何足慮焉！

這部《人文學方法論：詮釋的存有學探源》分為八章，〈第一章、人文學、社會科學與自然科學之異同〉，本章旨在講明人文學的基本特質，並對比於社會科學與自然科學，而明其異同。首先，

筆者指出「科學」指的是經由嚴格、合理的程序步驟而構成的系統性學問，而整個學問和文化傳承之間要有連結。「人文」是以人為本，以文為末，以本貫末，而人文學的目的在於讓人能「安身立命」。再者，作者指出自然科學理解世界是「主體對象化」的理解，是「我與它」（I and it）的關係；人文學則是「生命聲息互動感通」的理解，是「我與你」（I and Thou）的關係。人文學客觀性的證實來自大家心靈上的共同認定；自然科學客觀性的證實來自於它的運作的可重複性。人文學的重點在正德，自然科學的重點在利用、厚生。進一步，我更而強調「熟者使生，生者使熟」，要讓熟悉的東西回到陌生而去了解；人文學和自然科學的區分在於人對自由的渴求、人也會墮落，而人文學建構的基礎在於價值的挺立，人文學的核心則在理念的追求，並經由生命的感通互動，而有一真切之方法的進入。

〈第二章、方法、方法論與方法論意識——兼及於中西哲學之比較的一些問題〉，本文旨在經由「方」、「法」的「方法」（Method），往上溯而進到「方法論」（Methodology）的後設省察；並進一步對於方法論意識的豁顯。在闡述的過程中，將經由文化型態學與哲學型態學的宏觀對比，指出任何「方法」必然與「真理」密切相關，而所謂「真理」則又與「人」這「活生生的實存而有」之進到吾人的「生活世界」（life-world）之姿態相關。「方法」不只是做為技術層次的問題而已，他更涉及於「語言」、「存有」、「意識」與「實踐」等層面之問題。特別是當前漢語世界，如何由「古代漢語」之解碼而進到吾人的生活之中與日常用語密切結合，再者，它又如何與西方當前的「學術話語」交涉、融通，則是一更

艱辛的問題。如上所說，「方法論意識」就在這樣的實踐過程中長養出來。

〈第三章、人是世界的參贊者、詮釋者〉，本章旨在經由中西哲學的宏觀對比，指出華人文化傳統所重視的是「天地人交與參贊而成的總體」，而強調人與世界的相互迎向下，而著重在真存實感的根源性感通，而其內聖外王的架構，亦須得置於此來理解。這即是一主德的傳統，它強調的是「我與你」（I and You），這樣的主體互動感通、和合為一。相對而言，西方文化主流傳統所重視的是經由一「主體的對象化活動」對於客觀對象的確認，人之做為理性的動物，經由「我與它」（I and Thou）這樣的存在樣式，而開啟其主智的傳統。再者，作者指出西方神祕主義傳統和中國的生命聲息感通的傳統雖亦有其可會通處，但因為理性的樣式不同，其中亦自有其異同。又西方近代哲學自笛卡兒（R. Descartes）標識出「我思故我在」以來，便轉而形成一外顯的理智主義傳統，這可以說是西方現代性的起源。經由對比性的思考，我們可以衡定中國哲學中的人文主義和西方哲學中的人本主義之異同。我進一步指出「覺知」是從「意識之前」到「意識所及」的過程，「覺知」不只涉及於方法論，而且是存有論的問題；吾人經由「覺知」，穿破表象、進到實象，即此實象即是本體。如此之覺知，是一根源性的、實存的、感通的契入，這便是「存在的道德真實感」的「仁」。

〈第四章、語言：存有之道落實於人間世的居宅〉，首先，經由東西方文化型態異同的區別，導入主題，指出人乃通過話語系統，以參贊、詮釋世界，而這是一從「不可說」到「可說」，而「說出」對象的過程。值得注意的是，一旦有了話語的活動，便會

帶出人的意趣、利益、趨向、貪取等活動，而造成話語的異化，這時「語言」使對象從主體脫離出來成為決定了的定象，卻也漸離了「道宅」。《老子》提出「尊道而貴德」，主張回溯到存有之道本源，重視內在的本性。這可以說是通過後設的語言活動去反省語言活動的異化與限制，它具有解構與瓦解的作用。因此，我們說道家不只是主觀境界的形而上學，而是一存有的治療學；相對而言，佛教亦強調「攝心為戒，由戒生定，由定發慧」，這亦有治療的功能。再者，「道」與「言」可以說是「互藏以為宅」，「語言」是「存有之道」落實於人間世的居宅，而「存有之道」則是「語言」形而上的家鄉。

〈第五章、道（存有）：語言調適而上遂的本源〉，本章旨在講明存有之道是語言調適而上遂的本源，首先作者經由「道與言」的對比，指出「道顯為象，言以定形」，而這正與中國傳統《易經傳》所說「形而上者謂之道，形而下者謂之器」可以合觀。再者，經由《老子道德經》的闡釋，我們可以發現由語言拖曳衍生而成嚴重的倒反，使得人離其自己，處在「亡其宅」的狀態。我們當經由「遮撥、遣除、治療」的過程，如此「回溯於道」、「心凝形釋」，而克服存在的異化。再者，通過中西方哲學「無言之境」與「話語之源」的對比，指出東方強調的是「生命與價值的一致性」，而西方強調的是「存在與思維的一致性」。

〈第六章、詮釋的層級：道、意、象、構、言——關於哲學解釋學的一些基礎性理解〉，本文旨在闡明中國哲學解釋學的五個層級：道、意、象、構、言。首先，筆者指出：「說明」是外在因果的表述；「解釋」是內在理由的闡發。再者，解釋之所涉有兩個不

同之次序，理論邏輯次序之先後，重點在於「內在的契入理解」；時間歷程次序之先後，重點在於「實際行動的進程」。進行解釋時，理論邏輯之次序與時間歷程之次序，是一體的兩面，他們彼此之間有一種互動關係，即所謂「解釋學的循環」。最後，作者指出學問之道需先穿透語言、文字的遮蔽，上通於道；再由道而開顯，「詮釋」是站在某個「視點」展開的理解活動，再給出一套語言文字符號的建構。這誠如王船山之所言，學問須見「道」：因而通之，皆可以造乎君子之道。學問不能停留在「語句、結構」層次，要「得意忘言、以意逆志、志通於道」，我們可以說這是「造乎其道」的詮釋學。

〈第七章、「言」與「默」：從「可說」到「不可說」〉，本文旨在闡明由「可說」到「不可說」的迴歸與由「不可說」到「可說」的開顯過程，「言」與「默」連續為一不可分的整體。這正是由「存有的根源」而「存有的開顯」，進而為「存有的執定」這存有的三態之開展與回歸的歷程。吾人一方面指出「有、動、言、可說」是一權利的、利益的話語之域，而「無、靜、默、不可說」則是一生命、實存的覺知之境。更而作者將此與老子所說的「有、無」合觀，與「道生一，一生二，二生三，三生萬物」及佛教唯識哲學之「境識俱泯，境識俱起，以識執境」合觀，而結穴於存有三態論系統之中。顯然地，在這裡我有意的跨過意識哲學的限制，而開啟了接近於解釋學的途徑。

〈第八章、「建構」、「瓦解」與「開顯」：一個東西方哲學對比的觀點〉，本文旨在經由「存有論」與「道論」的對比，指出西方由「共相的昇進」推於至高無上的存在，中國則由「生命的交

融」感而遂通；進而去豁顯東方式的解構與建構的哲學特色。大體說來，西方傳統為「話語系統的客觀論定」，中國傳統為「氣的絪縕造化」。「建構」乃是一「上通於道」、「下及於物」的活動；「瓦解」則須由「已論之物」還原至「未論之物」。「上通於道」必須經過體道的活動，使道的光照化掉知識系統的執著與染污，體道活動是循環的：上通於道又下及於物，下及於物又上通於道；這可以說是一「開權顯實」的開顯過程。再者，本章又以程朱、陸王為例示，並對比儒、道兩家展開理解，進一步指出：由體道活動進行的批判、瓦解活動，是原建構的反省，是新建構的基礎。最後，本章呼籲放棄自由不能真正獲取生命的安頓，必須從瓦解中展開批評和治療，才可能調適而上遂於道，任存有之道彰顯其自己。

這八篇《人文學方法論：詮釋的存有學探源》，在二〇〇〇年夏天初講過後，又分別在東華大學、中央大學講習過，和許多研究所的碩士生、博士生討論，讓我對這些問題能有更深化的理解。另外多篇亦曾在相關的學術會議上宣讀過，像第二、第五、第七章成稿後，曾分別在南華大學「比較哲學學術會議」上發表，第八章則在淡江大學舉辦的「東方文化與國際社會學術研討會」上宣讀，第六章去年（2002）在安徽師範大學舉辦的「詮釋學國際研討會」上發表。不過，講稿畢竟是講稿，有時為了保持原有的語境，也只能在限制中彰顯其道理。這正如同王夫之說的「無其器則無其道」，「道」是要經由具體的「器」來彰顯的，但一經過了「器」就難免受限於「器」了，我以為知道這樣的「限制」是有助於「詮釋」與「生長」的。

附錄一的〈「存在覺知、話語建構及其瓦解」之問題討論〉原

是二○○○年夏講習《人文學方法論》一課中引生的討論之一，因為涉及到的問題有其典型性，我現將它特別獨立成篇移置於此。

　　附錄二、附錄三兩篇講論，一篇二○○一年十一月講於東華大學中文系，題為〈後新儒學的建構之一：以「社會正義論」為核心的儒學詮釋〉，另篇二○○二年十一月間講於臺灣大學哲學系，題為〈當代中國哲學思維向度之理論反思〉，可以視做本論題的進一步發展與衍申，置之於此，以示其「始『乾』而終於『未濟』」之意也。

　　這些年來，我一直致力於將「古代典籍的話語」釋放出來，進到吾人的生活世界之中，與我們的「日常生活話語」融洽周浹、渾而為一，並進一步對比於「西方學術話語」，而試圖去鑄造自己的，具有文化性、歷史性，又能通於國際的「本土學術話語」。我甚至比擬的說：文化上的「話語」如同經濟上的「貨幣」一樣，某一個貨幣區代表著某一個經濟勢力的範圍，而貨幣的交換，則是經濟必有的活動。同樣地，某一個話語系統代表著某一個文化區塊的勢力範圍，而話語的相遇與融合，則是文化上應有的對談，並由此進一步的尋求其辯證發展。要是我們失去了貨幣區的主導權，只能聽命於主要貨幣的握持者；若是一個國家連自己的貨幣都無法正常發行，那它就失去了做為一個國家的可能。一樣的，失去了話語的主導權，只能聽命於發話者，若是連自己的話語都逐漸銷損，甚至貧乏，那便有流落成文化次殖民地的可能，甚至亡國滅種。

　　顯然地，文化的全球化是個必然的趨向，但如何讓這全球化能免於文化霸權的統制，則須能真切正視各個區域的脈絡，「同歸而殊塗，百慮而一致」。在諸多本土化、在地化下，各成其具有主體

性的主體,彼此公平對待,交談辯證,達到一周浹交融的「主體際性」下的「主體」以及「總體」。我以為這不能只是等待別人如何善意相待的問題,而是必須自覺奮起,勠力行之。人類文明的發展來自於「話語」的互動融通,而「話語」當然是最為基本的「人權」,這樣的人權是天賦的,但「天賦」並不指的是「天生本來已然存在」,而是說「天生本來當該具有」,它之能夠具體的實現出來,那是必須奮鬥爭取的,甚至是須要實踐革命的。

最後,且以我在〈迎接「後牟宗三時代」的來臨〉一文中寫的做結語:

> 我們當該將牟先生在形而上的居宅中,「結穴成丹」的「圓善」再度入於「乾元性海」,即用顯體,承體達用,讓他入於歷史社會總體的生活世界之中,深耕易耨,發榮滋長,以一本體發生學的思考,正視「理論是實踐的理論,實踐是理論的實踐」,「兩端而一致」的辯證開啟,重開儒學的社會實踐之門。
>
> 「轉折」,不再只停留於「主體式的轉折」,而應通解而化之,由「主體性」轉折為「意向性」,再由「意向性」開啟活生生的「實存性」。
> 「迴返」,不再只停留於「銷融式的迴返」,而應調適而上遂,入於「存有的根源」,進而「存有的彰顯」,再進一步轉出一「存有的執定」。
> 「承繼」,不再只停留於「哲學史式的論述」,而應如理而

下貫，一方面上遂於文化道統，另方面做一理論性的創造。「批判」，不再只停留於「超越的分解」，而應辯證的落實，入於「生活世界」所成的歷史社會總體，「即勢成理，以理導勢」，成就一社會的批判，進而開啟一儒學的革命。「發展」，不再只停留於「古典的詮釋」，而應展開哲學的交談，面對現代的生活話語，經由一活生生的存在覺知，重構一嶄新的學術話語，參與於全人類文明的交談與建構。

　　　　癸未之夏（二〇〇三年）六月十九日於臺北元亨居

中國人文詮釋學

目　次

第一章　人文學、社會科學與自然科學之異同

本章提要：

　　本章旨在講明人文學的基本特質，並對比於社會科學與自然科學，而明其異同。首先，筆者指出「科學」指的是經由嚴格、合理的程序步驟而構成的系統性學問，而整個學問和文化傳承之間要有連結。「人文」是以人為本，以文為末，以本貫末，而人文學的目的在於讓人能「安身立命」。

　　再者，作者指出自然科學理解世界是「主體對象化」的理解，是「我與它」的關係；人文學則是「聲息互動感通」的理解，是「我與你」的關係。人文學客觀性的證實來自大家心靈上的共同認定；自然科學客觀性的證實來自於它的運作的可重複性。人文學的重點在正德，自然科學的重點在利用、厚生。

　　作者更而強調「熟者使生，生者使熟」，要讓熟悉的東西回到陌生而去了解；人文學和自然科學的區分在於人對自由的渴求、人也會墮落，而人文學建構的基礎在於價值的挺立，人文學的核心則在理念的追求，並經由生命的感通互動，而有一真切之方法的進入。

關鍵字詞： 人文、自然、方法、理論、理念、描述、自由、建構、
生活世界、主體、對象、我與你、我與它

本章目錄：

一、科學指的是經由嚴格、合理的程序步驟而構成的系統性學問

首先，我們從什麼是人文學，什麼是社會科學、什麼是自然科學開始說起；基本上，「科學」這個詞，也就是說我們一想到科學，就會想到自然科學。"Science"，科學這個詞，如果要恰當的理解，應該說是「學問」，所以，西方的現象學家 E. Hussel ❶說：哲學是一門嚴格的科學。很顯然地，哲學希望可以做為一嚴格的學問的這樣一個科學，而不是想像的或詩歌般的文學。"Science" 恰當的理解可稱為「學問」或「學」。那麼什麼是「學」？「學」是經由一個一定的、合理的、嚴格的程序步驟及系統這樣子所構成的東西，而因為不同的研究題材、不同的研究態度、不同的研究方法，而導致不同的學問風格。

在這地方，我們可以發現到，原來我們所談論到「學問」的時候，由不同的「題材」、「研究的態度」、「方法」，也就構成不同學問的「風格」。什麼是「風格」？「風格」就是英文的 "style"，沒有了風格，就不能形成一系統，沒有了風格，就不能構成一個人的典型了。所以，基本上，要成一家之言，必要自成一風格。例如科學家有自身的風格，這一點在中國當代得到諾貝爾獎的

---

❶　胡塞爾（E. Husserl, 1859-1938）是一現象學家，從他之後，現象學才有今天普遍意義。本是數學系學生，在維也納聽過布倫塔諾（F. Bretano）的課後，決定棄數學而從事哲學，所以在他一生哲學生活中，數學精神一直貫注著，比如他的哲學一如嚴格的科學。

楊振寧教授❷，有人訪問他，他說：「學問的追求，要有自己的風格」，他談到學問的追求的風格，什麼風格呢？風格就是他所散發出來的一個氣息，這個氣息包括他的一個心靈的傾向。這也就牽涉到所謂的「態度」和「方法」：你是用一個什麼樣的態度進入到這個世界來的？是用什麼方法理解這個世界？來詮釋這個世界的？你怎樣來看待它，就代表你怎麼去展開這世界的理論建構，這樣的一種實踐方式，它可以是進入整個人間世生活世界的實踐方式。廣的來講，任何一個活動，都可把它歸到生活世界上去。從這幾個角度來講，我們再思考什麼是人文學、社會科學、自然科學。

二、整個學問和文化傳承之間要有連結

中文系有一特長，就是對漢字比較敏感，看到人文學這個詞，可能受到西方文化的影響，我們會想到 "Human science"，可是我們的重點不從 "Human science" 談到 "Human being"，也不從 "Human science" 談人實存的本性，可能就直接回到人文學的「人文」這兩個字談起。這時，在我們的腦子裡可能就會喚起一些想法，這是學中文的人的特點，而基本上，大學裡頭還跟中國文化關連的科系，大概關連最多的是中國文學系，特別是我們師範大學國文系的連結更深，其他的歷史學系有點連結，但並不很強，哲學系也並不很強，至於其他藝術學院裡頭的藝術系、音樂系，也可能有些連結；至於法學院、教育學院，他們基本上都是洋東西，而外文

---

❷　楊振寧教授，西南大學畢業，美國芝加哥大學博士，歷任美國普林斯敦研究
　　所研究教授，一九五七年獲諾貝爾物理獎。

系更不用說了。甚至有人會說上了大學所學的東西，基本上是洋東西，沒有中國的東西，也有人認為中國的東西並沒有什麼好學的，所以講到國文系，他們講：「哦！」這個地方往往有一個刻板印象。這裡就牽涉到我們整個學問和文化傳承之間，基本上是沒有銜接的，甚至作為一個國文老師，像對人文、對社會、對自然這些詞，我們也不見得能從漢字裡喚起多少印象，這是一個很值得我們大家反省的問題。所以我們希望在這個課程裡，我們能夠有這樣的機會，將所學的學問與中國文化之間做個連結。

三、人文是以人為本，以文為末，以本貫末

「人文」這個詞，是從「人」與「文」這兩個字連貫的，有人、有文，以「人」為本，以「文」為末，「觀乎人文，以化成天下」❸、「質勝文則野，文勝質則史，文質彬彬，然後君子」❹，「子以四教：文、行、忠、信」❺，又像「天與大文，山深川廣；人能內省，日就月將」這是一副很有名的對聯。又如劉勰的《文心雕龍》提到「文」❻，從大自然的「文」到整個人文，文理的文。「文」這個字，原來是一個自然的紋路，從自然的紋路到文章都

---

❸　見《易經》賁卦〈象傳〉。

❹　見《論語・雍也》。

❺　見《論語・述而》。

❻　《文心雕龍・原道篇》云：「文之為德也大矣，與天地並生者何哉？夫玄黃色雜，方圓體分，日月疊璧，以垂麗天之象；山川煥綺，以鋪理地之形：此蓋道之文也」，頁 1。見王利器校箋《文心雕龍校證》，明文書局，1984 年10 月二版。

是。照這樣說來，其實我們把它理解成符號系統、象徵、語言，就是文。那麼「人文」是什麼？人們經由語言、符號、象徵，這樣的一種媒介，來理解這個世界、詮釋這個世界，所構成的一大套系統性的、原則的、有程序、有步驟，有論證的這樣的一個系統，這樣的一個系統，我們把它叫做「人文學」。所以，關連著人來詮釋這個世界所構成的一大套系統，就叫做「人文學」。

四、人文學的目的在於讓人能安身立命

那麼人文學這一大套系統，它的目的是做什麼？簡單地說，是為了讓人能「安身立命」，安身立命的意思是什麼？安身立命是你放在一個具體的生活世界，在一個歷史社會總體，讓你在這地方，你的 "body"，你的身能安，你的心能安；順此來講，由安身而立命，安身講的是具體的人，帶有 "body"、帶有血肉、實質身軀性質的這個具體生命能安，由這樣一個具體生命能安，才能確立起生命。所以，「安身」的重點在於每個個體生命通向「立命」，由個體生命通向永恆的、長久的生命。

然而，當我們這麼說的時候，其實又開始面臨一個問題。從一個具體的、個別的生命，通向一個普遍的、永恆的生命時，出現了一個問題，那就是牽涉到人的特性。人的特性就是不會只安於具體、個體的生命，人就是要從個體走向全體，從具體走向普遍，從有限走向無限，這是人的一個特質。那麼這個特質就牽涉到一個問題要解決，這個問題就牽涉到人文，人文一個很重要的特質就是會經由語言、符號、象徵去理解、詮釋這個世界，為什麼有這一個特質？因為人不願意只是作為一個被決定的存在，人不是上蒼所安排

的，人為上蒼所生，為天地父母所生，這樣的一個存在，我們可能「生年不滿百」，但是卻「常懷千歲憂」❼，甚至「萬歲憂」，我們有這種不朽的渴望；所謂不朽的渴望，是指人不願被安排，人不願被有限的軀體生命所安排，而要求一個長久的東西。當我們被有限的軀殼生命安排的時候，這就意謂著我們失去了自由，這是指如果我們全副交託給自然的生命，就是喪失了自由。而人不願意全副交託給自然的生命、這個屬於氣的生命，人要求能夠跨過這生命，在這個地方要求自由。因此這樣的一個人文學，我們會發現到，關連著人們對自由的渴望，我們運用了語言、文字、符號、象徵去理解、詮釋這個世界所構成的一大套系統裡，人藉由此能得安身立命。

五、從人文學的特質去解析，展開人文學的態度、方法，達到最終目的

從這裡，我們可以發現到，其實我們在開始介紹一個方法，介紹一個學問生長的辦法。為什麼這樣講？因為到目前為止，我們在大學所受的教育，基本上叫做「語言文字拼湊法」，這是什麼意思？這就是說我們只是把別人的東西加以拼湊，拼湊了一樣，如果別人又出產新的東西，你又要去買新的東西來加以拼湊，所以你只是做加工出口的工作，沒有自己的東西。不過，拼湊也有好處，如果拼湊法學得好，就像插花一樣，有花材在那裡，你就可以插一盆

---

❼　關於此詩句，出自古詩十九首的〈生年不滿百〉，見周啟成等注譯的《新譯昭明文選》，頁 1289。三民書局，1995 年，臺北。

花，讓別人歎為觀止。但學問的經脈一旦打通，很多問題就源源而來，你就不會以插花為滿足；對插花這件事，我就想到，首先要有很多的花材，要有那麼多人種那麼多花材，才能插一盆花，而且維持的時間不長。這裡我聯想到，教育也有三種方式，分別是「插花」、「盆栽」、「種樹」這三種。文化的教養，應以種樹為主，但是目前在大學裡面，在人文學的領域，基本上我認為插花者多，種盆栽者少，種樹者幾希矣！

所以當你對一個東西有所感觸，要一步步用你的語言去理解它、詮釋它，把它拉出來，逐漸進入到道理的層次。須知：部份就是全體，一花一世界，一葉一如來，從一粒沙可看世界，從人文它的一個特質、它的這個路徑去解析，就可以了解人文的態度、方法和人文的特質，一步步地去展開。

剛剛講到人文學有一個特質，那就是人對「自由」的渴求。人本身有對自由的渴求，關於這自由的渴求，用古時候的觀點來講，就是一個「覺」字，覺悟的覺，「覺」關連到「智慧」。所以人文學要牽涉到的是人對自由的渴求、人的自覺，因此所獲得安身立命的智慧，這就是人文學的特質，也就是人文學的最終目的。

六、自然科學理解世界是「主體對象化」的理解，是「我與它」的關係；人文學則是「生息互動感通」的理解，是「我與你」的關係

我們由剛剛所講的，再仔細想想，這和自然科學有何不同？自然科學一樣在理解這個世界，也在解釋這個世界，自然科學一樣通過語言、文字、符號、象徵來理解這個世界。所以現在先把人文學

和自然科學對比開來，因為社會科學和人文學其實是比較接近的。那麼人文和自然有什麼區別？人文是人們對於自由的渴求，通過一大套語言、文字、符號、系統去理解、解釋這個世界，又要求自己能獲得一安身立命的智慧。至於自然科學有什麼不一樣呢？自然科學雖然也是人們通過語言、文字、符號、象徵去理解這個世界，但是那個理解是不帶情感的理解，不帶意志的理解，不把生命投進去的理解；簡單地說，那是個「對象化的理解」，什麼叫做「對象化」？這是相對於另一端，把一個東西對出去，擺在那個地方就叫做「對象化」，就是「主體－對象化（subjective objectification）」的關係。所以這跟我們剛剛所講的人文有很大的不同，擺在那個地方，脫離於我自身，即西方話語的 "Object"，將世界對象化了，以致人和對象的關係，就是一個「我與它（I and it）」的關係，人文學是另一個關係，是「我與你（I and Thou）」的關係❽。基本上這個「它」就是除了你、我之外的第三者，第三者在日常生活上，最常使用的是「他是人家的第三者」。第三者是指不能進入人家生命脈絡裡面的人，是要被放到生命之外的第三者，而這個意思就是「我與它」的關係。把它推出去，作為一個獨立於我的生命之外的，就是第三者；而「我與你」的關係，彼此是交融的、互動的、感通的。

於是我們發現到，原來自然科學與人文科學最後牽涉到我去理解這個世界的時候所採取的不同態度，我帶有情感、帶有意志、帶

---

❽　關於「我與你」、「我與他」的理論，請參見馬丁・布伯（Martin Buber）《我與你》（"I and Thou"）一書，桂冠，1991 年，臺北。

有價值的向度，把它當成另外一個主體，彼此生命有聲息互動感通的方式，這樣的學問，就叫人文學。而一旦當我們把它推出去，當成一個客觀的，獨立於我這個生命之外的、跟我這個生命無關的這樣的一套學問，就叫自然科學。

這樣講似乎太絕對了，其實，這還牽涉到剛剛所講的「態度」和「方法」的問題。自然科學的題材、重點，就在我們經由那個態度和方法所推出去所看到的世界，那個世界是外在於我們的世界，是跟我的生命不相從屬的世界。其實，它本來跟我生命是密切相關的，但是我經由這樣的態度和方法把它推出去，作為一個客觀的考察對象，作為一個可以被客觀化、對象化的客觀對象。舉個例子來說，你經由解剖去了解你的心臟的跳動，你去了解你的心，這樣講到醫學的部份所構成的一套學問，就叫自然科學。但是你經由內在的體會，不管你是佛教傳統、或是儒家傳統，還是道家傳統，用這種體會去了解自己內在的心靈的或是心理，那就不是自然科學的領域，這是人文學的領域。

七、自然科學與人文學二者態度的誤用產生不相應的結果

那我們再想想，這樣的話可以發現到：有沒有一種可能，那就是領域或是範疇的誤用？這說的是什麼？這是指你運用了自然科學的態度、方法來研究非自然科學的對象，這當然是有可能的事。比如說你是基督教徒，你信仰的是上帝，那麼一個學自然科學的朋友對你說：「你說上帝在哪裡？我沒看見，我沒聽到啊！你們這些信仰基督教的人一天到晚講上帝，上帝存在嗎？祂在哪裡？你把祂叫

出來讓我看看！」那麼你如何回答他，你就順著他那一套方法講給他聽，他若不耐煩的話，你就說他程度太差，所以聽不懂。這個問題出在哪兒？最明顯的，他就是運用了一個不恰當的態度和方法來研究一個不同的題材。怎麼可以用一個自然科學的實證態度回過頭來研究心靈信仰的題材呢？這其中有很大的不同：上帝是屬於信仰層次的問題，存在與否，並不是一個事實經驗的問題，他反駁說：「不是嗎？牧師講道，他講上帝存在，真的經驗上經驗到了」這個地方要釐清的是，「經驗」這個詞，原來是非常複雜的，有宗教上的經驗，物理學上的經驗，所以自然科學上的經驗，和宗教學上的經驗是不同的。

哦！這個問題就慢慢疏解開來，慢慢了解到「經驗」這兩個字，簡單地說，因研究題材的不同而區別開來。那麼照這樣說來，自然科學和人文學的不同，是因為研究「題材」的不同呢？還是研究的「態度」和「方法」的不同？這裡的不同，重點在於「態度」和「方法」的不同，而這種態度和方法的問題，再追根究底的說，其實是「態度」的問題。所以我們是要把對方視為一個有生命的事物，與我的生命有一種實存呼應的關係呢？還是我要把對方當成一個沒有生命的存在，作為一個沒有生命的它，成為我可以仔細考察的外在對象？讓我們再想想，在這個人文學的領域裡，存在著一大段時間，把科學的實證結果通通當成人文學來看待。舉個例子來說，在教育學上很有名的「制約反應」❾的理論就是如此，「制約

---

❾　關於「制約反應」，這是俄國心理學家 Ivan Pavlov 在古典制約（classical conditioning）的實驗研究：在實驗中，Pavlov 先使狗聽到鈴聲，然後給予它

反應」的理論是從狗做實驗,而把狗的實驗結果對應到人的身上,對應的結果是:某一個地方有效應,但是超出的部份則無效。所以,由這個例子我們可以知道,在講到人文學的時候,並不完全只有「我與你」的關係,並不只存有一種實感的呼應,其實仍然有「我與它」的呼應關係。這個意思是什麼?當人們通過一大套的語言、文字、符號去說它的時候,它已經慢慢地從具有自覺自主的渴求的這樣一種生命關懷的態度,用一大套語言文字、象徵、符號詮釋出來,當這個時候,它已經帶有另外一種「它」的性,就是所謂的「它性」,也就是說帶有一種客觀性。

八、人文學客觀性的證實來自大家心靈上的共同認定;自然科學客觀性的證實來自於它的運作的可重複性

那麼這一種客觀性和自然科學有什麼關係?由此衍生出的人文學的客觀性和自然科學有什麼關係?這種人文學的客觀性是一種什麼樣的客觀性?如何去證實?而自然科學的客觀性又該如何去證實?關於人文學,基本上來自大家心靈上的共同認定,而自然科學的客觀上來自於它的運作的可重複性,由這個運作的可重複性來證實它的客觀性和普遍性。舉一個例子來說,就會很容易理解。例如:$2H_2+O_2$ 就是 $2H_2O$,當這個結果被寫成方程式以後,它可以經

食物,經過幾次以後,只要鈴聲想起,狗就開始有唾液分泌出,如是鈴聲就成了「制約刺激」,而由鈴聲所引起的唾液反應就是「制約反應」(conditioning response, CR),見《人格心理學》,頁 277。心理出版社,1999 年。

由實驗一再的重複，而產生客觀性，任何人拿它來作實驗，張三來作實驗，李四來作實驗，每個人來作實驗，結果都會是一樣的，所以這和人無關。人文學則不相同，人文學和人密切相關，就以上課來說，上課不是一個自然科學的活動，即使是上自然科學這一門課，其實也是一個人文科學的活動，既然是一個人文活動，就牽涉到態度、方法的問題，就好比作為一個醫生把一個病醫好，它有自然科學的那一面，但作為一個醫生怎樣去醫治這個病，它含有人文學的這一面。

這麼說來，人文學是每個人都會碰到的一面。臺大某位醫生最近犯了一個小小的風波，這小小的風波是因為他用自然科學的一種霸權去形成自己的風格，而這種風格忽略掉了人與人之間，醫生與病人之間要有一種恰當的人文關係。醫生與病人之間，當然要有人的關係，但往往不是恰當的人的關係，例如：生病時，我問醫生是什麼病的時候，醫生他也講不出來，只能告訴你一堆英文的醫學名詞，卻難以用中文辭彙加以解釋，這不是一件可悲的事嗎？這代表我們的醫學和漢字文化沒有關連在一起。去年我父親需要動大手術，我去問醫生的時候，這個醫生還不錯，他知道我是清大教授，我不懂的病情，他就一直設法讓我懂，但他真的是有時候講不清楚，講不清楚的理由不是因為學問太好，而是因為他在我們生活領域裡的知識太差，這個地方須要特別注意。

在座的各位，你們學的是國文，在講到古文的某一個地方講不清楚時，人家再問你，你就說：「哎呀！這只可意會，不可言傳啊！」就像現在很多宗教家都說：「這個問題是不可思議的，你就好好的修、好好的修」，宋明理學家在儒佛論爭裡，在與佛教的論

爭中，爭奪「信仰市場」時，儒家就罵佛教「以生死恫嚇眾生」，佛教真是如此嗎？所以在這裡，你們會發現到，很多道理都可在日常生活中體會，這也就是說，我們讀書讀到很多偉大的理論，你們不要以為那不能了解，這是在日常生活中可以體會到的。

九、人文學與自然科學的目的都在正德、利用、厚生，而人文學的重點在正德，自然科學的重點在利用、厚生

這樣說下來，我們可以發現到人文科學和自然科學，不只是研究「題材」的不同，而是人們去面對這些題材的不同「態度」、不同的「方法」，對不同的東西，經由不同的理解、詮釋所構成的不同。當然，它的目的也不同。人文學的目的、重點在於人的安身立命，而自然科學的目的、重點在哪裡？在於人的利用、厚生嗎？這麼說的話，前面的人文學該用「正德」來說它囉？說人文學的重點在正德，自然科學的重點在於利用、厚生，這麼說來，請問難道人文學不利用、厚生嗎？人文學除了正德外，還有利用、厚生，然而重點在於正德；自然科學需不需要正德？也需要啊！所以自然科學也要正德，但是在效用上的重點是利用、厚生；那麼社會科學呢？社會科學是否要安身立命？是啊！其實，廣的來說，社會科學應該是放在人文學裡頭的，只是這裡我們要把它區別開來。

十、「熟者使生，生者使熟」，讓熟悉的東西回到陌生而去了解

這樣說下來的話，慢慢地在我們的腦子裡可以了解到自然科學

造的是一個男人，說到這裡，你可能已經感受到基督教男性沙文主義的傾向，你看！祂又用男的肋骨創造了一個夏娃，在這個伊甸園裡，兩人過著非常幸福的生活。上帝吩咐他們：這園的東西都可以享用，如生命樹的果實等等，就是那個智慧樹的果實不能吃，此外你們可以從心所欲，結果偏偏就是那個女子夏娃受到蛇的誘惑，所以吃了智慧之果，並且把這個智慧之果拿給亞當吃。這一吃，他們眼睛所看的整個世界都不一樣了，他們感到羞恥，感受到罪，罪惡的感覺通通出現。

　　這一段《聖經》怎麼解讀？依我的讀法，就是女人比較愛好自由，其實「受誘惑」正代表對自由的渴求。而這個受誘惑性是怎樣的受誘惑性呢？它是自由的渴求，是最基本的對智慧、對自由的尊崇與尊敬；這原罪，這墮落，對比的就導致一種救贖，終而形成了這基督宗教哲學。我們連接這個例子來講人的受誘惑性，受誘惑性代表自由的渴求。而女人對自由比較渴求，然而女人在男性中心主義之下，受男性的控制，慢慢也變得男性化了，女人就慢慢的喪失了本性。從這裡我們可以看到自由的可貴。在上帝的控制底下，也在上帝的動力底下。在這神話裡面，我們得到夏娃渴求自由的這個顛覆性的讀法，這很有意思！你們會發現這個社會上的男人多半不是渴望自由的。他們渴望權利、名位，例如一些達官貴人們，當他們在進行某一個勤務時候，他們都是這麼說的：我是忠於黨的，黨要我到哪裡我就到哪裡。我記得當我兒子還在念小學的時候，只要在電視看到這一幕，他就這麼說：「我覺得他怎麼像我們家的狗一樣？」從這裡說男人有他的狗性。你知道嗎？男人只要給他權力，他就做死都甘心，他的生命已經喪失了可貴的自由要求，所以他就

盡量追求權力。以上所述，這是以自由為核心，一種女性主義的讀法。

　　回過頭來，我們要說的是，人的特質是這樣的：借用佛教的一個詞來講，他講得非常透徹的，就是當下這一念，這一念即是「無明」，其實這就是所謂「一念無明法性心」，人的心很相近。其實，儒家的孟子講到人心的時候，講得非常好，他說：「出入無時，莫知其嚮，其心之謂與！」❷他所描述的心，是很如實的，他將這一心之兩端、人存在分裂與統一的當下狀況，如實地表達出來。可是在這個過程裡面，基本上都會進一步的要求做為一個人，要通過一個「覺」的功夫，來提升肯定並超越。因此，孟子先說：「出入無時，莫知其嚮，其心之謂與！」進一步又講：「盡其心者，知其性，知其性則知天矣！」❷又把心、性、天合而為一，又以人當下存在的「怵惕惻隱」之心來闡明這個心的原初狀況。像這樣一個原初狀態必須把它理想化。這個心是經驗之在其自己的心，是怵惕惻隱之心。這雖也是經驗層次與前面的並不相同！「出入無時，莫知其嚮，其心之謂與」這個經驗層次涉及於利害，而怵惕惻隱之心是理想的本心它不涉及利害，不涉及人存在的或自身的利害，而起於當下的覺知，這是一種純粹之善的經驗。

十三、價值的挺立──人文學建構的基礎

　　孟子講的本心，是個價值的問題，所以從「怵惕惻隱」講本

---

❷　見宋・朱熹《四書章句集註》《孟子》〈告子〉（上）。

❷　見宋・朱熹《四書章句集註》《孟子》〈盡心〉（上）。

心、講性善。什麼是怵惕惻隱之心呢？孟子說：「今人乍見孺子將入於井，皆有怵惕惻隱之心，非所以內交於孺子之父母也，非所以要譽於鄉黨朋友也，非惡其聲而然也。」❷並不是你跟那個小孩的父母親有什麼交往，交往不交往，這都不管的；你也不是想要求街坊鄰里的稱譽。你也不是怕人家說你見死不救，都不是，只是當下這個心，這個心能「覺」。覺性就是「本性」。這覺性雖具於本心，但要從修養中得，要不然的話，在自身涉及利害的狀態底下，那就難說本心了。這裡頭存在一個很有趣的問題，就是如果我們真正了解人這個獨特層面，人的價值就可以確立。人文學為的是安身立命，當然就得有價值的確立，價值的確立可以去掉嗎？當然不可能！而且價值的確立是否可以通過一群人，為了自己生存的利益，而做出表決嗎？只為了自己的生存利益所展開的民主形式嗎？我覺得不可靠啊！所以價值的確立不可以通過量化，不可以現在百分之多少佔多數的人的決定做為行事的依據；相反的，如果百分之多少佔多數的人的意見來決定的原則可以確立起來，是因為背後有個價值判準已經確立起來，我們才能以此做為依據。

　　如果我們設了一個調查，說所有碩士班同學，他們的成績，大家都同意，老師也同意，可以依某種方式來打成績，所有的人都同意這個成績的打法，譬如說：打成績的方法只要看看他學號，前面是 9，後面如果是零就 90 分，後面如果是 9 就 99 分，這當然不行，如果真的這樣，這訊息傳出來了，大家第一個念頭馬上出現了：「真是太沒有天理」。你會問：怎麼會這樣？太沒有良心了，

---

❷　見宋·朱熹《四書章句集註》《孟子》〈公孫丑〉（上）。

這樣做對得起你的良心嗎？良心是本心哪！這樣講你就了解，原本價值確立並不可以通過現實上多數來確立，價值的確立是超越這個經驗之上，而且回過頭來，作為這經驗檢查的基礎，這是很重要啊！

假使不使用這個方式來確立這個價值，這個價值就會倒了，或者我可以說，我不管他倒不倒，不行的，當然要管啊，作為一個人，做為人很麻煩的啊！如果我說我通通不要管，我只要塊然無知不就好啦？在一個多災多難的年代，每天要面對到價值的衝突，譬如現在，大家都要放假，該放的假要放，不該放的假你也放，放假大家都喜歡，這不是價值混亂嗎？其實大家壓力很重！壓力重，一講到放假，每一個人都喜歡，那行嗎？恐怕不行啊！像現在已經被身體化，被商品化了。活生生完整的人被軀體化、商品化、資本主義化，精緻又非常美麗的，有文字的包裝。明明是減肥，就說是瘦身，說是塑身，或者用更美的語詞來包裝。相對於此，譬如，原來叫「聊天」，「談心」，後來叫「打屁」，現在叫「瞎掰」，真是每況愈下？在我們那個年代，叫「好跩」喔！後來慢慢的變化，形容一個人叫做「好酷」喔！現在已經不用「酷」這個字來講，叫ㄅㄧㄤˋ，這幾個詞背後所隱藏的意涵完全不同。什麼叫跩，什麼叫酷，什麼叫ㄅㄧㄤˋ，ㄅㄧㄤˋ是怎樣？ㄅㄧㄤˋ也不是沒有壓抑，它是另外一種壓抑，它不帶著神聖性的威權，或者是威權神聖的壓抑，而是它已經沒威權，威權已經不是在那裡，而是滲入每一個人靈魂深處，骨髓深處。然後再深入到自我，在彼此擠壓的狀態之下，覺得非常苦悶，所以年輕人要「ㄅㄧㄤˋ一下」。

當我們在談教育改革的時候，我們的教育改革還停留在「威權

／反威權」的思考。停留在「威權／反威權」的教育改革必然會出現攻防這個概念，以做為教育改革的指標；我們已經過了威權年代啦！過了威權年代的麻煩是：改革的人背後的理論深度不夠，於是只好再造一個新的反對的對象，也就是假造一個新的威權，有了新的威權之後，好像舊的威權已經不見了，好比說，聯考是一個威權，你說聯考有多嚴重、多嚴重，聯考是十惡不赦的，好像把聯考解決掉，一切就可以解決掉了。這樣一來，其實是製造了新的聯考，問題就很嚴重了，「新的聯考」強調你在班上應該考多少分，為了分數，你跟你的同學拼得半死，你會發現只要你少考 2 分，人際關係一定會變好，何苦來哉！怎麼可以從那個地方來比呢？剛剛我們講了半天，講到人文學的特質裡頭牽涉到人對自由的渴求，自由的渴求又牽涉到人的墮落、沉淪與提升、超越這兩端的糾纏，是不是這樣？但是人文學裡頭有一個特質，就是一方面要把這樣的糾纏狀況在經驗的描述裡，找尋到一個恰當的解釋系統，另一方面，就是要找尋一個理想的安身立命的根基，這個理想安身立命的根基，基本上就是道德沉淪所要超越的；簡單來說，墮落要超越，這就是人文學的目的。由這個有限身軀的生命走向一個無限的、恆常的生命，整個人文學是這樣的方向。

你想一想：做為一個人，如果對這問題沒有思考到，那你可不可能把一些該做的事做好？當然不可能！但是，剛剛我們也講，「超越」這件事一定要有人做，也一定要你自己去做。就好像你只管自來水管的修理，不一定要管水源的開拓，但總要有人管水源的開拓，總要有人管自來水塔，當然也要有人賣水龍頭、裝水龍頭，不過千萬不要誤認為你買了一個 18K 金的水龍頭往牆上一插、釘

好，然後打開水龍頭，水就能源源滾滾，沛然莫之能禦而來。臺灣這個社會出現了太多賣水龍頭的人、裝水龍頭的人，也有太多扭開水龍頭用水的人，但是有些水龍頭後頭是沒有接上管線的，有些管線沒有接到自來水塔的，有些水源是汙濁沒有處理的，這是個問題啊！所以人文學的內涵，有屬於「經驗描述」的這一層，有屬於「理論反省」這一層，總之，源頭是不能斷的，而源頭就是理論反省的層次。

十四、理念的追求——人文學的核心

人文學可以做為「經驗描述」的科學，可以做為「理論反省」的科學，也可以做為「理念追求」的科學，而理念的追求是最重要的核心點。如果一門人文學喪失理念的追求，只剩理論的建構跟經驗的描述，這一門人文學很可能成為現實上最有權力的、最powerful 的階層的幫兇。譬如要是我通過理論建構經驗的描述，說白種人是人，你們黃種人不是人，反過來我們也可以說，我們臺灣人是人，你們外勞不是人。要是不把外勞當人看，這就是他沒有理念的追求，理念的追求是回到人根源性的、主體性的一種追求，這很重要。有些人對外勞沒有怵惕惻隱之心，有人把外勞看成像狗一樣，當成工具而已，非常不平等，這是個嚴重的問題啊！政府要拿出一點辦法來，但是政府當局有沒有處理這個問題呢？政府如果不處理，這就不是一個人性化的政府，這就嚴重啦！

現在國中國小上課的情形是怎麼樣的？就是你的學生沒考好的時候，少一分打一下，這樣的教學方式是不是有理念的追求？理念的追求最切實，它是一種怵惕惻隱的、根源性的、本體性的追求，

就是王陽明所說的「一體之仁」❷的追求！人跟人之間都應該以一種真誠的心來互相對待；如果人文學不回到人的根源性、本體性的追求，不著重這種自由的渴求，喪失了理念的追尋，這種人文學叫做斷頭的人文學。目前很多人文學都是斷頭的人文學，所幸某些還有源頭，那就是前人留下來的，但是還是太少了，不行！我們剛剛說到的，人文學跟自然科學顯然不同，自然科學著重「經驗的描述」，人文科學牽涉到「理論的反省」與「理念的追求」，自然科學不牽涉到理念的追求，它一方面著重現實的利用，另外一方面涉及到客觀的知識的追求，客觀知識的追求雖然跟理念的追求有關係，只是不跟人直接相關。

　　人有求知欲，而這個求知欲徹底來講，其實就是我們所說的求真、求善、求美之中的真，而這個求真，其實也是另外一種理念追求的表現方式。整個來講，自然科學也牽涉到這幾個不同的層次。再者，我們說社會科學著重經驗的描述，牽涉到理論的建構，也牽涉理念的追求，而社會科學與人文學又有什麼不同？廣泛的說，其實沒有很大的不同，態度、方法與研究題材，通通都很接近，並且有很多相互關聯在一塊的，只是重點在於：人文學回到安身立命的問題，這關聯到人的自覺、人對自由的渴求，而社會科學最後所歸結到的，是把社會視為一個可以研究的實體，而社會有一些客觀的法則定理，有一種普遍的實體，有一種共通的情感傾向、心靈傾

---

❷　語見王陽明《大學問》，其詳請參見林安梧《中國宗教與意義治療》第四章〈王陽明的本體實踐學：以王陽明《大學問》為核心的展開〉，明文書局，1996 年 4 月，臺北。

向；至於社會科學所採取的態度，所運用的方法，可以用於自然科學的，那就是「量的研究法」；人文學則是以人做為基礎來思考的，那叫「質的研究法」。

例如當我們社會的離婚率已經從 4.47 對夫婦當中有 1 對離婚，演變到變成 4.3 對夫婦當中有 1 對離婚，而聽說臺北市是 3 對夫婦裡面有 1 對離婚，美國是 2 對夫婦裡面有 1 對離婚，發展到最後，可能是每一個人一生中都會離婚一次，到時候我們就會出現一個論斷，說：「每一個人一生應該離婚一次」，這樣的論斷對嗎？當然不對！為什麼錯？因為這是用自然科學的量化方式，來說明人對價值的判斷，錯就錯在這裡。如果最後真的演變成 100 對夫婦有 97 對離婚了，那時候你不離婚還對嗎？這個問題就像狂泉論證，什麼是「狂泉論證」？這個寓言故事是這樣的：「有一個村子裡須有一口『狂泉』❷，某一個人喝到水之後開始瘋狂了，但是因為這個村子缺水，只有這口井裡有水，於是十個人喝了，一百個人喝了，十分之一的人喝了，五分之一的人喝了，二分之一的人喝了，三分之二的人喝，當超過二分之一的人喝了的時候，到底喝的人瘋狂，還是不喝的人瘋狂，大家都搞不清楚了；當三分之二的人喝了，人們已經黑白莫分了，當五分之四的人喝了，真的就不知道瘋

---

❷ 見《太平御覽／卷七百三十九・疾病部二／狂》：「沈約宋書曰：袁愍孫著《妙德先生傳》曰：「嘗謂周旋人曰：『昔有一國，國中一水號曰狂泉。國人飲此水，無不狂也。唯國君穿井汲，獨得無恙。國人既狂，謂主不狂為狂。於是聚謀共執國主，療及狂疾，火艾針藥莫不必具。國主不任其苦，於是到泉所酌水飲之，飲畢便狂。君臣大小其狂若一，眾乃懽然。我既不狂，難以獨立，比亦欲試飲此水。』」。

狂與清醒的分界了。」

　　這就是為什麼孟子要感嘆那個年代是「處士橫議，諸侯放恣，邪說橫行」的時代。他說：「予豈好辯哉，予不得已也。」❷於是他要出來辯論，點出本質的意義。屈原也說：「他那個年代是『黃鐘毀棄，瓦釜雷鳴，讒人高張，賢士無名』的時代！」又說：「吾寧悃悃款款朴以忠乎，將送往勞來斯無窮乎？」到最後那位太卜鄭詹尹就對屈原說：「夫尺有所短，寸有所長，物有所不足，智有所不明，數有所不逮，神有所不通，用君之心，行君之意。」❷所以人文學不是從「量」上來講，而是講「質」的問題。從這裡來看，人文學有沒有價值，一看就知道。所以我們不要太相信統計數字，統計數字有什麼了不起，價值和本質才重要，不是大家說某人該殺就殺他啦！哥白尼闡釋太陽中心說時，教會說：「你汙蔑了上帝！」，這種譴責夠厲害吧！當人面對這種處境的時候，怎麼辦？理念的追求，就是人文學所要解決的根本問題啦！這麼說的話，你就發現到：原來人文學和自然科學比較，人文學還比較麻煩，所以學人文學的人腦袋要好一點，因為人文學所面對的問題更複雜，學自然科學的人，應該哪方面好一點，你知道嗎？他的心靈要好一點，他心靈不夠好的話，這很麻煩的。

　　問：老師，請問一下，什麼是向度？什麼是意向？什麼是範疇？

---

❷　見宋·朱熹《四書章句集註》《孟子》〈公孫丑〉（上）。

❷　見《楚辭補註·楚辭卷第六·卜居章句第六》（洪興祖註·附校勘記）頁 73-74，廣文書局印行，1977 年（民國 66 年）。

答：「向度」就是本著某一個論點衍伸出去，所構成的一個範圍，而這樣的範圍，往往與那個問題衍伸出去的時候的一個「意向」有密切關係，意向比較是對心靈的程度來說。至於「範疇」是什麼呢？譬如說：有一個籃球國手，有人問他關於籃球比賽的事情，他的回答就是籃球權威的意見，屬於籃球的範疇，不是藝術的範疇，而籃球與藝術是兩個不同的範疇。「範疇」這個詞彙在哲學上原來指的是一個純粹的概念，而純粹的概念是用來使人們去認識經驗的一個中介，我們接收了經驗的材料，再把他鎔鑄成一個具有客觀性質的知識，這些都必須經過一個範疇，而這範疇就是純粹的概念。當我們去了解這些語辭的時候，思維的過程如何？你想一下，我們認識一個東西是從清楚到不清楚，還是從不清楚到清楚？不清楚的時候就不能夠使用某個辭彙嗎？當然可以用啦，用久了就清楚了，你說：沒用過怎麼辦？常用才知道錯了沒，常用會有更多的交談、更多的辨正、釐清，這很重要。

另一種哲學是要求你要先把一個語辭定義清楚才能夠展開思考，這種哲學已經過時，這就是邏輯實證論的思考。當你用一個語辭去說明一個事物的時候，一定是從不清楚到清楚，你要把它定義清楚，那是你對它已經徹底了解之後，才用一個大家約定俗成的語詞去定義它，它叫什麼，大家也同意，這就是清楚。起初，大家叫它什麼，我也叫它什麼，慢慢的，它的涵義也就清楚了，被確定了。所以用不同的方式去理解這世界，結論就不同。

誰說一定以 10 為底來理解這個世界呢？如果全部以 5 為底，你的認知就跟全世界的人不一樣了。比如說我今年幾歲？我今年 43 歲。假設我現在以 5 為底，那麼我說我 43 歲就錯了。我們說的

43 歲是以 10 為底的，所以以 5 為底的話，我就不是 43 歲了，說 43 歲就錯了。只要你力量夠，你就以為你就能改變你對外在世界的認知，改變事物的範疇，這是不是就無法無天了？又譬如中國大陸剛把 Peking 改為 Beijing 北京的時候，大家說得不太順口，現在還不是通行了，這很厲害吧！以前讀作滑（ㄍㄨˇ）稽，現在講滑（ㄏㄨㄚˊ）稽，大家都唸「ㄏㄨㄚˊ」，「ㄏㄨㄚˊ」唸久了，現在還不是通行了。十年前臺灣還有國語運動，大家要說標準國語，現在提倡本土化，大家都說臺灣閩南語；10 年前強調要說標準國語，10 年後強調臺語。這裡又牽扯到「人文學」，雖然，人文學懷著對自由的渴求，但有一個麻煩的問題：就是「利益」與「權力」等等。簡單的說，你的興趣、你的嗜好、你喜歡的東西、INTEREST 也指利益，趣味、品味，人類的知識必然跟這個有關聯，但是我們要把這些東西拿掉，這裡面的知才是真知，所以人文學處理的是人對自由、對真理的追求。這個問題在「經驗的描述」、「理論的建構」以及「理念的追求」裡面，隨時隨地會碰到的。

問：老師，你剛說「覺」是完成人格的一種方法，人文學是學術的一部份，對不對？人文學不可量化，那我們怎樣去完成人文學的論證？

答：這個問題很好。這個問題的關鍵也很清楚，人文學的論證和自然科學的論證，是在客觀性的不同。

問：客觀性怎會不同？既然它叫做客觀性?

答：通常日常用語我們講客觀性這個辭是很好的。舉例來說，人文學意義的審美觀有沒有客觀性？如果審美觀沒有客觀性的普遍性，也就沒有客觀性了。善性也有它的客觀性，如果沒有客觀性，就不能有一個公平的價值判斷。有人讚嘆道：「這東西好美啊！」美的東西人見人愛，即使一百人當中只有一個人不愛，它還是美的東西。因為不可能一百人都說他美。但是在自然科學當中，一加一等於二是鐵的事實，百分之百的人都會承認一加一等於二，只要是在數字以 10 為底的系統裡面，一加一等於二是必然的，這種自然科學的論證當然有客觀性呀！價值論辯也有其客觀性，要不然價值沒有客觀性的話，價值的判斷就會混淆了。只是，價值的客觀性那個客觀的意義與事實的客觀性的客觀意義是不同的。

問：價值的確立，老師剛才談到量化，會不會是因為經驗世界上先有量的變化，價值最後才被確立？還是說價值先在那兒，我們再去評論？

答：這個問題非常好，價值是從經驗中來？還是不從經驗中來？價值是在經驗中顯現，但它不是來自於經驗中，價值是做為評斷經驗之所以存在的根據，並不是從經驗中得來的；人類有很多奧秘，所以得到解答，是因為人們的溝通中有共同性在，這溝通的能力不是來自於經驗，而是超乎經驗之上，使得溝通的經驗成為可能的根據，那是人與生具有的，而這個與生具有的能力不是每一個人都可以顯露出來，有些智障者，或某些人就沒辦法。我們現在很容易本末倒置地誤認為價值來自於經驗。但是價值又隨著經驗，隨歷史的變遷而改變，說對父母孝順是應該的，但不同的時代有不同的

孝順方法，有誠懇真摯的心就是孝順的基本原則。

　　模糊地帶是我們學人文學的人最該用功的地方，當人文學越發達的年代，往往是人心越衰退的年代；道德講得最嚴密的年代，也就是道德最衰微的年代，這不是很弔詭嗎？防盜的技術越高明，就代表盜賊橫行的年代；有模範父親就代表很多父親不是很模範；有模範老師，就代表很多老師不是很模範；老子《道德經》中對此有深刻的反省，老子說：「六親不和有孝慈，國家昏亂有忠臣。」❷❼就是這種意思。臺灣最可貴的是：到目前為止還沒出現一個忠臣，可能臺灣還不夠昏亂，再昏亂就會出現忠臣，就快要有忠臣了！只要一個人以忠臣的形象出現，那國家必然是昏亂了。以前我在師大附中教過一個學生，滿腔熱血，立志當文天祥，人家笑他：「你要詛咒國家滅亡嗎？要不然怎麼立志當文天祥?」這很有意思。我們可以發現到：人一直往永恆的理念追求時，其實他會面臨現實的紛擾。當人類有一種求知的興趣與渴望的時候，就會釋放出能量，例如想去探究為什麼只有上帝能造人，人不能造人等問題，探究到最後，就是人文學的問題，所以說，自然科學到最後還是要跟人文學連在一塊，就此來說，人文學反而就是自然科學的基礎。

十五、生命的感通互動──方法的進入

　　什麼叫人文？什麼叫自然？一般臺灣人有一種很錯誤的想法，認為學自然科學的人比較聰明，那是錯誤的觀念。要是你跟一個學自然科學的人到一個藝廊去看畫展，他只知道用金錢來衡量每一幅

---

❷❼　見《老子》第十八章。

畫的價值，固然很多人間事必須量化才能辦到，但是請問時間能量化嗎？時間只好量化了，但量化的時間準嗎？只好算準了吧！我們把它量化了，用物理的刻度來衡量它，然而時間其實是一個心靈的深度，它不只是一個物理的刻度。例如說：「一日不見，如隔三秋」，「數十年如一日」，你跟一個學自然科學的人說這些話，他如果沒有人文素養，怎麼會了解上面語詞的意義以及什麼叫「黃粱一夢」呢？臺灣現在很多學自然科學的人，思想很狹隘，但是他們卻握有很大的權力，我們學人文科學的最嚴重的問題是：凡事糊里糊塗，一些基本的方法跟意識都沒有，變得天生的能力好像比學自然科學的人低。

當我們釐清這個問題，以後就可以坦然面對他們。我在清華大學教了十三年的書，我覺得他們都還不錯，倒是有幾位學人文社會科學的人，回過頭來把自己偽裝成學自然科學的人一樣，學自然科學的變成男性沙文主義，然後學人文科學變成女性一樣，這個女性假裝自己是男性，假裝男性的女生是假男人，假男人都比男人還要更男性中心主義。你們有沒有考慮過，我們的家族裡面，最男性中心主義的是誰？是阿媽（祖母）。所以請你留意一下，你們當中誰具有阿媽性格？阿媽性格的人是幫著男人打壓女人的女人，而她忘了自己是女人。

在歐美文化界當中，有些歐美學者對中國文化頗為敬重，反而是我們華人文化圈，對自己的學問卻很不敬重。這裡有一個很有趣的事例，有一次，我到淡江大學去演講，演講完了之後，我到餐廳去吃飯，義大利麵要用叉子捲，我不太會用，我跟服務生要筷子，他理直氣壯地告訴我：「這是義大利餐廳啊！」意思是說義大利餐

廳不應該用筷子的（騙人不知）。在美國餐廳，他看你是黑頭髮黃皮膚，服務生都會問你：「需要筷子嗎？」人家尊重個別差異性，我們這裡反而不是。現在中國學界也有一批人莫名其妙，一天到晚，把西方人的方法套進來用，東拉西扯，好像我們中國學術是礦物一樣，要先鑽開，然後才能開礦。

談方法，老一輩的講得最清楚啦！你進入才能理解、詮釋，那你就有方法了，在那個過程當中，你慢慢地就找出方法了。所以「方法」並不是我們給你一把萬能鑰匙，而是要我們好好尊重我們要去研究的對象，把它當成一個生命一樣地交往，在過程中慢慢熟悉，知道它的生命、它的脈絡，久而久之，你可以用一套語言文字、符號、象徵系統去分析它、去解開它、去說它，而且說得準確。我舉一個具體的例子來說，以前我們看外國人，覺得外國人都長得很像，因為你很少看到外國人，但是當你外國人看多了，就會發現他們當中有很大的不同。

有一段時間，我兩個小孩養了六隻小烏龜，餵食的時候，他們是一隻隻抓出來餵，餵了以後就放回去，我問：「你們這樣怎麼餵？每一隻小烏龜都一樣，你們這樣餵後放回去，會搞不清楚啊！」孩子跟我說：「爸爸！你不認識牠們，我們認識牠們。」養烏龜，我沒有方法，他們有方法，為什麼？因為他們深入，他們跟牠們有一種生命的互動感、熟悉感，方法起於認識，起於了解，這就叫做「方法」。我當然也可以用另一種方法，將烏龜編號，但那樣做就是我不尊重牠們的生命；我用油漆在牠們背上寫上一、二、三、四、五、六，編號也是一種方法，這種方法這就是外力強加在上頭的方法，這種方法一樣可以很清楚地分辨出烏龜，但那是強迫

性的，這種方法在操作上絕對有效，但是，應用在人或動物身上就不應該，因為牠們都是有生命的個體。在南美洲某一個地區的人，對於駱駝的稱呼有好幾百種，你會覺得奇怪，駱駝不是只有兩種？一種是單峰駱駝，一種是雙峰駱駝。但是那裡的人跟駱駝非常親近，他們理解牠們，於是對駱駝產生了這麼多不同的分類方式，就建構了不同的知識體系了。

　　有人說：「中文語意模糊籠統，西方的語言才清楚啊！」講這種話的人，是最不負責任的，講這種話的人，第一，可以肯定的是，他的西方語文的素養很差，第二，就是他的中文程度必定更差。其實，我們中文是很精確的，它的精確是在語文脈絡中確定的，它跟西方語文的特性不同，所以理解漢字的方式當然跟理解西方的語文方式不同了。以前我在師大讀書的時候，有一位外系的教師，跟我很熟悉，他說：「我發覺我們中國的古文不清不楚，文字可以換來換去，例如：『天命之謂性，率性之謂道，修道之謂教』❷天啊！命啊！性啊！道啊！教啊！我怎麼看都看不懂，換來換去好像都可以嘛，為什麼不能說「天道之謂性」？這位老師的看法錯了，我們來看看英文 Aunt 是什麼，姨媽是 aunt，伯母也是 aunt，姑姑也是 aunt，舅媽也是 aunt，如果你認為它含糊不清楚，那是你沒有進入到他們語文的脈絡中。當你進到那脈絡中，你就清楚了，這個很重要。所以我現在談到這裡，其實已經慢慢涉入一些有關方法的問題。

　　對於你所要理解的對象要有一種實存的呼應，一種生命的互動

---

❷　見宋・朱熹《四書章句集註》《中庸》。

感通。進到那個脈絡裡面，連文字也有它一定的生命脈絡，這就是我所說的方法。我在師大讀書的時候，魯實先先生還在，那是我們以前師大國文系最有學問的老師之一，他說：「我最瞧不起什麼中國文法，你們學過文法，我沒學過，但是你們寫文章能寫得比我好嗎？」魯先生話或許講得過頭了，但是他的話是在告訴我們，學自己的語文所講的文法，跟學外國語文的文法，方式是不一樣的，學習自己語文的方式跟學外國語文是不一樣，所以請你們當老師的考試的時候，不要考學生文法（名詞、動詞、受詞）。中文跟英文是不一樣的，外國語文才需要那樣講文法，自己的語文，熟悉了就一直進去了，除非你是專門研究語法學的可以去研究文法，其他的人約略懂得就可以了。我們關於親戚分類的精細程度比英文親屬的分類精細，為什麼？因為我們整個社會組織結構裡面，有這樣的講究，就如前面我講的駱駝分類一樣。有一陣子，我那兩個孩子養小烏龜，他們把牠們當作生活的中心，就像對情人的一顰一笑，喜怒哀樂，時時關心。

當我們發覺對事物認識不清楚時，應該把它紀錄下來，給它一個名字，「有名萬物之母」，這世間需通過命名的活動，才使一個對象成為一個對象，確立在那裡，於是整個記憶系統裡面，才能那麼清楚地掌握到，你能用這個方式恰當地去確立，把一個東西確立起來，這是經歷了一個複雜的過程，你的生命參與到裡面去了。人文學、自然科學何嘗不是這樣，但是自然科學與人文學最大的不同，並不在於它不經過語言文字符號系統，而在於他與對象不必有一種生命的互動感通。所以趙高「指鹿為馬」，當然有可能，可惜的是趙高的權力不夠，power 不夠，於是無法給鹿重新命名。中國

大陸有一段時間，莫名其妙地把妻子叫愛人，丈夫也叫愛人，語文改變得很厲害啊！全國人都使用，但是他們現在又改變了愛人的稱呼，這意謂著思想的變遷。

不過，我們從這裡面可以判斷出很多東西是在日常生活的覺知裡被「覺知」到，才能有所描述，而在「描述」的過程中，必需有一個理論的背景，所以從「事實的描述」到「理論的建構」，理論的建構背後隱含著「價值指向」，這是所有的學問都會涉及到的。只是人文學涉及到價值層面的追求，並以此做為它的根本；而自然科學是以經驗描述的對象作為根本，它們的不同在這裡。學習自然科學的人的基本心態是經由「我與他」的關係去對象化、客觀化；而人文科學的心態是經由「我和你」的關係，當成一個具有生命、會說話、會跟你有一種生命互動、生息感通的狀態，這樣一個方法態度。總的來講，這都涉及到態度、涉及到方法、涉及到研究的題材，研究的對象，但是態度和方法優於一切，這是人文學和自然科學的區別。

我想我們今天大體就做這樣一個開場白，開場白嫌長了一點，不過我們所談的涉及到一些東西，上課總要有三個層次：一個層次叫「理論」，一個層次叫「例子」，另一個層次是「笑話」。理論忘掉了沒關係，例子可能還記得，連例子都忘掉了，笑話和氣氛還記得也不錯，我們今天就先說到這個地方，剛剛班長問我說要讀些什麼東西，要討論什麼東西，我想這帶有一點開放性的討論，希望討論一些原典的東西，我手頭有一些文章，交給班長，是和上課內容有關的資料。鐘聲響了，鐘聲存在嗎？我們今天果真上過課了嗎？

十六、問題與討論

1.**問**：如果不懂這些，是不是會活得比較快樂？

答：換個角度想，因為有了一些有人文學養的人，在這個社會上做了這些事；要是這個社會上全部都是沒有人文學養的人，那麼就沒有人來修護這個社會，那麼這些人就沒有辦法過得這麼安穩。舉個例子說明，像我們用自來水，這個很簡單啊，我也不必了解自來水的原理，只要打開水龍頭就有水了，這很方便啊！但是如果所有的人都這麼想，那也不必有人去管自來水塔、水源、自來管線的問題，那我們還能享用這種便捷嗎？所以在座的各位同學，誰叫你們做了人文學的探索者、研究者與傳達者的教師，你們作為一個廣的中國人文學，以中國人文為主導的教師，你們就不能不懂。如果你們不懂的話，那還得了，豈不誤人子弟？

2.**問**：請問老師，就「安身立命」這四個字，我覺得這四個字太沈重了，而且似乎每個學人文學的人，都會對此有些疑惑，我也為此思索許久；若我們不了解這方面的問題，我們是否會得到無知的快樂？

答：從古到今，不知有多少人對這問題一直持續的想，想到目前為止，他有所解，有所惑，有所覺，也有所迷，一直在這種浮浮沈沈的狀態下；當然如果你願意有無知的快樂，這也可以，但是當無知面臨問題、痛苦時，這才是最大的痛苦。不過作為一個國文教師，就是喪失了有關於人文學這方面無知的快樂，也喪失了這樣一個基本的天職，誰叫你做了國文教師呢？你對人文學的安身立命卻

毫無所知，你不能只靠別人生產好的東西而替他賣而已，你要作為一個精神生產業的勞動者；教師不是服務業，教師是精神生產業，這是很沈重，也是很神聖、重要的。所以，困惑是一定會有，孔老夫子說：「十有五而志於學，三十而立，四十而不惑，五十而知天命，六十而耳順，七十而從心所欲不逾矩」㉙，那是聖人的情形啊！我現在已四十好幾，是否已進入號稱「不惑之年」？其實「大惑存焉」啊！可是大惑存焉，並不因此逃脫，這是人的宿命，人的宿命是人不自由而渴求自由，那如果不渴求自由，不就好了嗎？就可以破解這個宿命了嗎？這是人之所以為人，人就是有感覺，就會有存在舒服與不舒服，舒服就是你真正覺得合乎你的「意」，除了合乎你的意，也要合乎天理良知，所以意是本意的意，「意志」的意，不是「欲求」的意。（2000 年 7 月 10 日臺灣師大研究生鄭來春、陳秀香紀錄）

㉙　見宋·朱熹《四書章句集註》《論語》〈為政〉。

第二章　方法、方法論與
方法論意識
——兼及於中西哲學之比較的
一些問題

本章提要：

　　本文旨在經由「方」、「法」的「方法」（Method），往上溯而進到「方法論」（Methodology）的後設省察；並進一步對於方法論意識的豁顯。

　　在闡述的過程中，將經由文化型態學與哲學型態學的宏觀對比，指出任何「方法」必然與「真理」密切相關，而所謂「真理」則又與「人」這「活生生的實存而有」之進到吾人的「生活世界」（life-world）之姿態相關。

　　「方法」不只是做為技術層次的問題而已，他更涉及於「語言」、「存有」、「意識」與「實踐」等層面之問題。特別是當前漢語世界，如何由「古代漢語」之解碼而進到吾人的生活之中與日常用語密切結合，再者，它又如何與西方當前的「學術話語」交涉、融通，則是一更艱辛的問題。如上所說，「方法論意識」就在

這樣的實踐過程中長養出來。

關鍵字詞：方法、意識、話語、生活世界、存有、漢語

本章目錄：

一、哲學是智慧的開顯和眞理的追求

這些年來，我一直強調如何將古漢語、現代漢語融接在一起，並且置於生活世界之中，讓人們具有覺知的體會，進而交涉於西方的學術話語，成就一適切的新學術話語。當然，這首先且須慢慢喚醒漢字呈現意義。現在我們太習慣沒有深層了解漢字的意義，而只是表層地使用它的意義；甚至只是關聯著西方的學術語詞，去了解它的意義而已。譬如「哲學」二字，大家想到 philosophy、philosophia，大概不會想到「哲學」在漢字裡是從《尚書》：「睿明曰哲」❶轉譯過來的。「睿明曰哲」的「哲」字，加上「學」字，和 philosophy 這個詞的意義是不是完全等價？是個問題，但是我們還是要盡量讓這些東西連在一塊來思考。

哲學 philosophia，philo 是「愛」的意思，sophia 是「智」的意思。哲學是對於智慧的追求，追求真理、追求智慧，這是philosophia 的本義。借用「睿明曰哲」去說哲學 philosophia，很顯然掉了一個字，掉了「愛」這個字，但是這已經約定俗成，沒有關係。當你用哲學這個詞，大概不會只想到智慧之學，它是對智慧的追求。但是說也湊巧，在華人的文化傳統裡，果真哲學的重點是內在智慧的開頭，比較不是西方式的去追求客觀而明晰的真理。其實對於真理的追求和智慧的開顯，是可以區別開來，但又不是完全無

---

❶ 引自《尚書·洪範》：「五事：一曰貌，二曰言，三曰視，四曰聽，五曰思。貌曰恭，言曰從，視曰明，聽曰聰，思曰睿。恭作肅，從作乂，明作哲，聰作謀，睿作聖。」

關。

哲學這個詞,用來翻譯 philosophia 不完全等價或等值,但也可以約定俗成地接受。我們再回過頭來說明「哲學」在漢字的意義,在漢字深入的意義,哲學是智慧開顯之學,如果放在整個中國文化來講,它的哲學重點是在智慧的開顯。我們對於人在對外在事理的追求和內在智慧的體證和開顯,可以從這幾個角度來看。

二、「方」是具體解決問題的技術,「法」是普遍而客觀的形式法則

看到方,想到什麼?有一個解釋是:秉耒而耕。什麼叫「耒」?這個字讓我印象深刻,小時侯家裡耕田,犁上的一部就稱作「耒」。另外一個解釋:「方,旁也」。從一個主流分支出來。「方」也解釋成跟地連在一塊❷。我們講方法、方法論,「方」的重點在那裡?它的重點是具體地解決某一事物面臨的問題,具體解決問題的技術和辦法。

再說「法」這個字。法,古字是這麼寫的:「灋」。是一種動物,這種動物很獨特。以前在古老時侯,審判一件事──帶有神意的審判,要通過這種動物來傳達神意。誰是有罪?這動物有角,就用角觸他一下,表示有罪,「以直觸其不直者」。從水,代表:「水,言其平也」。水到最後會歸於平靜,所以法原本的意思是作為刑、則❸;至於「方法」,「方」這個字重在具體解決事物的方

---

❷　請參見《形音義大字典》,正中書局印行,頁 644,1971 年 3 月,臺北。

❸　參見前揭書,頁 820。

法，「法」這字重在普遍而客觀的形式法則。

　　所以「方法」二字連在一起是依據著普遍而客觀的形式法則，落實在具體問題上，給出一個解決的技巧和辦法。想到方法就想到兩個層次：一個是具體解決問題的技術和辦法；高一層是客觀的、普遍的法則性、形式性原則，重點在原則。「方」的重點在辦法，即技倆、手段。「法」重在普遍性、客觀性、形式性、法則性。

三、方法不是萬能，所有的方法都與人內在的心靈相關

　　題材、研究者、研究的方向和目標，彼此都息息相關，有沒有一種方法是萬能的？沒有，沒有方法是萬能。「方法」一定是作為一個「研究者」，去面對「題材」，和題材所衍生出來的「問題方向」。因為在面對題材時已經找出一個方向來，或者本來已經找出一個方向才面對問題。所以研究的指向，研究的心靈指向，跟要去研究的題材和研究者有密切的關係，在這關係底下生出的「問題」於是有了「答案」。所以這樣的方法，簡單地概括，就是：「問題－答案」（Question-answer）的邏輯，你給出什麼問題，就有什麼答案，不同問法，會出現不同答案，這是整個論證的方式。❹

　　譬如當爸爸、媽媽問小孩子：「要不要吃飯？」這可能是比較失敗的問法。你應該問：「今天我們吃餃子呢？還是下麵？還是吃

---

❹　關於「問題－答案」的邏輯，請參見《柯靈烏自傳》（An Autobiography, London, 1939），陳明福譯，第五章，頁43-55，故鄉出版社印行，1985年，臺北。

飯？」這是比較高段一點的問法，為什麼？因為第一個問法，你問他要不要吃飯，他可以選擇「不」。第二個問法是：「下餃子呢？下麵呢？還是吃飯？」三個選擇一個。還有另外一種問法：「今天媽媽下餃子，你是要現在吃呢？還是五分鐘後吃呢？」所以問題怎麼問，答案就會有不同。

「兩岸到底要不要統一？」這種問法是一個答案。「兩岸在什麼時候統一呢？」「在廿年內怎麼統一？」這種問題和答案連在一起的邏輯，關聯到前面說的，作為一個研究者，所面臨的整個研究所構成的生活世界，是一切方法論研究者所必須注意到的。

研究的「題材」、「人」和研究的情境，構成一個非常豐富的學問的生活世界。人就沈浸在學問的生活世界，沈浸在這個生活世界裡面，和它熟悉，於是有了一個一定的心靈指向，問題就出現了，問題出現，答案也隨之出現。

所以方法是作為一個人整個去參與實存的狀況，參與整個生活世界。是用什麼方式參與？用什麼樣的心態去參與？也就是用什麼樣的姿態進入？這真是其幾甚微，心意初動時或者就已清楚往那邊走了。

當你看自己的「心」，「心」已經是在總體裡面，不是心獨立於總體之外。整個存在的情境、整個生活世界、整個學問性的東西、整個歷史社會總體，全部都在裡面，仔細地去思維、思考。沒有萬能的方法，沒有一種方法是跟我無關、跟人內在的心靈方法無關。

有人說：「有啊！統計的方法。」對，但別忘了，統計的方法是在統計時可以跟人獨立開來，三個人答：YES，兩個人答：

NO，但是你設計那個問題的時侯，是跟你這個人、實存的情境、生活的世界，跟整個總體有密切的關係，不能說統計的方法跟心意初動無關，跟「問題－答案」的邏輯無關。我們之所以這麼說意在破除方法的迷信，強調任何「方法」是離不開「人」以及人的實存情境的。

四、「加上『科學』就很科學」，是對學問、方法的一種迷思

譬如科學方法是個什麼樣的方法，大家都搞不清楚。「加上科學就很科學」，這句話很能呈現出近百年來對於學問、方法有一種迷思。「加上科學就很科學」，前面那個「科學」的意思是科學思維的方式，後面那個「科學」代表真理，就是很有智慧，很接近真理！

「加上科學就很科學」、「你這麼做就不太科學啦」，這個意思是不符合科學程序，這是第一個。第二個，不符合自然科學程序，恐怕就很有問題了。你做這個事，那到底是和自然科學相關嗎？還是無關呢？譬如談「愛情的自然科學」，愛情是個愛情學，但不可以通過自然科學去談愛情，譬如張三和李四是一對男女朋友，牽手的時侯，心跳頻率增加多少，就代表他們愛情升高到什麼程度，或血糖增加多少、降低多少，或者脈搏多少，都是不能這樣算，這樣算就很荒謬。為什麼？因為沒有辦法從那裡測出真正愛情。

五、自然科學的特點在於「攝質歸量」，人文科學的特質是「由量返質，以質爲本」

自然科學的特點在於「攝質歸量」，而說人文科學的特質在於「攝量歸質」，但其實這麼說也不太妥當。它其實是「由量返質，以質為本」。當我們說方法的時侯，一方面留意到必須注意到普遍的、客觀的、形式性的法則，才能夠有具體的解決問題的技術與辦法。

「方法」這兩個字用來翻譯英文的 method，怎麼翻？古字 methodos，前面是 "meta"，"meta" 是 "after"，是「之後」的意思，後面是 "odos"，是「路徑」的意思，整個來說很接近 after the way。在一個路之後，在道途之後，在一個普遍而客觀的形式法則之後，你根據它才能展開具體解決問題的技術和方法。因為不同的題材，不同的研究對象、不同的研究主題，用不同的研究態度，於是有不同的研究邏輯，有不同的研究方法。

這麼說，正在說明方法的多元性。講方法的多元性，但是我們還是要問：方法多元，但是它能不能有所統攝呢？能夠統攝則又如何呢？又如何統攝呢？這便牽涉到方法論的問題。「方法」當然能統攝，否則，我們今天談方法論就沒什麼意義了。

六、方法論的涵義及層次：「方法」、「方法論」、「方法論意識」

方法論的意思就是對於方法，採取一個更源頭、更追本溯源地去察看各種方法背後所根據的是什麼樣的原理原則。所以方法論比

前面所說的方法更高一級，你會發現這地方怎麼這麼嚴密。「方」，「方法」、「方法論」、「方法論意識」，這一層層的上昇，值得我們去注意。

如此說來，我們就可以說方法論有幾個層次：一個是具體解決問題的技倆，一個是談客觀的形式法則性。對於前面的客觀形式的法則性衍生出的具體實踐的技倆，徹底地作一個後設的反省，反省它何以可能的根據，就是「方法論」（methodology）。人們對於這樣的一種東西，隨時帶有一種覺醒的意識，就是「方法論意識」（the consciousness of methodology）。

七、方法是多元而一統，統攝於「道」

方法是多元，它是能統攝的，問題重點在如何統攝。問題重點不在於不能統攝，這一點我是非常堅持的。像現在很多人一直認為多元就不能統攝。多元一定能統攝，要不然就不叫多元，那就叫做分散，叫做散亂，散亂是不統攝，多元能統攝，多元而一統。當我們留意到方法的時侯，用一個簡單的字眼—法，「法無定法」，但它統攝於道，「道有其道」，什麼是「道」？「道」是「人參贊於天地萬物通而為一的那個總的根源狀態的道」。那個根源狀態，我們必須預期有那個根源狀態，那樣一個實存的生發之源的狀態，如果沒有那樣生發之源的狀態，那麼這些都沒用。就方法論的道來說，就是剛才說的，人參與於整個生活世界，這個生活世界包括他的研究題材、研究對象，以及其他種種研究氛圍，以及時代的實存氣氛所構成的一個總體。

根源的總體，它有一個難以言詮，但確然存在的一個「心靈指

向」，這個指向如果用一個更確切的有分別的表達方式把它表達出來，就構成所謂的問題，在用確切的分別方式把它表達出來之前，叫「問題感」。你已經形成一個問題，把它表達出來，當你形成一個問題表達出來，就隱含一個答案。這個答案在當時還是隱而未顯，但是它已經在顯現的過程中了，這總的說，那個源頭就是「道」，「方法論之道」。

學習方法、方法論，是學什麼東西？不是學「方」、學「法」、學「方法」。從「方法」通入「方法論」之「道」，是一層一層的，不是學一個具體的技倆，也不是學一個具體技倆前面所導出來的客觀法則性，而是再往上通的一個總體的、根源的一個狀態。從狀態來說，它是一個心靈的指向，而這個心靈的指向，是已經參與的心靈指向，而不是一個獨立的心靈指向。從方法牽涉到心靈指向的問題，是一個態度，這牽涉到一個「造化之幾」的問題。

宇宙有造化之幾，學問也有造化之幾。比如種樹，我們都讀過柳宗元的「種樹郭橐駝傳」，種樹要用手、用鏟子之類，這是「方」，種樹時要怎麼樣，背後有一個「法則」。再往上追溯，種樹就是要了解樹的生命之理，和土的生命之理，讓樹跟土的生命之理能恰當地連在一起，但是具體的操作重不重要？當然重要，客觀的形式法則是方法，真正要種得好，就需要那個東西，這兩個都熟練以後，還有一個更深層的東西，這懂了，就順了。生命的成長是如此，學問的成長也是如此。

「方」，「方法」，再進而「方法論」，方法論是對於方法的省察所構成的論。對方法的省察有那些呢？方法學剛已作界定，這個界定中隱含了任何一個方法，皆可因而通之上遂於「道」。

Methodology 方法論、方法學，logy 是 Logos 來的，由此「道」，返照其方法理解之、闡釋之、批判之，這就叫方法論。任何方法到最後都是往上提，提到這個道，通到 Logos。

八、道是宇宙萬有一切化育、一切存在之源

　　Logos 是古希臘的一個用語，這個用語相當於中文的「道」，是一切化育、一切存在、一切事物的源頭。它是從古希臘哲學的太初 Ar`che（一切事物的本源）轉出來的。

　　Logos 這個詞可以翻譯成：道、詞、語言、法則……，簡單地說，就是宇宙萬有一切的存在之源。而這存在之源，在西方重點在「言」。言很接近於中文的「道」，張三言、張三道，李四言、李四道。但是中文的道，比這個言還多一點點，中文的「道」高高地不可說；西方的「言」就是言，Logos 就是言，它是使得一切可說成為可能的本源，它的重點在於一切話語、一切存在之源。❺

　　而中文的「道」字沒有這個意思，中文的「道」字是要告訴你：不是可以通過話語系統去接觸到，它是要通過一個超乎話語系統之上不可說的境況去接觸到，這樣一個境況是人們能接觸到，這牽涉到「不可說」與「可說」的「連續性」問題。

---

❺　關於「道」與「言」，請參見劉小楓〈「道」與「言」的神學和文化社會學評註〉（1992 年，柏克萊），見《公法評論》網上論文。又請參見林安梧〈《揭諦》發刊詞——「道」與「言」〉，《揭諦》創刊號，1997 年 6 月，南華大學哲學研究所刊行。

九、東方哲學的連續與西方哲學的斷裂問題

　　「連續」與「斷裂」的問題，在東方哲學傳統，特別是中國哲學傳統裡面，「不可說」與「可說」並不是斷裂的情形，而在西方哲學傳統，基本上是斷裂。當我們說方法論這個詞，在西方哲學的意義，跟在東方哲學的意義是不同的。這不同牽涉到 "Logos" 和「道」，雖然是同一個層級的兩個不同字眼，它幾乎等同，但它還是不同。幾乎等同，但還是不同，在於「可說」還是「不可說」，到底是「連續」還是「斷裂」的？

　　在西方哲學裡，「可說」和「不可說」是斷裂的；在東方哲學，特別是中國哲學裡，它則是連續。方法論是面對著方法，由方法而通之上遂於「道」，再由這個「道」，返照回來落實，理解之、闡釋之、批判之，這樣所構成的一套論點、一套系統，就是方法論。

　　問題就在這個「道」，中文的「道」，是一個可說而不可說，不可說而可說。道有其兩面性：「無名天地之始，有名萬物之母」，「同出而異名，同謂之玄，玄之又玄，眾妙之門。」❻「道」具有「有、無」的兩面性，「可說」和「不可說」的連續性，而在原來古希臘 Logos 的傳統，重點在回到一切話語言說之源，回過頭來對於這個方法展開理解、詮釋、批判，因而構成的一套系統。相對來說，Logos 的重點則在於客觀的法則性，由客觀的

---

❻　引自《老子》第一章：「道可道，非常道，名可名，非常名。無名天地之始，有名萬物之母。故常無欲以觀其妙，常有欲以觀其徼。此兩者，同出而異名，同謂之玄，玄之又玄，眾妙之門。」

法則性，所導生的一個定準。

十、方法的最高境界：知幾其神乎

方法到最上乘就得「知幾」，「知幾其神乎」**❼**。醫術高明叫神醫。知幾、通神，進入到宇宙造化之源。「神也者，妙萬物而為言者也。」這因而通之上遂於道，由此道返照其方法，理解之、闡釋之、批判之，因而構成一個理解系統。它也會涉及客觀法則性所導生的一個定律。到頭來，最根源地說，就是「神」，「知幾其神乎!」。

方法到最後面對的是宇宙造化之源，這裡有一個相契的關係，來做理解、詮譯、批判、重建。這看似很玄奧，很厲害！但仍有它的缺點，就是有時侯會忽略了客觀法則性，一下子就跨過去了。而且它很容易耽溺於「知幾其神」、「神也者，妙萬物而為言者也」的世俗化的迷離恍惚之中。

方法論在我們這個族群的文化傳統裡，到最後踫到這個問題，在西方哲學傳統裡比較碰不到。這問題牽涉的範圍非常廣，整個方法論意識也會有所不同，慢慢地一步一步來展開。

十一、「道」統攝方法論，下及於經驗世界

不只是宗教，任何一門學問，到最後，都會面臨此一問題──

---

❼ 引自《周易‧繫辭下傳》：子曰：「知幾其神乎！君子上交不諂，下交不瀆，其知幾乎？幾者，動之微，吉凶之先見者也。君子見幾而作。不俟終日。

方法論的「論」，方法學的「學」，也就是說任何一存在的事物、現象，廣至任何一門學問的傳統，到最後，都會牽涉到：因而通之上遂於道的那個「道」。方法論的背後，由道來統攝，往前追溯，是一層層的，因為它不可道，不可名，故強名之曰道，而前面所講的 Logos，是由「太極」這一名詞轉變而來的。

再者，方法要實現在生活世界中，但有些價值觀念已偏差，那要用什麼態度去面對。當我們所參與的這個實際的生活世界，它的價值觀念混淆了，如果從價值論上來講，怎麼會有一種方法，能回過頭來，加以澄清嗎？如果可以的話，又如何可能？事實上，是可以的，這就牽涉到每一個人內在生命深沉的、究極的一種共通的認定，我們相信它，如果不相信，那麼價值就混淆了。就是說：價值的學習，就過程上而言，是來自於經驗；就本身來說，就不是來自於經驗，這樣講，應可以了解。相反的，當我們對經驗的世界，給予價值的分判時，雖然我們不知道它是怎麼來的；但它仍是大家所共同認可的價值本源，對此，大家可以共同想想。比如說：對於經驗上的一件事，一百個人中，有九十九個人認定不應這麼做，卻只有一個人認定要那麼做；而且只有他是對的。儘管世俗上有所混淆，但畢竟真正的價值之源仍然是明白的。

當然我們要問雖然那九十九個人所認定的是錯的，但他們以為自己的是對的，那真正的是非對錯，要怎麼評判呢？在這種情況下，要「辯」，孟子曰：「余豈好辯哉」❽，正是如此，孟子說他

---

❽ 《孟子・滕文公下》：「昔者禹抑洪水而天下平，周公兼夷狄，驅猛獸而百姓寧，孔子成春秋而亂臣賊子懼。詩云：『戎狄是膺，荊舒是懲，則莫我敢

那個年代是「諸侯放恣，處士橫議，邪說暴行有作」❾，所以他要「息邪說，放淫辭」就是這個道理。所以人們對於價值的源頭，對知識的源頭，對存在的源頭，基本上是有共識的，是肯定的，如果不肯定，那人間世的一切就不用說了，你能不肯定它嗎？

　　進一步，我們仍然要問價值共通的源頭，會不會受到文化層面的影響？價值的源頭，要落實下來，一定會受到文化的影響，而這也可能就不是本源了。因為一旦落實下來，就是「方」「法」，後設的反省才有所謂的「方法論」，再溯其本源，才能上及於「道」。起先，它受某一地域、某一文化傳統、某一階層的影響，於是就有某一個具體解決問題的客觀性、法則性，此法則性，看起來是由具體的經驗提上來的，但它的背後來自於一個更為本源的東西。這樣，我們才能對這個方法、藥方，給予批評。如果只落在下端說，那是從俗、從眾，在這個地方是由下而上，由上而下，兩端而一致的「辯證關聯」。現在，我們再進一步地說，在實際的發生層次上說：方法，來自於經驗；就理論的邏輯次序來說，方法源本於「道」，「道」是宇宙存在的萬有一切（包含人的心靈意識及話語系統）之構成之源頭。

　　如此說來，方法論意識，一方面，必需因而通之，上逐於道；另一方面，必及於存在的事物，對那個存在的事物有所覺察，有所

承。』無父無君，是周公所膺也。我亦欲正人心，息邪說，距詖行，放淫辭，以承三聖者；豈好辯哉？予不得已也。」

❾ 《孟子·滕文公下》：「聖人不作，諸侯放恣，處世橫議，楊朱墨翟之言盈天下，天下之言，不歸楊，則歸墨。」「世衰道微，邪說暴行有作，臣弒其君者有之，子弒其父者有之，孔子懼，作春秋。」

感知。因此，不能空洞地由上頭來，也不能空洞地由經驗往上提，譬如，現在問同學期末考查如何進行，不用考試，也不用交作業，上課記不記筆記也無所謂，分數上，十位數一律是九，個位數就依個人的座號，這樣可以嗎？當然不可以，它違反了這個「道」，儘管你認定是如此，但老天爺不認定這樣，我們捫心自問不就知道老天爺的認定，如果連捫心自問都不知道，代表已經處在一個無道之世，那果真就完蛋了。

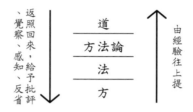

十二、方法、方法論、方法論的最終目的：體悟學問之道

從剛剛所講的，我們已經知道：方法須從經驗中學習，但從經驗中學習所得到的方法，我們要有往上追溯的活動，「因而通之，上遂於道」❿任何一具體實存的存在事物，你面對它時，你有什麼方式，你有什麼步驟，你有什麼具體的技倆，你不要管它的問題，你要上遂於道，返照下來，這也就是我們為什麼學一個東西，要有源頭。所謂「學須有源頭」，有源才有活水，朱子講：「為有源頭

---

❿　此語從王船山《莊子通》「因而通之，皆可以造乎君子之道」轉語而成者。

活水來」⓫。陸象山和朱子在鵝湖之會時，陸象山判定朱子沒有到
那一個源頭，朱子是否真的沒有悟到那一源頭？那很難說，若我們
姑且說朱子沒有悟到那一源頭，那表示他沒有了解那個「道」。方
法論、方法論意識真正的目的，是要悟道、學問的道、存在的道和
目的之道都有密切的關連，我們要悟學問之道。

　　我們講「方法」，「方法論」，「方法論意識」的目的，就是
要同學們能體悟到學問之道，如果有恰當的「方法論意識」，就知
道何者為「方」，何者為「法」，如何構成「方法」，而方法如何
是多元而一統的，多元而能統攝的；這麼一來，就溯及於方法論的
問題。方法論是講如何歸返、理解、詮釋、批判那方法，有了這個
之後，行走在學問的生涯，時時刻刻都會有「問題感」，有了問
題，就會牽連到「答案」，再慢慢展開學問的探討。所以，方法論
意識的具備，是很重要的，具有方法論意識的人，無論走到那裡，
別人看不到的，他卻能看到，而可以告訴他們，這就是一種
feeling，一種 perception。

　　如上所述，方法論、方法學，學有源頭，學如何而來？要有
覺、覺知，對經驗的「覺知」，對道的「契悟」，我們要食而有
味，讀書也要識得源頭，如講「茶藝」、「茶道」，如果對喝茶都
不知其味，又怎麼去研究？再來，對書法的味道都不品嚐，又如何
去寫書法？研究書法？到此，我們才了解，原來這個「覺知」
（perception）是很重要的，要品味品味人生，品味品味學問。

⓫　見《朱文公文集》（一）頁 80，〈觀書有感〉：「半畝方塘一鑑開，天光雲
　　影共徘徊，問渠何得清如許？為有源頭活水來。」

我總會記起陶淵明的〈桃花源記〉,「晉太元中武陵人,捕魚為業,緣溪行,忘路之遠近,忽逢桃花林。」❷對它加以品味一番,試問,〈桃花源記〉中有那一個字我們可以把它刪除呢?它也不須再添任何一字,所謂「減一分則太瘦,增一分太肥」,在其中,隱含許多的 key word,如:「緣」溪行,「忘」路之遠近,「忽」「逢」桃花林,中「無」雜樹,「落」英繽紛,漁人甚「異」之,林「盡」水「源」,便得一「山」,山有小「口」,彷彿若有「光」,便「舍」船,從口「入」。這些 key word,在我們讀的時候,一個個站出來向你報到,好像充滿節奏感,敲動你的心靈,這就是文學的欣賞方法,但是,學問還要分文學和哲學的欣賞嗎?沒有,因為,學問到最後是互通的,陶淵明的文章非常好,簡易、明白、而動人,意境又很高遠,光拿「桃花源記」來講,就可以講一學期,他的文章真是不得了的!

十三、做學問能熟,自然能知幾其神乎

等到我們讀書讀熟了,其中的意味就會跑出來了,那要熟到什麼地步?熟要能生巧,巧到什麼地步?到「神」,也就是它的生命和你的生命是在一塊;作品的生命和你生命連在一起,成一整體,就是「遙契」那個「道」。

俄國走鋼索的表演是很有名的,表演者像是在和愛人擁抱一般,如果他會掉下來,表示還沒和鋼索合為一體。我小時候,因為家裡種田,須幫忙挑稗子,但稗子和稻子的外形很相似,父親告訴

❷　〈桃花源記〉,見《陶靖節集》,陶潛著,陶澍注。

我分辨稻子和稗子的方法：稗子的葉脈比較狹長，稻子的葉脈有芒；色調上，稗子稍微深一點。常在撿稗子時，我一一地走向前去仔細看清楚，但仍然拔錯，而父親卻能馬上從其中挑出稗子，因為他已非常熟悉稻子、稗子，他的生命已經和稻子、稗子相通，撿稗子這一件事好像閱兵一樣，稻子一株株都走出來向他敬禮，那沒敬禮的，就是稗子。

再舉一個例子：我們開車時，碰到狹窄的路，可不可以過去，不是實際去測量，而是用眼睛的餘光去探測，這就叫做「神」。教國文教得好不好，就看你有沒有「神」，一篇文章一來，馬上能說出其中的好，又好比演奏一篇樂章，能彈得非常好就是「神」乎其技了。

做學問要有方法，先有「方」，後有「法」，進入方法，然後再方法論意識，最後上通於道，如此方為「上法」、「無法之法」，這「無法之法」不是後來才長出來的，而是原先就隱含在其中，所以「熟悉為要」，現今有古代典籍的檢索，但如果你學問沒有到一定的地步，這輔助的作用也是無效的。

《論語》：「學而時習之，不亦說乎？有朋自遠方來，不亦樂乎？人不知而不慍，不亦君子乎？」

為何「學」會讓人家「不亦說乎」呢？「學」有兩個意思：一個是「學者，覺也」；另一是「學者，效也」。其實兩者都對。「效」是只作步驟的學習，由這個具體步驟的學習而上通於道，就是「覺」了。這個學的過程裡，是一種文化教養，它會滋潤人的生命，而且能更進一步地追溯生命的源頭。一個人能觸及生命的源頭，是人生最大的喜悅。今天張三與李四談到非常高興，「莫逆於

心，相視而笑」，不就碰觸到那源頭嗎？「有朋自遠方來，不亦樂乎？」朋友自遠方來，共學適道，其樂融融，前面的「悅」，重點是在自己內在的深度根源的喚醒，後面的「樂」，是彼此生命生息的互動感通。「說者，自悅之；樂者，共樂也。」「人不知而不慍，不亦君子乎？」孔子那時代，是宗法封建的年代，看待一個人是從外在社會階層來看，孔子提出「君子」是內在自我完善，自我成全的整體。

十四、真正的生命是內在生命位階的自我理解和體會

《論語·學而》篇：「子曰：『學而時習之，不亦說乎？有朋自遠方來，不亦樂乎？人不知而不慍，不亦君子乎？』」這個「不亦說乎」的「說」，是內在自我生命的悅樂；「不亦樂乎」的「樂」，是共樂的；人能夠內在自我生命之悅樂，能彼此生命聲息感通，如此一來，外在的社會階位就不重要了。所以說「人不知而不慍，不亦君子乎！」。

真正的生命，是內在生命位階的自我理解和體會，不在外在社會的判定，不是這樣嗎？如何把論語弄熟呢？首先要把關係網絡拉起來，而《史紀·孔子世家》、《史記·仲尼弟子列傳》，今人錢賓四先生的《孔子傳》也要讀一讀，還有其他相關的，如日本井上靖所寫的小說式的《孔子》，我們會發現其中充滿了日本味道。那甚麼是日本味道呢？日本味道就是「不見道而擬似見道」，碰不到而又想努力地顯現出碰到，日本的精神就在此，所以我們的「茶藝」，在他們那裡就變成了「茶道」，「花藝」在他們那裡就變成

了「花道」，「書法」在他們那裡就變成了「書道」，而「劍術」在他們那裡也就變成了「劍道」，這就是日本人的特質，但是日本人的特質也就是說日本的理性是「儀式的理性」，努力地想突破，實踐道，但道永遠隔在前頭，但是這努力的過程形成了客觀的法則和步驟，形成了模仿和學習的動力，日本在這整個連接西方的現代化，這是另外他們比較優越的地方，對此一部份，我曾經寫過一篇文章，這種特質含有一種儀式性的理性。⓭

中國理性是一「情實的理性」，「乃若其情，可以為善矣」⓮。情者，實也。所以談這一些問題的時候，談過來談過去，你將會發現都是密切相關的。所以我講課的目的，是想慢慢地將其中的分界、分際講清楚、分明，所以由方法、方法論、方法論意識，這是很重要的學習，是一步步逐漸養成的。

方法論意識應如何養成？當然要從方法論養成，至於方法論應如何培養？則應由幾個不同的方法對比之下，慢慢地長成柔和、包容、寬容的心胸，在這過程中，逐漸融鑄出自己的「論」，更上一層言，才有所謂的「方法論意識」，所以方法論意識涉及到因其通之上逐於道，回溯到那個本源，再落實下來，因其幾而顯之。

我在此舉一個例子：古字裡有「搏」和「搏」，兩字的字形相似，但它的意義是不相同的，在《莊子·逍遙遊》當中有一句話：

⓭　請參見拙著〈中日儒學與現代化的哲學省察：「情實理性、氣的感通」與「儀式理性、神道儀軌」——李澤厚〈中日文化心理比較試說略稿〉一文引發的檢討〉，請參見《國文學報》第卅一期（2002 年 6 月），頁 53-80。

⓮　引自《孟子·告子上·六》：孟子曰：「乃若其情，則可以為善矣；乃所謂善也。」

「搏扶搖而直上者九萬里」，「搏」指的是「拍擊」，那就不可能飛這麼高，所以應該是「搏」，當然在這其中當然會有爭議，因此當我們在考證時，就要先明瞭它的含義。

十五、方法論意識是一隱含生命心靈深處的指向

方法論意識是受過許多方法的訓練後，形成一隱含在生命心靈深處的指向，當你看到時，就好像是生命的一點點亮光。又譬如說：你們受過基本的中文訓練，看到臺語講「打拼」這個詞，心裡就覺得很難接受，因為寫錯了，這就表示目前在我們的傳播界及新聞界，受過基本的中文訓練的人太少，這是第一點；第二點，就算是學中文的人，中文程度也不太好，事實上，臺語的「打拼」應該寫成「搏拼」，這個「搏拼」也就是內地人所講的「拼搏」，我們要有搏拼的精神，就是內地人講的「我們要有拼搏的精神」。這情形就如同我們閩南人講的「風颱」、「颱風」；「慣習」、「習慣」；「鬧熱」、「熱鬧」，這種情形就是一種判斷，這種判斷，來自於一種隱約的可見性，即是來自方法論意識，必須具有方法論意識才能開啟。所以方法論意識，它最後關係到對「經驗的覺知」及對「道體的契悟」，這是需要長期培養的，因而這種方法的培養是很重要的。

關於「意識」這個詞語，「意」是就「意向」說（intention），「識」則就「了別」說（understanding），「意識」的意思是說，對一對象有一恰當的了別，就此了別而上溯之，而有一個更根源的意象。這個「象」是關聯著「意」、「識」說的，對現象的恰當把握，是幾，所謂「心意觸動之幾」，再者「識象」強調的是「認識

清楚」由此關聯下來，我們就知道方法論意識了。

　　況且，你們如果具有方法論意識的話，你們心裡就會想：讀其書不知其人可乎？聽其課不知其人可乎？我們的腦袋是怎麼想問題是很重要的，不知你們有沒有聽出一些端倪來？這上課就好比泡一壺茶，茶的好壞就由你們親自去品嚐品嚐，這其中是有軌道可循的，慢慢地就會知道這課的結構是怎麼樣的。如果有，就表示你們的學問是很不錯的，如果沒有，就表示我表達的還不夠好，一步一步來，只要日起有功，自可以真積力久則入。

　　如此說來，當我們說方法、方法論、方法論意識，是有明顯的層次的。對一具體的、實際的問題解決的技術分界，是「方」，它仍有所限制的；故其背後需有「法」，客觀的、普遍性、形式性、法則性、原則性的東西。若再往上追溯，就會涉及到一更本源的東西，此更本源的東西，我們認為是由各個方法統攝起來的，由此展開一理解、反省、批判、重建，而構造成一系統，稱之為「方法論」。當我們具備此訓練而往上調適而上遂於道，即因而通之，上遂於道，由道返照回來，就會像一道亮光一樣。面臨任何一個方法，這時候，就有一個恰當的心靈意向、指向，對方法有一恰當的了別或恰當的理解，就稱做「方法論意識」。

　　當我們養成一個「學問之道」的思考方式時，你們就會覺得，做學問不必擔心沒有題目，題目多得很，到處都是。事實上，人文學就是如此，上下幾千年下來，還得擴及當代的學問。我們讀書要有一存在場域的覺知，講到先秦諸子就好像一家人一般，挺熟悉的，然後我們就會依稀彷彿地看到好像有那麼一個人在那，這時，我們就到達一個方法論意識。

十六、方法論意識的最高境界，可以「上通於道，下達於明」

我們可以回頭看看《史記・孔子世家》中，孔子向師襄子學鼓琴❶，他學到了什麼境界？他學曲子，旋律練得很熟了，師襄子認為可以了，孔子說：「不可以，因為我還沒體會到其中的意蘊。」師襄子說這音韻已很好了，孔子又說：「不行，我還不知這一首曲子是誰做的。」於是又彈，彈到後來，師襄子又說：「嗯，已經彈得很好了。」孔子說：「我在想這個做曲子的人大概是長得怎麼樣？他的身材、容貌是長得什麼樣子？我想這個人恐怕是周文王吧！」師襄子大為激賞，這就是一種品鑒能力。

在法國出產葡萄酒，他們品酒，品到什麼地步？這是出自那一座山的？那一個地方？幾年份的？而你們有這一份能耐嗎？事實上，每個人都有，譬如說，現在聽到腳步聲，我們在想：今天是誰來了？這叫做「心電感應」。其實，我們華人的這項能力特別強，我記得我以前唸中學的時候，天天坐公車上下學，那到達什麼地步呢？可以叫做「知幾其神乎」，眼睛一閉起來，誰上下車都知道，為什麼呢？因為彼此來往頻繁，很熟悉了，我們的熟悉感知能力很強，根本就是憑著那份感覺。每一個人都有那一份能耐，只是你沒

---

❶　《史記・孔子世家第十七》：孔子學鼓琴師襄子，十日不進。師襄子曰：「可以益矣。」孔子曰：「丘已習其曲矣，未得其數也。」有閒，曰：「已習其數，可以益矣。」孔子曰：「丘未得其志也。」有閒，曰：「已習其志，可益矣。」孔子曰：「丘未得其為人也。」有閒，有所穆然深思焉，有所怡然而遠志焉。曰：「丘得其為人，黯然而黑，幾然而長，眼如望羊，如王四國，非文王其誰能為此也！」師襄子辟席再拜，曰：「師蓋云文王操也。」

有把它找出來，要把它開發出來。

　　我們做學問也要有那一份能力，畢竟，做學問不只是「上窮碧落下黃泉，動手動腳找資料」而已，資料並不會自己說話，資料是在與人相互迎向的相遇過程中獲得理解與詮釋。我們去處理資料，要能真切的看到要點，就好像看病一樣，要真切的確知到他的病灶。有的人檢查出一百種，仍然無法分判出來你是什麼病，有的人一看就知道是什麼病，這才叫本領。要不然，找了那麼多東西也是枉然。如果研究《孟子‧知言養氣》章，找了一百篇討論這一章的文章，可是卻沒有讀懂，就算去找了很多人來講也不懂，這種人對學問之道就不夠真切，他就算是當了大博士、大教授，也是不懂。所以，很多很有「名」的老師，不叫做「明」師，「明」是「智慧上的明」，而「名目」上的「名」是假的，這分辨是須要的。

　　我們強調閱讀原典的重要，我們強調要咀嚼涵泳，這「咀嚼涵泳」四個字可下得好；「咀嚼」是將我們所遇逢的「原典」進到我們的「身心」裡來，成為我們生命的一部分；「涵泳」則是將「原典」視之為一個「生活世界」，而我們與之遇逢、與之和合為一。「咀嚼」、「涵泳」，在彼此相互迎向的過程裡，一方面在經驗中體會到此中用的「方子」，之後更而能識得此中的「法則」；有了「方法」，經由一後設反省的工夫，回到話語之源的「Logos」，就這樣「方法論」才得以構成；最後，再「因而通之，上遂於道」，這樣才進到存在的覺知之源，這便是我們所說的「方法論意識」。（2000 年 7 月 17 日講於師大國研所，由楊貴中、黃惠暖兩位同學紀錄。）

第三章　人是世界的參贊者、詮釋者

本章提要：

　　本章旨在經由中西哲學的宏觀對比，指出華人文化傳統所重視的是「天地人交與參贊而成的總體」，而強調人與世界的相互迎向下，而著重在真存實感的根源性感通，而其內聖外王的架構，亦須得置於此來理解。這即是一主德的傳統，它強調的是「我與你」，這樣的主體互動感通、和合為一。相對而言，西方文化主流傳統所重視的是經由一「主體的對象化活動」對於客觀對象的確認，人之做為理性的動物，經由「我與你」這樣的存在樣式，而開啓其主智的傳統。

　　再者，作者指出西方神祕主義傳統和中國的生息感通的傳統雖亦有其可會通處，但因為理性的樣式不同，其中亦自有其異同。又西方近代哲學自笛卡兒標識出「我思故我在」以來，便轉而形成一外顯的理智主義傳統，這可以說是西方現代性的起源。經由對比性的思考，我們可以衡定中國哲學中的人文主義和西方哲學中的人本主義之異同。

　　最後，作者指出「覺知」是從「意識之前」到「意識所及」的

過程，「覺知」不只涉及於方法論，而且是存有論的問題；吾人經由「覺知」，穿破表象、進到實象，即此實象即是本體。如此之覺知，是一根源性的、實存的、感通的契入，這便是「存在的道德真實感」的「仁」。

關鍵字詞：天地人、參贊、詮釋、人文主義、人本、覺知、外顯的理智主義、根源的、感通、契入、意識、純粹經驗

本章目錄：

話語、言說而論定。通過這論定，使得對象成為一個決定了的定象，其重點在此。

四、中國的重德傳統和西方的理智傳統

如上所說，原來西方成就了一個「知識學的傳統」，構成了「學統」（學問性傳統）；而在東方，在中國，重點歸本於「道」，成就的是「道統」，這是兩個不同的傳統。學問性的傳統如何去理解世界呢？人用不同的方式去界定自己，其實就是用不同的方式去界定世界，也是用不同的方式去理解、去詮釋這世界。

當我們說人是做為這世界的參贊者和詮釋者，同樣是人，在東方的哲學傳統和西方的哲學傳統是不同的。西方的理智傳統是他們的主流傳統，至於其非主流傳統是否也有和東方注重人的覺知感通能力和外在的事物，以及和天地萬物一切通而為一的這樣的一個向度呢？有的，那向度是西方的非主流傳統。大體來講，西方的主流傳統我們名之曰「話語的、言說論定的傳統」，也就是「理性的、邏輯論定的傳統」，也可稱為「理性主義的傳統」，或「西方的重智的傳統」，或所謂「理智的傳統」（Logos）。而在東方，特別在中國，顯然不同。它不是「理性的邏輯論定」，而是「生命的氣息感通」，它成就了非重智的主流傳統，而是「重德的傳統」，或者稱為「道德傳統」。如此的道德傳統，沒有強制式的、教條式的壓迫，而是「道生之，德蓄之」❿、「志於道，據於德」⓫，回溯到

---

❿　語見《老子道德經》第五十一章。

⓫　語見《論語》〈述而篇〉。

一個本源的，人與天地萬物通而為一的傳統，兩者不同。

五、西方的神祕主義傳統和中國的生息感通的傳統

在西方來講，是以「理性的邏輯論定」，「理智」為主的傳統做主流，而另外的非主流傳統，仍然強調人與天地萬物，與萬有一切，與冥冥中的形而上的絕對者，有一種溝通的、通而為一的可能，這就是「神祕主義的傳統」，也可稱為「冥契主義」或「密契主義」（Mysticism）。這傳統有別於理智主義傳統的重點在於，它強調主體、客體之間是通而為一的，人與上帝之間是可以通而為一的，人與物之間可以通而為一，人與外在世界可以通而為一。但是，西方冥契主義的傳統，是個小的、非主流的傳統，和中國主德的傳統，生命氣息感通的傳統，是不太一樣的。其不同在於冥契主義是基督教的主流傳統、希臘的科學傳統、羅馬的法律傳統，是在這三大傳統之下的神祕主義。這三大傳統分別講的是神人、物我、人己關係，這三大面向採取的皆是主客兩橛對立的傳統，在此之下去談主客如何通而為一，這是西方的冥契主義的傳統。

簡單地說，如果將冥契主義定位在人與存在的根源者的一種終極性的交通，則在西方，存在的根源者指的是超越於人之上的人格神——上帝，尤其在基督教的傳統是這樣。但在東方的傳統裡，卻不是如此，它指的是天道，指的是天命，是「維天之命，於穆不已」❷之「天命」和《易經》所說「一陰一陽之謂道」之「道」。此時，並不是人與超越於世上的絕對者如何的溝通，而是人與內在

---

❷　《詩經》〈周頌〉：「維天之命，於穆不已，於天不顯，文天之德之純。」

的本源，即宇宙的實體之源，是如何的通而為一。所以，這是兩套不同的神祕主義傳統。

中國若有所謂的神祕主義也不是西方神祕主義意義下的傳統，應理解成生命的生息感通的傳統，若非要以 Mysticism 言之，應稱為東方式的或中國式的冥契主義，而非西方的冥契主義。這兩者間有很大的不同，這須要有恰當的了解方可。現今有關中西，或我們自己文化的理解，不管是文化學、人類學、宗教學、哲學、社會學，有很多的理解基本上是錯的，基本上沒有站在更高處，在文化類型學的關鍵上有恰當的把握，因而混亂。

這部份，做這樣的說明，是想告訴大家，在西方，談到人做為這世界的參贊者與詮釋者，其重點在於理性的邏輯論定，通過主客兩橛對立，主體對於外在客觀性的把握，這樣的方式來展開，這樣的方式，其重點在於人對世界是通過一種客觀知識去把握。而中國傳統的儒家、道家的重點，在於人對這世界要有一種情志、情意的交融，有很大的不同。

六、西方近代哲學的基礎性座標：我思故我在

西方到近代以來，很徹底地把亞里斯多德以來，對人的界定，徹底的發揮。這其中，最重要的一個重點人物就是笛卡兒（R. Descartes），其名言：「我思故我在。」[13]一般說，笛卡兒的「我思

---

[13]　「笛卡兒提出了我思故我在的著名原則，『我』這個思維者是指靈魂或心靈，是一種實體，不能懷疑以思維為其屬性的、獨立的精神實體的存在。」見田運主編：《思維辭典》（杭州：浙江教育出版社，85 年 3 月），頁552。

故我在」是近代哲學的基礎性座標，此座標是強調人的理性之光是理解這世界的基礎，而這樣的理性之光就是「我」當下的思維活動，「我」就以這當下思維活動來確認「我的存在」，這樣的一個傳統，其實是其來有自的。

這傳統可以遠溯自亞里斯多德（Aristotle）所講的：「人是理性的動物。」再往前溯自柏拉圖（Plato）之前的巴曼尼德（Parmanides）所說的：「存在與思維的一致性。」是在這傳統下的發展成的。存在和思維是一致的，即人們通過思維的活動對於存在的事物有一客觀性的把握，所以存在的結構即思維的結構；而人們如何對於存在的事物有一客觀的把握呢？是通過大家共同認定的語言。我們可以這麼說「存在的結構」就是「思維的結構」，同樣的，也是語言的文法結構，三者是通而為一的，等同的。

巴曼尼德以來的傳統是這樣的，人們最重要的，就是找到一個確切不移的定位點，去對這世界定位。所以，當我們去理解世界，最重要的也就是對這世界定位。這是什麼？那是什麼？這個和那個之間，這叫 A，那叫 B，那叫 C，A 和 B 和 C 之間有什麼關係？有一種怎麼樣的客觀的、法則性的關係把它們連在一起或怎樣區別開來？重點在此。那麼，這重點是古希臘以來就這樣的，為何又把笛卡兒當成近代哲學基礎性座標的起點呢？

重點在從柏拉圖、亞里斯多德以來的傳統，特別到了中世紀是通過這樣一個理智的、話語的、邏輯的論定，這樣的一個思維方式，回過頭去，反證上帝的存在。而笛卡兒的方式轉了，是通過自我思考的一個存在的論定，由此來面對世界，而非後返的去溯其本源，它是往外推的論定對象，做了一個翻轉，使得原先的「封閉性

的、神聖性的中世紀思考」，轉成「開放性的、人間性的思考」。
於此，整個西方哲學有了很大的轉向，在西方來講，開始從「神的
世界」進入「人的世界」，人通過他的理性思維活動，指向整個存
在世界，給予一個邏輯的定位，給予一個理論的、話語的定位，並
且展開一種控馭世界、獲得資源、讓人能活得更好的活動，此活動
在西方來講，即為啟蒙時代的來臨。

七、啟蒙時代：西方理智主義傳統的轉向

　　啟蒙時代代表的是一個外顯的，指向對象的一個理性主義的傳
統。相對於這外向的，指向對象的理智主義的傳統，在中世紀的理
智主義傳統，並非是外顯的，指向對象的一個理智主義的傳統，它
是內返的、向內溯的、向上追求的一個理智主義的傳統，那就是一
個回到神的、回到上帝的，那樣一個封閉性的、神聖性的傳統。而
笛卡兒做了一個翻轉，是開放性的、人間性的思維，是外顯的理智
主義傳統，此即「啟蒙」的最大特徵。啟蒙運動（Enlightenment）**⓮**
這詞指的就是點燃了亮光，點燃了人們理智的亮光，好去理解、控
制這世界。

　　經由這理解和控制，使人們能獲得更好的資源，這過程使得人
們對世界的理解，構成了不同系統，落於人間則產生了不同的產業
活動，同樣的在宗教上起了很大的變化，於是，伴隨而生的就有宗

⓮　　「啟蒙運動（Enlightenment）十七～十八世紀，源於西方民族對思想自由的
　　要求，一方面由西方民族的成熟所引起，同時也和自然科學成功所引發的自
　　信心，相與俱來。」同註**⓬**，頁 175。

教改革、工業革命、科學革命。但總的來講，可把它理解為外顯的理智主義的傳統，而笛卡兒正可做為這個關鍵點。這樣的一個關鍵點，基本上更徹底的離開了原先西方原來還具有的小小的神秘主義的傳統，而徹底的走向人間性的一種理智主義的傳統。所以，啟蒙運動以來，神秘主義在西方常常變成一個不好的詞。

八、西方的現代性起源：外顯的理智主義傳統

總的來講，西方近三、四百年一個最重要的精神導向，是外顯的理智主義的傳統，這很厲害的，因為如今人類整個的現代性、現代化都從這裡說，一切的弊病也要追溯到這裡來說，如此可見，這樣的傳統是以「人」為中心，而非以「神」為中心。那是以人的情意為中心嗎？不是，是以人的「理智」為中心。這樣的理性是什麼樣的理性呢？是以工具理性為主導的理性，也就是透過這樣的理性對世界有一個徹底的定位，在這過程裡，人能戡天役物以獲得生存下去的更多資源，所以喊出「人定勝天」的口號，喊出了「知識就是力量」（Knowledge is power）的口號，後句原是培根（F. Beacon）所講的話，後來被衍申說透過知識，人們即有奴役這世界的權力，就可以獲得更多的資源,讓人可以活得更好，這傳統是整個西方現代性最重要的起源。

九、中國的人文主義和西方的人本主義

西方從近代以來，分成了兩個向度，所謂「理性主義」和「經驗主義」，但廣的來講，都可以將之劃約為廣義的「外顯的理智主義」的傳統。這傳統和我們原先強調的內在的、根源的道德傳統、

生命感通的傳統，是兩個很大不同的傳統。外顯的理智主義傳統，落實下來，強調的是人通過他的權力，征服外在世界，這樣導生出來的，是以人為中心的，以人為本的「人本主義」（Humanism）。這和原本我們說的人文主義不同。

如果 Humanism 放在中國文化傳統講，即「觀乎人文，以化成天下」❶。這樣說的「人文化成」是說「人者，仁也」，人是要「效天法地」，人是要當「君子」，即所謂「天行健，君子以自強不息」，「地勢坤，君子以厚德載物」。人是一種「怵惕惻隱之仁」居於「人之安宅」的存在，「人與天地萬物為一體」也。這樣的人，這樣以人文化成去說，與西方近代以來的人本主義根本是兩回事。大體說來，我們東方不是外顯的理智主義之下的人本主義，我們是內返的、根源的、追溯的，要求天地人通貫為一的人文主義，這是很有意思的，應這樣的區別開來。

現代就有人是不明究裡的，用錯了「人本」這個詞，而且一般人也就不明究裡的跟著用。雖然西方的 Humanism 是一個很複雜的傳統，但我們之前所說的就是其中最重要的一個傳統。整個西方在現代化之後，思想家們反省發現，以人為中心的人本主義的問題，以理智為中心的外顯的理智主義的問題，通通是問題，工具理性過分發達了，使得人喪失了真正的價值理性，於是開始反省，而這問題就很多了。我們這樣談下來，就區隔了兩個傳統對人的基本理解。

---

❶　《周易》〈賁卦〉（象辭）：「觀乎人文，以化成天下。」

（以上講詞由國研所李玉春同學整理）

問題與解惑

十、「覺知」是從「意識之前」到「意識所及」 的過程

問：「覺知」是否為方法論意識？

答：覺知（perception）是一個意識前的層級（pre-concious level），不叫成「前意識」是怕與「潛意識」一詞聲音太接近而相混淆。「概念」（conception）則是意識之後，意識所及之作用。意識最重要的作用就是了別的作用（understsnding），也就是「理解」或者稱為「分化」。意識前就是指還沒有進入分化之前的一個總的狀況，那麼怎麼樣開始進入一個分化了別呢？那就是「語言」的使用，使原來覺知的那個總的狀態產生了一個主體的對象化活動。所以「覺知」這個詞就是說：當我做為一個人（Human-being）進到生活世界（life world）裡，起先會有一個總的體會和感受，這是一個還沒有分化了別的狀態，此狀態就叫「覺知」。但這還未分化的狀態其實是隱含了一個分化的可能，而後往分化之路走，這就是一個主體的對象化活動，而這也就使覺知到的東西進入一種概念性的思考。概念性的思考就是已經進到意識之後，已經分化了。一般來講，簡單的區別是這樣的。

舉例來說，有一次王陽明的學生與王陽明去遊玩，在山裡看

花，看著花很漂亮，王陽明的學生就問王陽明說：「花在這自開自落，分明在我的心靈之外，你怎麼說『心外無物』呢？」陽明說：「你來看此花時，此花與汝心同歸於寂，你在看此花時，則此花顏色一時明白起來。」❶他說當你還沒來看花的時侯，你的心和花一起歸於一個寂靜的、無紛擾的狀態。這個寂靜、無紛擾的狀態就叫「寂」。而當你來觀花的時侯，你的心與花一時明白起來，當下照亮。此時是一個主客不分而顯現的狀態。而接下來才是一個主客對立的，主體去把握客體的狀態。

所以從「寂然不動」、「感而遂通」接下來才對物有對象化的把握，這三層的第一層是「歸本於空無」，第二層是「感而遂通」，也是「一時明白」，第三層是分別清楚，即對象分明，以主攝客，也就是用主體去攝受客體對象。「空無寂靜」這層是「不可說」；「感而遂通」、「一時明白」這層是「可說」；而「分別清楚」就是「說」，說出對象。我們還可以這樣分：「不可說」也就是「無」，這「可說」到「說」是「有」，而「說」是「物」。

十一、「覺知」不只涉及於方法論，而且是存有論的問題

那現在就可以了解老子道德經的一段話：「天下萬物生於有，

---

❶　見王陽明《傳習錄》：「先生遊南鎮，一友指岩中花樹，問曰：天下無心外之物。如此花樹，在深山中自開自落，於我心亦何相關？先生曰：你來看花時，則此花與汝心同歸於寂。你看花時，則此花顏色一時明白起來，便知此花不在你心外。」

有生於無。」⓱這個層級很清楚了。還有一段話「無名天地之始，有名萬物之母」⓲，「無名天地之始」強調「場域的空無」，而「有名萬物之母」強調「存有的開顯」。「道生一」同於「無」，「道生二」同於「有」，「道生三」、「三生萬物」⓳就同於「物」，這也是一層一層的關係。

我們再把《周易・繫辭傳》拿來看，所謂「形而上者之謂道，形而下者之謂器」，這個「形」不是個名詞，而是動詞；「形而上者之謂道」「形」指的是「形著的活動」（embodied），是具體化的活動，在它之上有個不可思議的原理、原則。「形而下者之謂器」這個形著的具體化的活動，具體化以後就形成一個器物。而上跟下，上指追溯其本源，下是具體形著為一個器物。如果把「形」當名詞用，那麼形而上解釋為有形的東西之上是「道」，形而下變成有形東西之下叫「器」，那就說不通了。所以這二句話的解釋應該是：「形著之活動論其上之本源叫道，形著的活動具體下委成為一個器物」。

剛才講到「覺知」這個問題不只涉及到「方法論」（methodology），更且涉及到「存有論」（ontology）的問題。方法論的問題可以理解成「用」的問題，存有論的問題可以理解成「體」的問題，而方法論的問題基本上是對於存在的認知那個層次的問題。這二者密切聯結在一起，而顯然地我們剛講的 perception 覺知

⓱　見《老子道德經》第四十章。

⓲　見《老子道德經》第一章。

⓳　見《老子道德經》第四十二章：「道生一，一生二，二生三，三生萬物。萬物負陰而抱陽，沖氣以為和。」

這個詞，是從「不可說」到「可說」，但這個「可說」還沒說。也
就是陽明和弟子去看花「此花顏色一時明白起來」朗然在目，但還
沒說出那是什麼，那時的狀態就叫做「覺知」。「覺知」正是心領
神會，如果進一步把心領神會用語言表達出來，那就不是覺知，而
是主體對象化活動以後的概念性表達了。就像說「這朵花好美」，
當你們用了「好美」去形容，這時所覺知到的一定比說出來豐富，
說出來以後就會貧乏。所以語言有個很重要的作用，就是把我們所
覺知到的東西用一個標籤去標示它，但標籤永遠不能替代你所覺知
的東西，而覺知到的東西進一步的從「可說」回溯到「不可說」，
這也是我們以後要談的「言」跟「默」。

　　所以「覺知」這個詞的經驗層面不是意識後的經驗，而是意識
前的經驗。意識後的經驗那就是經驗主義（empiricism）下的經驗，
而意識前的經驗就是現象學（phenoumenology）所說之「純粹經驗」
（pure experience）。經驗主義是現代哲學中一個很重要的詞，其認為
「一切真理都來自於經驗」，但這句話本身就有問題，請問這句話
算不算真理？如果是的話，它本身來自於經驗嗎？顯然不是。這是
個很有趣的弔詭之論。現象學的經驗不是意識後的經驗，因為意識
後的經驗是主客對立底下的經驗，比如說白開水喝起來的感覺，我
用話去說，這就是經驗主義所說的經驗。而現象學所說的經驗在於
「純粹經驗」，在意識之前的經驗，「純粹經驗」這個詞從近代哲
學一直發展到當代哲學，在分析哲學的立場它很難了解的。因為經
驗就是不純粹的，純粹的意思是在經驗之前，這牽涉到語詞的用
法。那麼對於我們東方來講很能了解什麼叫純粹經驗，那就是還不
涉及一個存在事物之前的那個狀態，也就是在寂然不動、感而遂通

但還沒進入以主攝客、分別清楚那個活動之前，那叫「純粹」。而我們講「純粹經驗」那是更進一層有一個不可說的空無寂靜，而在現象學傳統沒有這個詞，因為這是西方哲學傳統所謂 Logos，以後我們會談到「言」跟「默」，再來說清楚。關於「覺知」我想可以從這個角度上去了解。

十二、穿破表象、覺知實象，即此實象即是本體

問：剛才老師談到「你在看此花時，則此花顏色一時明白起來」是主客為一，但當時雖沒有說出花與人有什麼不同，可是好像已經有二個東西存在，那為什麼會是主客為一？

答：那是還沒進入二個截然分立的那個狀態。

問：那是不是要絕對分開，才能叫做主客為一？

答：原先我們從「寂然不動、感而遂通」，從「未觀花時，汝心與花俱歸於寂」，那時其實你也不知道你的心與花，只是後來反省知道你的心跟花是俱歸於寂，接下去從「俱歸於寂」到「一時明白」起來，就好像一個小孩子，在媽媽的懷抱裡，起先跟媽媽是合而為一的，後來離開懷抱，與媽媽分開了，分開後他看世界起先也是感覺與世界連在一塊，慢慢地用他的眼、耳、鼻、舌、身、意開始有了區別，但真正區別清楚是使用語言。語言有個定位活動，這個活動使得對象成為決定了的定象。舉例來說，我告訴我的孩子說這個叫爸爸（指自己），於是他有個定位，並且擴大這個定位，因為任何一個概念都有其普遍性，於是他開始擴大，這個也叫爸爸，

那個也叫爸爸，你告訴他：不是，這叫叔叔，那叫……，於是他發覺到有不能擴大的地方，那就開始分化。分化活動就是「八」的活動，閩南話講「八」，「爾八否」（你知道嗎）？Do you understand？你了解嗎？這個「八」就是漢字涉及到知識論最早的一個用法，現在閩南話還在用。

問：請問老師剛剛提的三層次和「看山是山」、「看山不是山」、「看山又是山」的層次是一樣的嗎？

答：不太一樣。「看山是山，看水是水」，經過十年，「看山不是山，看水不是水」，又經過十年「看山又是山，看水又是水」，這牽涉到表象跟實象的問題。十年前「看山是山，看水是水」這是我們世俗人所了解的「表象」，而把此「表象當真象」。經十年修為之後，終於區別了表象不是真象、實象，表象是表象，實象是實象，這時候就「看山不是山，看水不是水」。再十年之後，你已經穿過了表象，所看到的山不再是表象，而是山的實象。既是實象，那就「看山是山，看水是水」了。所以我們這樣闡釋就會清楚了，也就是十年前看到山的表象，就以為表象是本體，十年之後，終於分清楚山的表象不是山的本體，又經過十年，你已經穿破了山的表象，體會到山的實象，而山的實象其實就是山的本體所顯現之象，也就是山的本體了。

所以從前山的「表象」，你認為是山的「實象」；再來你「區別了」山的表象與實象，更進一步「穿破了」表象，覺知到實象，而實象正是本體如如顯現之象，所以實象就是本體。表象之後有一層實象，我們一般人就是用感官眼耳鼻舌身加上意識，了解那個東

西是什麼，後來經過修為，了解到表象不是真象，你覺得應該去掉表象體會真象，後來你又發覺到那是一個心念的問題，不是象的問題。所以使念一轉，表象不是表象，它是真象了，既是真象就如如地顯現本體之象。這觀念需要了解，因為說難也不難，說容易也不容易。

我們還可以這樣說，第一個階段表示你執著，第二階段，你要顯示出你修道的莊嚴，第三階段你要顯現你的圓融。比如說，一般人聊天問：「你是怎麼過活呢？」「每天過一天算一天嘛！」這也是一種層次，「不行啊，怎麼可以過一天算一天？應該要日起有功，日日精進」這是第二階段。過一段時間後再問你說怎麼過活，「我就是每天過了一天是一天！」，這三個層次不一樣。第一階段和第三階段的「看山是山，看水是水」並不一樣，最大的不同，第一階段把表象（appearance）❷⓿當作實在（reality），第二階段，你知道它不對，第三段你穿過表象，這個表象其實是現象學意義的現象（phenoumenon）❷❶，而這個現象就是實體（substance）❷❷，就是本質

---

❷⓿ 普通說來，直觀所呈現的對象稱為表象。個別情形中，表象所代表的意義不同。最常用的是康德所給與的意義，即與本體或物自身對立的表象。這裡的表象指事物作用於認識主體而產生的感覺心象：這時事物依感覺特性而顯示於我們。參見《西洋哲學辭典》，布魯格編著，項退結編譯，華香原出版社，1989年1月，頁62。

❷❶ 這時現象指任何直觀或體驗到的內容，與僅由思考而間接認知的內容相對立；就此義而言一個實在的存有物（例如認識者自身的內在行為）或本質地把握到的對象（如三角形）也可以稱為現象。參見《西洋哲學辭典》，頁63。

（essence）㉓。在東方哲學像這樣的語彙很多，如果不區別的話就會一團混亂，感覺是胡說八道。而其實那個語句是分表裡，如果表層彰顯了，表與裡就合而為一了。如果分個你、我那就麻煩，不分你、我就沒事，所以東方哲學到最後是打通關係，通過語言一一去擺定清楚。

十三、「氣」聚而成「質」，「質」構而成「形」，論其形而成器

問：「形而下者謂之器」的「器」，和「氣」有不同嗎？

答：不同，一個是器物的器，氣，古字為气，⌇，冬天時呵氣之氣，還是生命氣息表述之詞，生命創造的力量，它是心物不二的，它是沒有分心，沒有分物的，是沒有具體化之前的狀態，不是

㉒ (1)實體：哲學名詞。古代中國哲學家已用實體一詞，如王夫之以為一切「對立之象」，「皆取給于太和絪縕之實體」（《張子正蒙注・太和》）。近人用作希臘文 ousia 和拉丁文 substantia 的意譯，譯「本體」。在西方哲學史中一般指萬物的基礎。參見《哲學辭典》，頁 337。(2)與本質（essence）一語通用。但指事物間必然存在之性質或要素。詳言之，無此性質，或此要素，其事物即不能成立。既有其事物，則此性質，此要不容無有如是之性質或要素，稱為其事物之實體。參見《哲學辭典》，商務印書館，1984 年 10 月臺五版，頁 819。

㉓ 本質主要指事物的「什麼性」（Whatness=Quiddutas）；其另一極是事物是否存在。……上述為本質的第一種意義。本質的第二種意義是指異於外在表象的事物內在之本質基礎。在這種意義下，本質就是事物時在而真正的存有，它產生支持事物外在的表象，並使之成為可理解。這兩種相對抗的屬性形成兩個不同範圍。外在的表象是個別、變化和適然的，而本質則是必然、不變且超越個別的。參見《西洋哲學辭典》，頁 180。

個對象，也不是個主體，它是使得器之所以成為可能那樣一個最原初的東西。「氣」聚而成「質」，「質」構而成「形」，論其形而器焉。既而成形器就有性，論其氣原初之狀態，它是普遍的具有一個賦予任何存在事物成為可能的根據，可以說它是「道」，是「天命」，「維天之命，於穆不已」❷❹，而成為一個存在的事物，事物就叫做形器，事物中就有性，「天命之謂性」❷❺。

在儒家來說，「天命之謂性」特別在「人」上來說，而道家不只落在人說，認為事物也有事物之道，事物之德，所以「道生之，德蓄之」，這是一整套的傳統，每個字眼都可以確定。就中國傳統來講「天命之謂性」，「性」就是生來的那個樣子，故從生而論其本質就是「性」這個字眼，而落在人說，這個生還有創生的意思，所以從這再講「率性之謂道，修道之謂教」這是就人文的自覺說。人文的自覺說最後還是要通向道，所以要「志於道，據於德，依於仁，游於藝」，這不是儒家《論語》的傳統嗎？但是道家直接通到了道，由上面往下說：「道生之，德蓄之，物形之，勢成之」❷❻。這二個傳統最後通到「道」，這部份以後我們在第五章「道——語言調適而上遂的本源」會再談到。

關於你談到的「器」是就具體存在的事物說，而氣質的「氣」是具體事物所以可能存在的根據，而這根據不只就材質的意義說，其實也就整個生命之可能的發展上說，換言之，「氣」取其生命創

---

❷❹ 見《中庸》二十六章引詩經：「維天之命，於穆不已」。

❷❺ 見《中庸》第一章：「天命之性，率性之謂道，修道之謂教。」

❷❻ 見《道德經》第五十一章：「道生之，德蓄之，物形之，勢成之。是以萬物莫不尊道而貴德。道之尊，德之貴，夫莫之命而常自然。」

第四章　語言：存有之道落實於人間世的居宅

本章提要：

　　首先，作者經由東西方文化型態異同的區別，導入主題，指出人乃通過話語系統，以參贊、詮釋世界，而這是一從「不可說」到「可說」，而「說出」對象的過程。值得注意的是，一旦有了話語的活動，便會帶出人的意趣、利益、趨向、貪取等活動，而造成話語的異化，這時「語言」使對象從主體脫離出來成為決定了的定象，切也漸離了「道宅」。

　　《老子》提出「尊道而貴德」，主張回溯到存有之道本源，重視內在的本性。這可以說是通過後設的語言活動去反省語言活動的異化與限制，它具有解構與瓦解的作用。因此，我們說道家不只是主觀境界的形而上學，而是一存有的治療學；相對而言，佛教亦強調「攝心為戒，由戒生定，由定發慧」，這亦有治療的功能。

　　再者，「道」與「言」可以說是「互藏以為宅」，「語言」是「存有之道」落實於人間世的居宅，而「存有之道」則是「語言」形而上的家鄉。

關鍵字詞：話語、存有之道、居宅、解構、道宅、言宅、可說、
　　　　　不可說、參贊、治療、克己復禮、尊道貴德

本章目錄：

一、東西方文化型態異同的區別

二、通過話語系統，以參贊、詮釋世界

三、從「不可說」到「可說」，而「說出」對象

四、話語的異化與人的意趣、利益、趨向、貪取密切相關及其銷解
　　之可能

五、「語言」使對象從主體脫離出來成為決定了的定象，因而也漸
　　離了「道宅」

六、尊道而貴德：回溯到存有之道本源，重視內在的本性

七、通過後設的語言活動去反省語言活動的異化與限制

八、道家不只是主觀境界的形而上學，而是一存有的治療學

九、「攝心為戒，由戒生定，由定發慧」：佛教的治本之道

十、道通為一：「道」與「言」互藏以為宅

十一、學問要旁通、要統攝，要真積力久則入

十二、儒家強調「克己復禮為仁」，道家則強調「尊道而貴德」

十三、儒家強調人文的自覺，道家強調歸返自然；道家具有解構與
　　瓦解的力量

一、東西方文化型態異同的區別

　　如上章所說，我們真也想問：是什麼原因導致西方、東方文化主流的不同，一個重智，而一個重德？這說起來話長，可能和幾個重要的情況連在一塊──人以什麼方式思考，人用什麼樣的態度進入世界。人有一重要的活動──人要活下去，所以就有不同的獲取資源，生存下去的方式。

　　文化的不同，就看以那一個獲取資源的活動做主體。在西方，是從原來的漁獵，到後來的商業活動為主；在中國農業很重要，這是一個很大的差別。漁獵是怎樣的活動？西方人在吃西餐時，還留下一個很接近的方式：鏢魚、射雁。基本上它是以一個主體對客體的把握活動為主導，另外以其所獲取獵物之交換為主導，交換慢慢發展到一個地步時，要有一個中介來作交換的工具，西方傳統即以此為主導。在中國從神農氏教民播種五穀，農業活動為我們族群重要的活動，為要完成農業活動，慢慢聚族而居，所以構成一個血緣性的縱貫軸，一個整體脈絡系統，此系統它所導生出來的就強調人際之間的互動溝通的重要性，人與天地之間一種融合的關係。

　　關於這方面的探討，可參考有關書籍像張光直的《考古學專題六論》、《中國青銅器時代》、費孝通的《鄉土中國》、錢賓四的《中國思想通俗講話》、還有我在九〇年代寫的《儒學與中國傳統社會之哲學省察》等書。

　　播五穀的方式，插秧和拿筷子很像，和拿筆很像。中國人用軟筆，西方人用硬筆書寫，從拿筷子和叉子吃飯，可看出理解客體，把握客體的不同，「拿叉子」象徵主體的對象化活動，相應於理智

邏輯的決定，使對象成為決定了的定象。筷子是主體經由一中介者，連接到客體，構成了一總體，此時才能舉起客體，連接起來構成一總體。總體而言，重點在此，兩者有很大的不同。

人類數千年（約五千年）前就很大的不同，例如在中國出現《易經》八卦的傳統，在亞里斯多德傳統裏有十大範疇說；在中世紀西方有知識論名實之爭，約同一時期，朱熹和陸象山有鵝湖之會，討論「尊德性，道問學」的問題。要了解文化的差異，大的文化類型學的把握是需要的。今天我們進一步要談談「語言是存有之道落實於人間世的居宅」。

二、通過話語系統，以參贊、詮釋世界

「人」，在中西哲學的概念對比之下，有很大的不同。無論如何，人做為對世界的參贊者、詮釋者，要如何進入世界中成為一恰當的參贊者、詮釋者？「參與、助成」叫做「參贊」；「詮釋」則是用語言參與其中，使其意義釋放，彰顯出來。整個活動，有一重要的關鍵，即「語言的使用。」

廣義的語言包含：文字、符號、乃至象徵。人參贊、詮釋世界是通過一套語言、文字、符號、象徵系統來理解。「參贊」、「詮釋」，即語言、話語的使用。

本章談「語言：存有之道落實於人間世的居宅」，此說從海德格（Martin Heidegger）所說：「語言——存有的居宅」❶一語轉來。

---

❶ 海德格指出「住在世界」的「住」或「寓」是「此有的本質特性」。另一方面，「此有即其開顯」，沒有這樣的開顯，我人之在處所，就完全跟不知不

存有，即西方所用的「Being」，相當於中國的「道」。

　　語言是存有之道在人世間所居住的房子，意思即「道是通過語言在人間世彰顯。」像教學課程要透過語言，但不能執著於語言，要真正的心領神會，須從其「可說者」而進入「不可說者」，才能體會言外之意，東方哲學傳統很強調這一點。語言是存有的居宅，是存有之道落實在人間世的居宅。這方式在中國哲學傳統中，可追溯到老子。

三、從「不可說」到「可說」，而「說出」對象

　　《老子道德經》第一章：「道可道，非常道；名可名，非常名。無名天地之始，有名萬物之母。」「道可道，非常道」：存有之道原先是不可說，但不可說之道不停於不可說的狀態，必然要彰顯。一經彰顯則為可說，當你說出可說之道，已非原先的恆常之道了。這句話一方面說出了「道必經得語言的彰顯」，另一方面，也指出「已經由語言彰顯之道，已經非原先的恆常之道」了。

　　「名可名，非常名」：道是從不可明說，隱含可說，可說之道已非恆常之道。這二句從「名」說。當我們展開了一切理解、詮釋的活動，「名」、「話語」、「語言」就開啟了。話語之為話語，即你可以拿它來言說，但此已非原先的、恆常的話語。從整個話語開展的活動來說，隱含著一個從話語之源開展之活動，叫「可

　　覺的手前之物一般，不能稱為住，就存在性徵而言等於「不在」。開顯才是真正的「住」與「寓」，這實在是意義深刻的描述。語言既包括整個開顯過程，所以海氏稱之為「存有之屋」。請參見《語言——存有之屋》，頁169。

名」。可名之活動，並非恆常不變，根源的常名。《老子道德經》第一章最難講，但是華人文化傳統談哲學，不能離開此。

「無名天地之始」：命名活動，話語的活動，主體對象化活動之前的狀態，天、地、物、我、人、己渾而為一。「不可說」、「不可名」之狀態，叫做「天地之始」。但道之彰顯必然要落在話語的彰顯中說，所以第二句連著「無名」說「有名萬物之母」。人們展開了話語的活動，從「可名」到「有名」，即話語的論定的活動，主體的對象化活動，使外在事物成為一客觀性的、決定性的外在對象事物，這叫做「有名萬物之母」。如此說，就體現了「存有之道落實於人間世之居宅」這句話。

四、話語的異化與人的意趣、利益、趨向、貪取密切相關及其銷解之可能

語言是如此的活動，告訴你人間世的任何一個存在的事物都是經過人的主體對象化活動，或話語系統的論定，此活動向上溯，與道相關；落實下來，和人密切相關。當展開話語的活動時，你的心靈意識也跟著活動，人間世各種貪取、佔有、權力、利害種種，都夾雜在其中，會到得「A 變成非 A」的地步，此為老子、莊子對此問題之反省。特別是，如果經由多數人心靈意識念頭的活動，把人們的欲求帶入，極可能形成一徹底的顛倒、反控。

《老子道德經》第二章說：「天下皆知美之為美，斯惡已；皆知善之為善，斯不善已。」美與惡相對，善與不善相對，即人展開話語活動去理解、詮釋、去說這世界時，可能所說與所顯剛好相反。此涉 Interest, Desire, Power，人的意趣、利益、趨向。心靈的

趣向、趣向進入了，就會有執著、貪取、佔有，也就是心智的執著造作。

　　中國道家、佛教對此問題反省深刻，尤其佛教，到目前為止，對此問題反省的深刻度，無出其右者。佛教認為：心靈意識對這世界的理解是有污染性的，所以要去除染污才有真智、真知；道家則是通過一種「相對性對比」去消融掉，告訴你不要想得那麼嚴重。

　　「A」與「－A」相對治，這是單線性的思考。把兩端對立之物連在一起，成一圓環，此兩端就成了同一點。在這種思考的方式下，「A」與「－A」，就成一辯證的圓融。

A、－A

　　《莊子》〈齊物論〉：「恢詭譎怪，道通為一。」❷整個來講，就是對語言可能表現出來的問題，給予一深刻的反省。把由語言的活動，而導致心知的執著、造作、染污取消掉，回到一無執著造作，彼此才能當下返照，一時明白，通體透明。這是為何莊子、老子、佛教能如此深刻的原因，因它們知道要是跨過語言的限制。語言的理性活動，使對象物成了一決定的定向物，所以是一種封閉、割斷、限制、決裂的狀態，所以道家、佛教對此要作反省。

　　「語言是存有的居宅」，應再加一句話：「語言是存有之道在

---

❷　《莊子》〈齊物論〉：「物固有所可，物固有所可。無物不，無物不可。故為是舉莛與楹，厲與西施，恢詭譎怪，道通為一。其分也，成也；其成也，毀也。凡物無成與毀，復通為一。惟達者知通為一，為是不用而寓諸庸。」

人間世的暫時居宅」。房子髒要常打掃，語言本身也要有釐清的工作，存有之道與語言的關係可倒回去說：「語言是存有之道落實於人間世的居宅，存有之道是語言的形而上之宅。」剛好是循環。「道」經由語言落實於人間世，而「存在」之可成為可指向對象的存在事物，因背後有存有之道，所以我們可以說：「道」是人間世居宅的語言一個調適而上遂的本源。

五、「語言」使對象從主體脫離出來成為決定了 的定象，因而也漸離了「道宅」

談方法，必涉及語言。語言的特質，是幫助我們展開一命名的活動，而命名活動即是分化的活動；所謂理解、了別的活動。總而言之，此活動是主體的對象化——從「覺知」走向「概念性建構」，指向對象，然後決定對象。語言有一非常重要之功能，就是語言使對象從主體脫離出來，成為一決定的定象。

換言之，人和事物之關係若同經由語言將之推出成為一對象，此過程 Interest, Desire, Power 皆在其中，此時，語言可能托載著原先操作語言的主體，帶著它指向對象，並遠離了原來主體的居宅，進到一個徹底對象化之居宅。此時居宅已遠離了原先的主體性，成為客觀化、對象化之居宅，此語言是「道」的外化活動，外化活動超過某種程度就造成異化（Alienation，字義為 not at home）❸。原在主

---

❸　此處所述有關「異化」（Alienation）一詞，請參看 Wilfrid Desan "Marxist Semantics"一文，收入氏著《The Marxism of Jean-Paul Satre》一書，pp26-33, Anchor Books, U.S.A, 並請參看洪鎌德著《馬克斯與社會學》，第五章、馬克思批判性社會學說——人性論，頁127-131，遠景出版社，臺北，1983年2月。

體居宅之中，此居宅原先與對象連在一起，此時是以道為居宅，當「道」從道宅成為走向人間世的居宅，就逐漸遠離了道宅（本源的居宅）。

由於語言活動造成了異化活動，應予以挽救，對語言本身要展開一徹底治療和批判的活動。此方面最厲害者為禪宗與道家，道家從「有名」到「無名」，要「無名以就實」，把「名」無掉和「致虛守靜」之活動。佛教禪宗認為「言語道斷，心行路絕」，要我們回到真實的心，回到生命之源，以明心見性。此活動基本上對於「語言作為存有之道的人間世居宅」，起一深刻反省批判之作用，用道家語即「道生之，德蓄之，物形之，勢成之」❹。老子很深奧，幾千年來，皆足以證明其是最優秀者，雖僅有五千言，現今為止，有關老子的詮釋已超過五千萬字，若全華人放棄祖先之文化珍寶，殊為可惜。

六、尊道而貴德：回溯到存有之道本源，重視內在的本性

「道生之，德蓄之，物形之，勢成之」，存有之道的彰顯、開啟了萬物；而做為一個人，能承繼涵融此存有之道於心中，著其德；萬物亦用此天地之道蓄養其德，成為一存在事物。這有二意義：一為存有論的意義，是「道生之，德蓄之」落實下來；另一意義則為「無名天地之始，有名萬物之母」，經由語言、話語、言

---

❹　《老子道德經》第五十一章：「道生之，德蓄之，物形之，勢成之。是以萬物莫不尊道而貴德，道之尊，德之貴，夫莫之命，而常自然。」

說、概念的主體的對象化活動，使萬物成為一客觀的、決定的物。但是此物一旦形成，其背後就有一個伴隨而生的 Interest, Desire, Power，構成一個強而有力的勢力。

我們對此有所了解，則一切存在的事物不能只從「物形之，勢成之」之路走，必須要回歸「道」與「德」，老子接著提出：「是以萬物莫不尊道而貴德」，就是要回溯到存有之道之本源，而重視內在的本性。換言之，人們是通過語言的外顯的邏輯作用，而指向對象，展開理解、詮釋，而構成一個語言文字符號系統。但同時具有一能力可對對象展開反思的活動，回頭去檢討它何所來？怎麼來？這很重要。前者言語是外顯的、理性的邏輯作用，叫做語言的指向對象的作用；後者，語言的作用，是後設性的作用。前者語言叫做「對象性的語言」，後者叫做「後設性的語言」（Meta-language），即對語言所展開對象化的整個邏輯活動，做一反省、分析，問其如何可能如此，並去檢討其可能導致的問題是什麼，又如何避免這些問題。

整個道家哲學在這方面很強，而儒家在此問題上檢討得少，因儒家將此問題視為當然的，在中華封建親情血緣之社會下是很當然的，在此血緣性縱貫軸之下叫「禮」，去理解它，重點則在「克己復禮為仁」，和道家所言「尊道貴德」不同，但兩者依然可以有適度的關係。

七、通過後設的語言活動去反省語言活動的異化與限制

語言有兩個不同的向度，一個指向對象，是外向的理性邏輯決

「無言」之境。天地之間自有道在，把心放寬，拉長時間看，相信「存有之道會照亮一切」。

　　問題是：若一直「無道」該如何？彼累積到一地步，就會有人開始反抗。孟子說：「予豈好辯哉？予不得已也。」「自反而縮，雖千萬人吾往矣！」他還是要辯：「辟邪說，放淫辭。」如果連如此都不可行呢？那就是屈原的感觸了：「黃鐘毀棄，瓦缶雷鳴，讒人高張，賢士無名。」反擊回來，也只能「予嗟默默兮，誰知吾之廉貞」（《卜居》）。從這裡可以理解屈原處於什麼樣的時代。想想讀文學能不懂哲學嗎？文學與哲學可以截然分途嗎？

十一、學問要旁通、要統攝，要真積力久則入

　　我們再追問：陶淵明何以彈無絃琴，果真是「何勞絃上音」乎。莊子說有地籟、有人籟、有天籟，到最後厲風濟，萬籟俱寂，還歸於虛。天下事多有不齊，為何不齊？因為「物論」使之不齊，經由「論」，而使一個物成為物，此時物就不齊。物之不齊，物之性也，但「恢詭譎怪，道通為一。」如此為「齊」。「齊」是「恢詭譎怪，道通為一。」這樣就「齊」。由「名」到「無名」，就齊了，這就是《齊物論》。對於語言、話語活動，使得一外在事物，成為一定向物，而造成一種不能溝通、協調、齊一的狀態，將它瓦解掉，使它回到存在的本源狀態，這可以說是一道通為一的狀態，這是〈齊物論〉難得的地方。

　　莊子一篇〈齊物論〉抵得上二百本，二千本雜七雜八的書，讀國文系最有福，直接閱讀原典。同樣，《老子道德經》第一章抵得過多少語言哲學的書。我們應該慶幸以漢字做為第一母語，以漢字

記錄的古代典籍，所保留的偉大智慧，保留了人類最多的文明遺產。而只有國文系對漢字系統能如此深入理解，更應慶幸你們身為國文老師，只有國文老師才能把自己的工作和對漢文化的深入理解，當作同一件事。

　　學問要有系統，如網路、地圖，要能「旁通」，也要「統攝」，要「真積力久則入」，此後才能夠到達「快然不可以已」的境地。世間事沒有難到不能懂的，既然難懂，就表示已經有人懂；既然有人懂在先，我們就可能懂。因為他懂，而後告訴了我們，更何況後學轉精。聽完課，回去再讀相關的書，你就會有自己見地的。

十二、儒家強調「克己復禮為仁」，道家則強調「尊道而貴德」

　　我們再者要問：「克己復禮為仁」與「尊道貴德」，在儒道兩家思想上，所代表的意義為何。「克己復禮為仁」，其實是在一人文建構裏，基本上是承認周禮做為一個既成的人文建構，至於此人文建構本身是否百分之百恰當，孔老夫子於此反省未必很多，但他要你承認周代既有的人文建構，從此既有的人文建構把它理想化，做一根源性的追溯，去點出此所隱含的人與人間的一種內在真存實感。《論語》上說：「人而不仁，如禮何？人而不仁，如樂何？」，「禮云禮云，玉帛云乎哉！；樂云樂云，鐘鼓云乎哉！」

　　「克己復禮」有兩個不同向度的解釋，一般解釋為克服自己的私欲，回復到禮，此為實踐仁的具體活動；另一個釋「克」為「能」，即《大學》「克明峻德」的「克」之意；復者，履也、實

踐也；指自己能喚醒內在的動力去實踐禮，此活動為實踐仁的活動。不管二者何者為勝，一般皆以前者為主。其重點在強調一個既有的人文建構下，一個實踐的活動，經由此後返的自覺活動，覺察到人具體的落實在家庭，為孝悌；由家庭推而擴充之，就是仁義，就是忠信。「言忠信，行篤敬」；「為人謀而不忠乎；與朋友交而不信乎？」，整個儒家強調落實在人文的建構，此人文的建構是承認周代既有的親情血緣，宗法封建的結構。

　　道家重點要你追溯宇宙造化之源，此宇宙造化之源有一調節性的力量，此調節性力量含帶一生長性的力量，此生長性力量落實在存在的事物，使它能生成為它本身，我們應尊重存在的事物有它本身的性子，此性子來自於其總體的根源，如此則謂「道之生，德之蓄」，如此以道為尊，以德為貴，此道家的傳統非規範、非強迫，而是自然的生長，所以其重點非人文的建構，而在自然的回復。

　　整個儒家不太反省那個人文建構本身是否有問題，認為會有問題是人失去了真實的感動，將此感動灌注進去則能解決問題。道家認為未必如此，他認為人文建構本身可能有問題，往前追溯一下吧！像：誰規定國家一定要如此大？一定要有如此大的封建體制？一定要有繁文縟節？有可能再簡單些否？此繁文縟節下，每個人受到的嚴重壓抑，可否解放？老子認為徹底的解放在於「小國寡民」，「使有什佰之器而不用」，而「雞犬之聲相聞，民至老死不相往來。」小部落才能回復到自然生活，這是道家的理想，它有無政府主義的傾向，解構整個人文的傾向，回復自然的傾向。

十三、儒家強調人文的自覺，道家強調歸返自然；道家具有解構與瓦解的力量

　　儒家就不行，認為人要有人文建構，人要從自然出發，不是回到自然就了事。儒道辯論永遠沒完沒了。到了魏晉南北朝時，還有「名教」與「自然」的辯論，站在名教立場的便說：名教不妨礙於自然，是必歸於自然，而且孔老夫子是以自然為宗的，「聖人體無故言有」，體現無為才講有。相對來說，老子是「有」者也，故恆言其所不足，儒道雖是同源互補，但彼此論辯卻很多。

　　儒家強調人的人文自覺向度，道家強調回到天地自然的向度；然而對話語異化所造成的不良後果，能給出非常重要瓦解批判的是道家。儒家告訴你，人要自覺一點，要好好地從人倫孝悌做起，人人能親其親，長其長，則天下平，不然不行，人總不能和禽獸無分別呀！道家嘲諷儒家搞了半天是腦筋根深蒂固，未去思考整個人文的建構果真要那樣嗎？喪禮過多繁文縟節，不必了，人還是回復自然吧，究竟地去思考問題。儒家是以周朝的禮樂教化，作為一個思考起點，回返去問內在人性本源是什麼？道家是問禮樂崩壞已至如此地步，可見本身有問題，所以要徹底解開看看。這一點，儒道比起來，道家是比較徹底。（你有沒有發現林老師被稱為新儒家，但好像不太維護儒家，學術是學術，可不是政治啊！）所以你不能把道家理解為逃避、遁世、世故。這些論點可以參考我的一篇文章〈語言的異化與存有的治療〉，現在收在《中國宗教與意義治療》這一本書，明文書局出版的，此書就在談儒、道、佛與文化治療、身心治療的問題。（本文原是 2000 年夏季「思想方法專題研究」一課之第四講：語言——存

有之道落實於人間的居宅，由國文研究所研究生鄭莉芳小姐、劉用瑞先生依 2000 年 7 月 17 日錄音整理而成。）

第五章　道（存有）：
語言調適而上遂的本源

本章提要：

　　本章旨在講明存有之道是語言調適而上遂的本源，首先作者經由「道與言」的對比，指出「道顯為象，言以定形」，而這正與中國傳統《易經傳》所說「形而上者謂之道，形而下者謂之器」可以合觀。

　　再者，經由《老子道德經》的闡釋，我們可以發現由語言拖曳衍生而成嚴重的倒反，使得人離其自己，處在「亡其宅」的狀態。我們當經由「遮撥、遣除、治療」的過程，如此「回溯於道」、「心凝形釋」，而克服存在的異化。

　　再者，通過中西方哲學「無言之境」與「話語之源」的對比，指出東方強調的是「生命與價值的一致性」，而西方強調的是「存在與思維的一致性」。

關鍵字詞：存有、道、生命、價值、異化、亡其宅、形而上、道德經、易經

本章目錄：

一、「道與言」：道顯爲象、言以定形

上一章我們稍微說到了「語言」和「道」的關係，我們說：「語言」是「存有之道」落實於人間世的居宅（借用海德格爾（Martin Heidegger，1889-1976）的話），而「道」則是語言調適而上遂的本源，或者說語言在「形而上」的居宅，我們也說到「無名天地之始，有名萬物之母」❶，借用「有名萬物之母」這句話，我們說一切存在的事物，其實是經由我們名言概念的活動來定名，而這個「名言概念的活動」，其實就是「主體的對象化活動」，才使得一個對象成為一個決定了的定象。

這道理其實早在兩千年前，王弼已經說了。王弼說：「名以定形。」❷這個「名」，其實可以把它理解成一個「名言概念的活動」，是「命名」，經由這樣一個活動，使得一個存在事物成為一個決定了的定象，那我們來想，「形」這個字是連著「器」說，所謂「形器」。所以「名以定形」，如果要用兩句話配套說，就是「名以定形，言以成器」，「名言」成就了「形器」。

---

❶ 出自《老子道德經》第一章：「道可道，非常道；名可名，非常名。無名天地之始；有名萬物之母。」

❷ 參見《老子微旨例略》（王弼注總集），頁 65，王志銘編，東昇書局，1980 年 10 月。王弼於《老子》第二十五章「吾不知其名」下，注曰：「名以定形。混成無形。不可得而定。故曰不知其名也。」又於「字之曰道」下，注曰：「夫名以定形。字以稱可。言道。取於無物而不由也。是混成之中。可言之稱最大也。」

二、「道與器」：「形而上者謂之道；形而下者謂之器」

「道」與「器」的關係，是個什麼樣的關係呢？在《易傳》裡面講，「形而上者，謂之道；形而下者，謂之器。」❸我們在上回曾說「形而上者」、「形而下者」裡的「形」做動詞用，即「形著」，「形著」其實指的就是「具體化」，具體的體現出來，「形著」以中文的構詞方式來說，就是「著其言而為形者」，把它表現出來，成為一個形，「形著」其實就是 embodied，把它體現出來。「形而上者謂之道；形而下者謂之器」的「形」，就是體現，把它表現出來，彰顯而成為一個器物，這上下，即「上」溯其源；「下」委其實。「委其實」就是把它擺下來，成為一個具體的實在，落實在人間，就是「器」。相對來說，「形而上」的意思就是說：「道」具體化、體現化，世間事物這樣具體的表現形著的過

---

❸ 參見《易經》〈繫辭傳〉。

出自《易經繫辭上傳》：「是故形而上者謂之道，形而下者謂之器。」《朱子語類》上記載：「問形而上下如何以形言？此言最的當，設若以有形無形言之，便是物與理間相斷了，所以謂截得分明者，只是上下之間，分別得一個界止分明，器亦道，道亦器，有分別而不相離也。」也就是說不以有形之有無，而以形之上下去分別道與器。所謂「形而上者」乃是指形的向上提昇，所謂「形而下者」乃是指形的向下落實。以陰陽為例，向上提昇是陰陽之中和，便是道；而向下落實是陰陽之相感以生萬物，便是器。程明道曾歷舉《繫辭》：「形而上者謂之道，形而下者謂之器。」、「立天之道，曰陰與陽；立地之道，曰柔與剛；立人之道，曰仁曰義。」、「一陰一陽之謂道」數句話加以闡述曰：「陰陽亦形而下者也，而曰道者，惟此語截得上下最分明。元來只此是道，要在人默而識之也。」

程，如果我們溯其源就是「道」；而這樣的一個過程，落實在人間世來，叫作「器」，即「形而上者謂之道；形而下者謂之器。」

這樣的「形」，這樣的活動，是個什麼樣的活動呢？是個生生不息的活動。此「生生不息的活動」是從哪裡來的呢？其本源是「道」，落實下來就成為一個「器」。成為一個「器」，講「形而上者謂之道；形而下者謂之器。」，這說法是一「存有論」的闡述。這「存有論」意思是：「詮釋一切存在事物如何存在」所構成的一套理論。例如：這椅子是存在的事物，這是椅子嗎？它存在嗎？它如何存在呢？是依據了什麼而存在呢？這就是「存有論」（ontology）要探討的問題。這個詞其實就是處理一切存在的事物（all beings），這個存在的事物如何成就為存在的事物，它給出一套理由、一套理論系統，由此來看「形而上者謂之道；形而下者謂之器。」就是一套「存有論」的闡述。一切事物存在究竟是什麼樣？我們再看看王弼講「名以定形」。

三、「回溯於道，下返於形」：存有論的回歸與知識論的論定

「名以定形」這句話，其實有一個轉折，這一個轉折是：當我們對於一切存在事物給予一個「存有論」的說明以後，其實還有一個很重要的步驟，也就是我們一定要涉及到一個「知識論」的，通過語言、概念、還有我們主體的對象化活動，使得對象成為一個決定的定象。這個說法就是說，我們涉及到任何一個存在的事物，我們一定要用「名言概念」去闡釋它，涉及到這個「話語言說」，「話語」的活動必然涉及到任何活動，所以它就不只是一個「存有

論」的問題，而且是個「認識論」的問題。它既涉及到這樣的一個
「認識論」的活動，這個「認識論」的活動它其來有自，也就是說
人們為何把語言當成一個存在。我們還可以去追問人們為何會使用
語言，而語言究竟是一種什麼樣的存在。

　　語言之所以為語言，是一個什麼樣的存在？它是自何而來？如
何所生？這是就語言這層次而說的，另外一個層次是存有論的闡述
的問題。換言之，不管是人類之間面對任何一個存在的事物，在最
後溯其源之前，我們要把這個存在的事物先做一個知識論上的說
明、語言哲學上的說明。先講「名以定形」，單就這個「名」，往
上一層作出一個存有論的說明，也就是「道」這樣的說明。在我們
華人的文化傳統裡，基本上它是很清楚的，可以告訴你一切「歸本
於道」。任何一個存在的事物、器物，之所以構成一個器物，有一
個非常重要的、不可避免的活動，那就是主體的對象化活動，就是
我們剛才講的「名以定形」的活動，經由主客兩橛對立的、由主體
的對象化活動，使得它成為決定了的一個定象，並且由主體對這個
定象採取一個統攝的活動，這時才使得這個器物成為一個決定了的
一個東西。但是問題是這裡還有一大片東西，這一大片東西就是我
們在下一章會講到的。有道、有象、有形，我們將談到「道、意、
象、形、言」等五個層級。

　　「道、意、象、形、言」這正是一層一層落實下來的過程，而
這落實下來的過程活動就經由－道、意、象、形、言從一個「不可
道之道」到一個「可道之道」；從「無言之道」到「有言之言」。
這章所要檢討的就是，你如何經由「言以成物」、「名以定形」的
活動，去了解「物之為物」是與人們的認知活動密切相關，進而往

上回溯，去理解「道」，「即器而言道」，「由言而溯其無言」。這是一個非常複雜，但又非常具體的問題。連著剛剛我們所討論「具體的普遍」來講的話，這個「道」是「普遍」，這個「言」所指的一個「存在的事物」，則是一個具體的、經由「言」所指的「存在的事物」，上溯於「無言」之道。基本上，在整個華人哲學系統裡面非常強調這樣的一個回溯於道的活動，「回溯於道」，才能夠「下返於形」。上溯於道，下返於器，而下返於物、下返於器，而「下返於物，下返於形，下返於器」。顯然地，我們可以看到「道」與「言」回返相生的過程。

四、語言的異化、拖曳衍生嚴重的「倒反」狀態，即「亡其宅」的狀態

怎麼樣去了解語言的特性，進而「調適而上遂於道」呢？在中國的哲學裡，《老子》、《莊子》蘊藏了相當豐富的意涵，它一方面指出一切的話語活動，在這個主體的對象化活動、過程裡，伴隨而生的意義、訊號、權力、趨勢，它必然會導致話語的「異化」，也就是我所謂「亡其宅」（not at home）的狀態，離開了它的居宅，走出、出離其自己。

我們怎樣覺察到它「出離其自己」，在《老子》書裡面，他告訴我們：當我們已經很習慣一個主體的對象化活動時，這種從「單線式的指向」活動，它將使得我們所指向的對象（包括人、事、物），導致「A／非 A」的狀態。本來是 A，但是它指向對象、這個主體的對象化活動、這個單線式的指向，使得 A 變非 A，這問題很奧秘地，它出現在人們的心靈認知之執著、染汙，進而導致嚴

重的反控;尤其是在「價值的認知」這方面,最容易發生這種狀況,這在《老子道德經》第二章中講得非常清楚,「天下皆知美之為美,斯惡已;皆知善之為善,斯不善已。」❹這點是他很重要的一個發現。

　　從這樣的兩句話「天下皆知美之為美,斯惡已;皆知善之為善,斯不善已。」,可看出「美」跟「惡」的嚴重對反;「善」跟「不善」的嚴重對反。

　　這嚴重對反從哪裡來呢?從「知」。不只是從「知」,這「知」上面還有一個「皆」,即「皆知」。這意思是說,當人們展開一個「主體的對象化」這樣的話語活動,此「話語活動」是一個橫面的、主客兩橛、以主攝客的活動,這樣的一個活動,它會拖曳衍生。它有一個「拖曳衍生」的力量,這個「拖曳衍生」的力量會使得原先的、你所認定的,產生一個嚴重的「倒反」狀態,這就是導生一個非常嚴重的,我所謂的「語言的異化狀態」,也就是「亡其宅」的狀態。如此一來,你所說的東西,已經離開了你所要說的東西,我所要說的跟我所說的,我所想認定的跟我所認定的,你所要說的跟你所說的,你原來所能說的,跟你所說的,產生一個嚴重的「對反」的狀態,這「對反」的狀態,老子有極為深切的反省。

---

❹　出自《老子道德經》第二章:「天下皆知美之為美,斯惡已;皆知善之為善,斯不善已。故有無相生,難易相成,長短相形,高下相傾,音聲相和,前後相隨。」

五、語言如何經由「遮撥」、「遣除」、「治療」的過程，調適而上遂於道

老子的反省告訴我們：必須要懂得去對你所說的東西，做一個徹底的「遮撥」、「遣除」的活動，這「遮撥」、「遣除」的活動其實就是一個回歸到「道」的活動。這「回歸到道」的活動，正是從現實的、你看到的兩端對立開始，從這「對立的兩端」，轉成「對比的兩端」，再把它轉成「渾融的一體」。

老子、莊子、整個道家基本上很重視這個活動，就是指：原先話語系統所導致的異化，造成了對立的兩端，經由一個「遮撥」、「遣除」、或者「治療」的過程，讓它去認知到這「對立的兩端」原來是「對比的兩端」，再轉成「渾融一體」，從這「渾融一體」，就能體會到此中隱含一個辯證的發展可能。那就是「有無相生」、「難易相成」、「長短相形」、「高下相傾」、「音聲相和」、「前後相隨」。❺

能夠體會到這意義，你就能夠知道，世間事想要去成就它，不只是通過一個語言的論定活動，不只是通過主體的對象化活動，去使得這個對象成為決定的定象，更重要的是要回溯到它的本源，由那個本源、那個「渾融一體」，起一個「調節絪縕」的作用。而這個「調節絪縕」的作用，是不須要你再費力氣的，所以那是「處無

---

❺　出自《老子道德經》第二章：「天下皆知美之為美，斯惡已；皆知善之為善，斯不善已。故有無相生，難易相成，長短相形，高下相傾，音聲相和，前後相隨。」

為之事，行不言之教」❻。這時候你所處的那個事，就如其為事，自生自長，自生之言就如其為言，自顯其言，你不必太多干預，道家很重要的思想即在此。

我們再回過頭來看這「渾融一體」，就此中的文脈來說，可以是「有無相生」。「有無相生」是「天下萬物生於有，有生於無。」❼「有無相生」可以很具體地從一個事物去理解，例如：這個杯子裡所存在的水，杯子是「有」，但杯子中間是空的、是無，「有之以為利，無之以為用」❽，「有無相生」可以從很具體的存在事物去說，但它又上昇到「天下萬物生於有，有生於無」，所以從「有無」來說，這「有無相生」是就一個任何存在事物的發生，是就存有論的發生學上講「有無相生」。

那「難易相成」呢？「高下相傾」呢？「長短相形」呢？「音聲相和」呢？「前後相隨」呢？各有其說。這些話不是說重複說一遍，而是各有所指，「各有所指」的意思是說在我們人間世裡頭，一切歸返於「道」的種種活動。大體來說，我們可以這麼樣來闡析這些相對狀態。

---

❻　出自《老子道德經》第二章：「是以聖人處無為之事，行不言之教。萬物作焉而不辭，生而不有，為而不恃，功成而弗居。夫唯弗居，是已不去。」

❼　出自《老子道德經》第四十章：「反者道之動；弱者道之用。天下萬物生於有，有生於無。」

❽　出自《老子道德經》第十一章：「鑿戶牖以為室，當其無，有室之用。故有之以為利，無之以為用。」

※例如：

有無 ── 就存有狀態說

難易 ── 就事物實踐說

高下 ── 就社會階位說

長短 ── 就價值分別說

音聲 ── 就話語構成說

前後 ── 就心靈意向說

以上牽涉到人們所使用的話語構成的問題，話語構成問題牽涉到人們心靈指向、意向的問題。這「上遂於道」的整個活動重點正在於此，總的來說，是存有的原初狀態，落在人間世的實踐功效。這「有無相生」、「難易相成」、「高下相傾」、「長短相形」、「音聲相和」、「前後相隨」這些都是各有所指；然而，因而通之，上遂於道，再如其本源，落下來實踐。

六、「回溯於道」不是話語脈絡逐項的遞進，而是話語的撤除與異化的療治

整個「調適而上遂」的過程其實應該是從我們整個人間世的實踐開始，而這個人間世的實踐涉及到整個社會的階位、價值的分別、話語的構成、心靈的意向，最後則歸本於「存有之道」。以這樣方式去說「道」，而「回溯於道」這樣的一個活動，整個來講，是獲得一個真實的、由這個道而產生一個「光照」❾與「療治」

---

❾　參見《西洋哲學辭典》〈光照（Illumination）條〉頁 271，布魯格（Brugger. W）編，項退結編譯，先知出版社，1976 年，依照奧古斯丁以及十三世紀奧

（或稱「治療」）的活動。這「光照」可以把它理解成智慧，或者是「智慧之光」，這「智慧之光」一照，把一個東西照亮，就能把污染、執著的東西取消。人們其實對於一個這樣的心靈的內在之光、宇宙的總體之光，都有一個非常深的、不可置疑的嚮往；這就是所謂「志於道」，在亂世時，你是有心人就能體會到這智慧之光，這「道光」的重要。這裡所說的「道之光」，可以說是來自存有根源的照亮。

我們且舉陶淵明的〈桃花源記〉為為例來說吧！「桃花源的境界」其實可以說是「智慧之光」所「光照」的一個「理想世界」。什麼樣的世界呢？這個世界是「黃髮垂髫，怡然自樂」，這是讓事物如其為事物，沒有任何參雜、沒有任何執著，「自生自長」、「物各付物」，不能起絲毫執著，若起了絲毫執著，那個東西就斷絕了。漁人出桃花源後，「處處誌之」，後來找到「南陽劉子驥，高尚士也」，「尋向所誌」，但已是「遂迷，不復得路」。

換言之，回溯於道的活動，不是通過話語系統一項一項地往前追的活動，而是一個撤除話語本身所導生麻煩的活動，撤除掉你心靈主體的對象化活動，徹除心靈之執著性、染污性的活動，這並不是我做個記號一層一層地往上就可以的，若你「一層一層地往上」，你會「遂迷，不復得路」，到最後終至「遂無問津者」。「存有的根源」因之也就被遮蔽了，豈不可惜！

古斯丁會士及方濟會士學派的知識論，人的確實必然而普遍的知識之得以形成，是由於神的特殊影響，稱為光照。這裡，我們借用這個詞來闡明道的彰顯與照亮。

七、「上遂於道」、「心凝形釋」：異化的克服

如上所說，經由這樣的角度，「因而通之」「上遂於道」，這時我們所講的「語言調適而上遂的本源」，並不是一項一項地往前追溯，它其實是當下的「心凝形釋」。心專注了，翕合為一了，你整個軀殼就相當於是解開了，你在這個世間的對象執著性就解開了，整個人也就輕鬆起來了，要不然，落在那機栝裡，日以心鬥，何等緊張、恐怖！

當我們講「道」做為存在的本源的時候，做為一個語言調適而上遂的「形而上的居宅」，其實是說，任何一切話語系統都可能導致一個「倒反」（或者說是「反控」）、「出離其自己」，這樣的「異化」狀態；這種「異化」的狀態又該如何處理它，使它能得回到「形而上的居宅」，產生一個道的光照與了解，重點在這裡。

接下來我們的重點是要探討如何從「無言」到「言」，又如何「上溯於道」，而「道」是否為幽杳難知，「道」如何在人間世中能「即其器而言其道，即其言而溯其無言」，如何「溯」，何以禪宗、道家、乃至於儒家，皆有此強調；如此之強調何以在西方哲學系統，反而不是那麼強調，這又代表什麼？在整個人文學發展中，這樣的強調有何意義？這便涉及到中西文化基本的異同，用我們以前的老話來說，這是「存有的連續觀」與「存有的斷裂觀」的基本異同，這涉及到「天人、物我、人己」這三個根本向度的異同。

八、中西方哲學觀點的異同：「無言之境」與「話語之源」

◎**圖表比較**

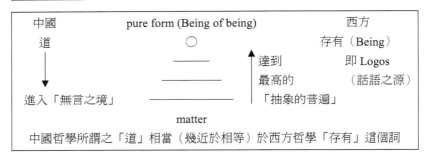

中國哲學所謂之「道」相當（幾近於相等）於西方哲學「存有」這個詞

㈠**西方哲學觀點**：

「從具體往抽象走，從個體往普遍走」的「共相昇進」在西方往上追溯，追溯到一個最高的存有（being），那是一種達到最高境界的抽象的普遍，就如同上圖，越往下越來越多。從原先存在的雜多事物上昇到最高的純粹形式（pure form），這純粹的形式也就是「一切存有之存有」，那最高的「存有」，也就是所謂的「上帝」，在亞里斯多德（Aristoteles，前 384-322）的哲學裡是這麼講的。西方哲學中最高的「存有」相當於中國哲學中的「道」。值得注意的是，它是「相當」而不是「相等」，「相當」的意思是指同一個層級，但是它仍舊是不相等。

接下來，我們得看它整個脈絡，這個脈絡相當那個脈絡，如果一個一個對應之後，幾乎相當，這個「相當」雖然它不相等，但形同於相等。譬如說中央研究院的研究員相當於大學教授，它是同一

個層級，但不能說研究員就是大學教授。「存有」（Being），它相當於中國的「道」。在西方的傳統裡，溯及「存有之源」有所謂「Logos」者，就是一切「話語之源」。我們講「道」，也是一切話語之源，但是這話語之源它是屬於更為根源的，進入到一種「無言之境」，進入無言之境的話語之源，它有一個非常重要的差異，就是華人所採取的，不是西方那種「從具體往抽象走，從個體往普遍走」，在這裡我名之為「共相昇進」的方式。

㈡東方哲學觀點：「主體際的交融」而上昇於「道」，上昇於「整體的根源」

在中國哲學裡，我們是怎麼講呢？我們走的是另外「主體際的交融」而上昇於道。就西方哲學來說，「共相的昇進」而達乎「絕對的普遍」，這「絕對的普遍」是「至高無上」的。我們東方則是「主體際的交融」，最後是達到「整體的根源」，這「整體的根源」不適合用我們剛剛講的「至高無上」這樣的話去描述它，這「整體的根源」是最為本源的，回到那個原初的根源。我們的重點不在於整個話語系統的體系安立，而在於：存在生命的創生歷程（或者說「生發」歷程）。就中國哲學的道論來說，最後一定要涉及到整個宇宙的「生發」問題，而宇宙的「生發」問題其實就是你內在的本心的體悟問題。這兩者是一而二，二而一的。

就西方話語系統的體系安立來說，最後所涉及到的往往是一個存在的溯源。那存在的溯源比較起來，不是一個「身心安頓」的問題，而是一個「知識定位」的問題。這也就是當我們在講人文學的時候，西方的整個重點在於整個話語系統的體系安立；一方面逐漸落實下來，一方面往上提昇，去對存在溯源，而往下落實講，則是

一種「知識的定位」。在東方，特別是在中國來講的話，它重點在於：存在的、生命的創生歷程，這可以說是一安身立命的問題；如此一來，「道論」取代原先的「存有論」。我們可以對比的闡釋如下：

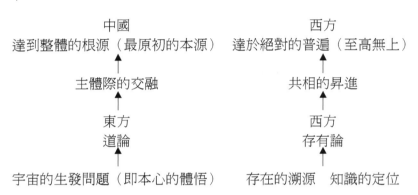

中國　　　　　　　　　　　西方
達到整體的根源（最原初的本源）　達於絕對的普遍（至高無上）

主體際的交融　　　　　　　共相的昇進

東方　　　　　　　　　　　西方
道論　　　　　　　　　　　存有論

宇宙的生發問題（即本心的體悟）　存在的溯源　知識的定位

九、中西方哲學「天道論」、「心性論」與「存有論」、「知識論」的異同

㈠中國的天道論、心性論（本性論）重在通過心性的自知自識，調適而上遂於道

「道論」是以宇宙的生發為重，也可以說它是一本體的生起論系統；而且「宇宙的生發」原不離「本心的體悟」，象山所謂「吾心即宇宙，宇宙即吾心。」什麼是宇宙呢？宇宙跟我的心並不是分別開來的，上下四方為「宇」，古往今來為「宙」，而我就處「上下四方，古往今來」之中，我正在宇宙中嘛，我沒有辦法把自己從這宇宙脫開來看這宇宙，我也不能把這宇宙推出去來看這個宇宙，

我就正在這個宇宙中嘛，這是華人很強調的。在西方的傳統哲學系統裡面，他們是把這個宇宙推出去看，這推出去的看，就是我們所說的「對象化的看」，這與中國傳統的「道」論不同，這樣來看這個「道」，整個來講，我們說「道是語言的一個形而上的安宅」，在中國哲學裡，我們剛剛講了，這個天道論與本性論（心性論）是連在一塊來說的。

　　整個道論是要告訴你：通過心性的自知自識，調適而上遂，最後通達於道，不管是孟子的系統、荀子的系統、陸王的系統、程朱的系統，通通可以概括在這裡來說。至於孟子、荀子的不同；陸王、程朱，他們的不同只是如何讓心性去自知自識，並且調適而上遂於道，就這「調適而上遂於道」的過程不同，方法、步驟、功夫實踐的方式也不同。其實，它基本上都是這樣子的，強調你內心的自知自識，跟道的體悟是有密切關連，甚至等同為一的。我們或者可以說那「等同為一」的就是陸王系統，「密切關連」的就是朱子系統嘛！而經由一種「知通統類」的分別而上遂於道，了解那個道是一個恆定法則的就是荀子嘛！體會你那個良知的怵惕惻隱、當下的那個怵惕惻隱，就是天地的仁心，天地之仁、心性可以通合為一，那就是孟子嘛！基本上，它的重點仍然在天地人我萬物的存有連續觀下來看問題，它與西方哲學的系統大不相同。

㈡西方的「存有論、認識論」重在對於一個對象事物的清楚把握

　　從「西方哲學系統」來講，是存有論。對於一個對象事物的清楚把握，進而追溯這種「清楚把握」是如何可能？而點出人們具有一種理性之光，而如此「理性之光」原是上帝之所賜。它其實也是

一種存有之「光照」，只是上帝所賜的「理性之光」，它僅及於主體的對象化活動所及的那個現象，不同於上帝本身所具有的存有之光照。上帝的光照能夠及於事物之自身而不只是現象而已。對於一個對象化所成事物之清楚把握，這在西方傳統哲學裡頭是個主流，這個主流在各個不同的時代，有各個不同的話語系統。

大體來講，其話語系統仍可概括說是分成兩界，一是現象界、一是理念界，這是柏拉圖（Plato，前 427-347）的說法。康德（Immanuel Kant，1724-1804）的說法則分為「現象界」與「物自身界」；但大體來講，仍不離其主流講法，這主流的傳統是從「認識論」的角度去強調對象事物的清楚把握。上溯到存有論的角度來說，那個認識論的、骨子裡頭人的理性之光，其實是來自一個最高的「存有的光照」，而那「存有的光照」其實是上帝之所賜之存有的光照，雖然它不能等同起來，但是它是密切關聯在一塊的。

我們這麼一說，其實是想讓大家知道，任何一切話語系統的活動，最後必然涉及於「道論」，涉及於「存有論」的問題。只是在處理那個從存有論到認識論的問題，這樣一個處理過程裡，東西方有很大的不同。在東方哲學的主流傳統裡，重點在於心性論的自知自識、調適而上遂於道；在西方哲學的主流傳統裡，是對於對象認知的清楚把握，而上及於理性之所以可能的那個存有之光照。大體來講，如果把話弄得更清楚、更對比一點，那麼落實下來是怎麼展開實踐的呢？這展開的「實踐」又有很大的不同。

十、「生命與價值的一致性」與「存在與思維的一致性」之對比

㈠西方哲學：存在與思維的一致性

　　「話語」的論定與釐清是西方哲學的主流傳統。「話語」的論定與釐清其實就是你「思考」的論定釐清，也就是「存在」的論定與釐清，因為在西方哲學傳統裡，「話語、思考、存在、認知」基本上是同一的，這就是以前我們所說的，從巴曼尼德（Parmanides）、蘇格拉底（Socrates）、柏拉圖（Plato）、亞里斯多德（Aristotle）以來的重要傳統，這個重要傳統基本上一直在強調「存在與思維的一致性」。

　　這也可以說是「表象性的思維」（representative thinking），是「替代性的思考」，是「以言代知，以知代思，以思代在」。經由這替代的過程，而強調其內在同一性，將之等同起來。存在的問題剛才因為思想的問題牽連到認知的問題，因為認知的問題牽連到話語的問題。一切處理的這過程最後上溯到 Logos，就是語言最後的言說之道、話語之道，對於這最後話語之道的認定與釐清，重點正是在此。

㈡東方哲學：生命與價值的一致性

　　在東方哲學傳統裡，從孔、孟、老、莊到程、朱、陸、王，他們所走的路就是這個路，他們的重點不在於「存在與思維的一致性」，而是在於「生命與價值的一致性」，即「生命與價值」的和合統一。「生命與價值的一致性」的重點在於「生命與價值」。關於「存在、思維、認知、話語」這四個東西，中國哲學的主流傳統

認為「言外有知，知外有思，思外有在」。一切的話語之外，還有你認知到的，不是話語表達之外的，你無所認知，在這之外有你所思考的，在你所思考之外的東西，仍然還有存在的東西是你所思考不到的。它是言外有知，知外有思，思外有在，是一層一層的，整個重點不是通過語言去替代認知，以認知替代思考，以思考替代存在。

它走的不是「話語認定與釐清」的活動，它重點在於「生命的價值的相遇與融會、融合」，所以它強調那調適而上遂於「道」的「道論」。整個人文學的重點最後一定是要有一個「體道」的活動，體現那個道的活動，東方人文學非常非常強調，就是你對那個本源有沒有「悟透」，一旦悟透那個本源，就像「問渠那得清如許，為有源頭活水來。」❿這是朱熹自己所體悟到的道，而陸象山認為朱熹沒悟道。「朱子泰山喬嶽，惜不見道。」⓫可惜就是沒見得道，所以「枉自耽擱」。關於這一點還可以追問一個公案，「到底朱熹有沒有見道？」那我們可以得出一個結論：朱熹當時所見的道，所運用的方式不是陸象山的方式。陸象山的方式是「心學」的方式，而朱熹是另一套有別於心學的，是「理學」的方式，那心學的方式跟理學的方式各有一套功夫，方法不同、途徑不同，就像你今天到日本去，一個是坐船，一個是坐飛機，「心學」比較是像坐

---

❿ 出自朱熹〈觀書有感〉：「半畝方塘一鑑開，天光雲影共徘徊，問渠那得清如許，為有源頭活水來。」

⓫ 參見《象山全集》卷 34，〈語錄上〉頁 14 下，陸九淵，商務，1968，「一夕步月喟然而歎。包敏道侍，問曰：「先生何歎？」曰：「朱元晦泰山喬嶽，可惜學不見道，枉費精神，遂自擔閣。奈何？」

飛機，「理學」比較是像坐船，比較慢，但坐飛機可能摔下來，坐船也可能淹沒，所以不是那一個途徑好的問題，而是類型不同。

　　當我們讀到中國人以前強調如何讀書？如何明理？那重點常常到了最後會提到：根源要有一種體會、一種「默契道妙」。那麼要如何「默契道妙」？就是要「悠遊涵泳」，它不是一種清楚的對象的認定，而是一種「渾合於主體際的交融為一」的方式，這兩套截然不同。

　　當我們這樣來講，「道」是語言形而上的居宅，那麼在華人文化傳統裡，就是要人們經由我們剛剛講的，一種「心性的自知自識，調適而上遂於道」這樣的活動，去清理語言的形而上的居宅，回過頭來才能下返於人間世，對於人間世的語言、這一個做為道的居宅的人間世語言，有一個清掃、釐清的活動，這相對於西方的整個人文學的活動，一比較下之後，就很清楚啦！（2000 年 7 月 24 日講於臺灣師大，由研究生陳怡芬、林毓鵑紀錄。）

第六章　註釋的層級：
道、意、象、構、言關於哲學
解釋學的一些基礎性理解

本章提要：

　　本文旨在闡明中國哲學解釋學的五個層級：道、意、象、構、言。首先，筆者指出：「說明」是外在因果的表述；「解釋」是內在理由的闡發。

　　再者，解釋之所涉有兩個不同之次序，理論邏輯次序之先後，重點在於「內在的契入理解」；時間歷程次序之先後，重點在於「實際行動的進程」。進行解釋時，理論邏輯之次序與時間歷程之次序，是一體的兩面，他們彼此之間有一種互動關係，即所謂「解釋學的循環」。

　　最後，作者指出學問之道需先穿透語言、文字的遮蔽，上通於道；再由道而開顯，「詮釋」是站在某個「視點」展開的理解活動，再給出一套語言文字符號的建構。這誠如王船山之所言，學問須見「道」：因而通之，皆可以造乎君子之道。學問不能停留在「語句、結構」層次，要「得意忘言、以意逆志、志通於道」，我

們可以說這是「造乎其道」的詮釋學。

關鍵字詞：解釋學、理論的次序、時間的歷程、存有、語言、想
　　　　　像、意向

本章目錄：

一、「說明」是外在因果的表述；「解釋」是內在理由的闡發

　　看這擦黑板的活動，我就在想這「為道日損」。老子書裏面講「為道日損」，講「為學日益」。❶「為道」和「為學」有很大的不同。「為學」是一種積極性的建構與累積；「為道日損」呢？看起來像是個消極性的瓦解，但可不要忘了，這個消極性的瓦解，他可能帶來一個開顯，由這個瓦解帶來一個新的「開顯」（我用「開顯」這個字眼，其實就是道的顯現）。當我們談到「詮釋」的時候，或談到「解釋」的時候，有一個非常重要的地方。就是：從原先的語言、文字、符號，乃至於象徵，由這些所構成的那一大套系統，你穿透進去，瓦解了，之後你讓它的意義釋放出來。「解釋」其實就是讓語言文字瓦解，然後意義釋放出來。就好像一粒麥子掉到泥土裏，長出它的苗芽來。這是生長，它這個生命體，要從這個角度來理解、解釋。

　　有一對辭，現在臺海兩岸的用法不太一樣。一個是「解釋」，另外一個是「詮釋」。臺灣的「詮釋」大陸大體就用「解釋」這個詞，「解釋」這個詞大陸則用「說明」。對應於英文來講的話，「說明」是 explanation，而「解釋」是 interpretation。Explanation 跟 interpretation 它的基本上是很大不同的。「說明」（explanation）重點是一個外在的、擴張性的因果說明；而「解釋」（interpretation）

---

❶　出自《老子道德經》四十八章：「為學日益，為道日損，損之又損，以至於無為，無為而無不為。」

是進入到那個事理內部的理解和詮釋。它的重點不在說明事物的因果，它的重點在闡明那個事物存在的理由，它的重點是在 reason，就是理由。這跟 explanation，它的重點在 causation，所謂的因果，不太一樣。大體來講，自然科學多半就是 explanation（科學的說明）。大陸所用「科學的說明」，在臺灣就是「科學的解釋」；那麼大陸講「人文學的解釋」，臺灣就是「人文學的詮釋」。現在我覺得，大陸這個區別比較清楚。「說明」就是科學的說明。「說明」嘛！就是「說」這個活動我讓他「明」嘛！說明其實是比較外在性的，而解釋比較是內在性的。「解釋」重點在內在的理由，「說明」比較是外在的因果。

比如說：你今天怎麼遲到啦？這怎麼遲到的？你說車子壞了。很清楚的，是外在的說明。為什麼遲到了？說不定還有一個內在的理由啊！內在的理由是很複雜的，你可以發現到那個內在的理由、內在的的詮釋，比較不是那麼客觀的。它可以牽涉到很多是屬於內在的、主觀的。人文學基本上重點在於（重點並不是全部）內在的解釋，而不在外部的說明，這一點大體可以理解。那麼談「解釋」的時候，很顯然的，我們的重點要先有一個消極性的「瓦解」過程，再達到一個新的「開顯」的過程，並且落實下來，用另外新的語言把他表達出來，那個牽涉到一個積極性的「建構」。這意思也就是說：任何一個「解釋」，都必須穿過了你既有的材料，進到那個「本源」，再「顯現」出來，再經由另外一大套語言、文字、符號去「建構」以下所開顯的東西。

那個過程是這樣的：一個事實已經發生了，你對這個事實總要有記載。這個記載，你再去掘發它的意思何在？這有三層意思：

「事實」為何？「記載」如何？「意義」又是如何？這三個不同意義層次。華人在這裡，很早就有這個理解，早在《孟子》書的時候。在《孟子》這部書裡面，談到歷史說：「其事則齊桓、晉文，其文則史，其義則丘竊取之矣」❷，這裏區別了三個，就是「史事、史文、史義」。史事——歷史的事實；史文——歷史的記載；史義——歷史的意義。這是三個不同的層次。所以，就春秋而說的歷史意義，當然它的重點在於道德的判斷。做一個道德的判斷，做一個理的判斷，一個道德之理的判斷。但是，我們現在講這個歷史的意義，我們比較廣的來講它。所以意義的解釋，他當然不會只是道德，它當然包括各種層次。但是簡單的說，是牽涉三個不同層次：「歷史的事實為何？歷史的記載為何？歷史的意義為何？」而所謂解釋的問題，如果就史學上來講的話，重點在於歷史的意義。那麼就經典來講的話，三個不同層次就是「經典文獻是如何？經典的義理為何？這整個意義的詮釋為何？」

二、理論邏輯次序之先後，重點在於「內在的契入理解」；時間歷程次序之先後，重點在於「實際行動的進程」

　　乾嘉年間以來，所謂訓詁學，非常發達。訓詁學它所強調訓詁跟義理的關係，就是戴震所提的「訓詁明而後義理明」這樣的方

---

❷　出自《孟子》〈離婁〉（下）：「孟子曰：王者之跡熄而詩亡，詩亡然後春秋作，晉之乘、楚之檮杌、魯之春秋，一也。其事則齊桓、晉文，其文則史。孔子曰：『其義則丘竊取之矣。』。」

法。「訓詁明而後義理明」，是強調對語言、文字的脈絡掌握，你才能夠真正去了解它背後的義理。這個說法，基本上並沒有什麼錯的。但是，「訓詁明而後義理明」我們能不能另外一個提法，就是「義理明而後訓詁明」？這也可以啊！但是這兩個「而後」的意思就不太一樣了。

講「訓詁明而後義理明」，這個「而後」比較是一個時間的先後，比較是一個歷程的先後。也就是我必須從事於訓詁的活動在先，之後我才能夠理解這個文句背後的義理。但是如果是「義理明而後訓詁明」這個「而後」的意思，其實不是個時間歷程的先後，它其實是一個理論的、邏輯次序之先後。理論的、邏輯次序的先後，這個意思是什麼呢？是我要對任何我要去訓詁的任何一個文句，之能夠有所明，是因為我對於那個義理，有一個內在的、深入的一種契入理解。這種契入理解，很可能起先仍然是隱的狀態，但是多少我要對它有所契入，我才能夠讓它從這個「隱」的狀態轉成「顯」，而顯現出來，這叫「義理明而後訓詁明」。

理論的、邏輯次序之先後，跟時間歷程的次序先後，這兩個是不同的。這個先後常常會被混淆，譬如說：「修身、齊家、治國、平天下」❸，這個是一個時間的歷程的先後。這個「身修」而後「家齊」，「家齊」而後「國治」，「國治」而後「天下平」，這是時間歷程的先後。「物格」而後「知致」，「知致」而後「意

---

❸ 《大學章句》：「古之欲明明德於天下者，先治其國；欲治其國者，先齊其家；欲齊其家者，先修其身；欲修其身者，先正其心；欲正其心者，先誠其意；欲誠其意者，先致其知，致知在格物。」

誠」，「意誠」而後「心正」，「心正」而後「身修」，這個就不是時間歷程的先後；這個就是理論的、邏輯次序的先後。《大學》常常被讀得不通，最主要的問題就是：沒有把這兩層先後分清楚。

物格而後知致，並不是說你要先去格物，格物格完了以後你才致知，致知致完了以後你才誠意，誠意誠完了才正心，正心正完了才修身，不可能啊！它必須是說：後返的去做一個推溯。「後返的推溯」而知道修身的基礎在於正心，正心的基礎在於誠意，誠意的基礎在致知，致知的基礎在格物，這叫理論邏輯的，一個理論的、邏輯的，後返的推溯。這個後返的推溯的歷程，是理論的、邏輯的次序，而不是時間的先後的，這個要搞清楚啊！沒搞清楚的話呢！那你做格物，世間物你哪裡能格得完。我物格完了才致知，然後致知致完了才誠意，誠意誠完了才正心，正心正完了才修身，那這一輩子就是：第一關都沒做完就死了。所以這個要分清楚，它是個理論邏輯的次序。

那你說《大學》是不是不清不楚的？沒有，它很清楚的。「自天子以至於庶人，壹是皆以修身為本」❹。這裏是說，從天子到庶民全部都是以「修身」做根本。是修身做根本，不是格物做根本，所以修身是展開道德實踐的起點。而這個起點背後有一大套理論的根據，理論的、邏輯的次序，那就是格物、致知、誠意、正心。《大學》要這麼講才能講通，要不然《大學》讀不通的。

這樣，你就可以了解到，「訓詁明而後義理明」是就整個語意

---

❹　《大學章句》：「自天子以至於庶人，壹是皆以修身為本。其本亂，而末治者，否矣。其所厚者薄，而其所薄者厚，未之有也。」

解釋的時間歷程先後而說；至於「義理明而後訓詁明」，是就展開章句訓詁解釋之所以可能的理論的邏輯次序而說。

三、進行解釋時，理論邏輯之次序與時間歷程之次序，是一體的兩面，有一種互動關係，即所謂「解釋學的循環」

義理明在於訓詁明之先，而明訓詁跟明義理，其實如果你把這兩個東西連在一塊兒，硬是要去分孰先孰後的話，這裡頭就發生了一種所謂解釋學的循環。你要理解部分，你必須預取你對整體的理解；你要理解整體，必須就從部分來。

它構成一個循環，這叫「解釋學的循環」（Hermeneutical circle）❺。這是一定會發生的：你要理解全體，一定要理解部分；你要理

---

❺ 參看《西洋哲學辭典》（布魯格編著，項退結編譯，華香園出版社，1992）〈詮釋學（explanation）條〉：「……在理解中，某件事物被認知為某件事物，亦即某一個別事物在更廣的視線以及範圍更大的整體關係中被把握到。個別事物──一個字、一個文句、一個歷史作品或事件──僅由其意義視域整體而得以彰顯，而此整體又祇由個別對象始能為我人所及。這樣，理解就無可避免地在具體事物與賦以意義的關係整體二者的圈子之中擺動：這就是詮釋學循環圈（Hermeneutical circle）……。事物的視域由某一先有理解才呈現於理解的人；然而先有理解始終受到不同程度的限制。既然如此，事物就不可能以純粹客觀事實的身分顯示自己：任何理解必然是有限而為歷史情況所牽涉。儘管如此，事物的意義卻不消失於主觀化的先有理解之中，因為先有理解或先有結構，基本上並非一成不變，而是向著新的意義內容開放。先有理解與事物本身的視域之間兜著圈子，這樣可以使先有理解得到改正而更深入；……。歷史事物既在不同而變化不已的理解視線中，向著各種新的意義向度詮釋自己，理解者的視線與事物意義的展現，都在對話的溝通之中不斷成長。」

解部分，你就要理解全體。你不理解全體，你就不可能理解部分；你不理解部分，不可能理解全體，這不就是一個循環嗎？這其實在告訴你，你展開任何一個理解活動，雖然是部分的，但是你必須預取隱約的有一個整體的東西存在。因為你預取了一個隱約的整體存在，已經存在那裡，所以你才能理解那一個部分，這是一體兩面的，有一種互動的關係。

「不明訓詁，怎麼懂義理呢？」不可能。但是你對那訓詁要做判斷，你要做恰當的判斷，譬如我們剛剛講：「集義所生，非義襲而取也。」❻這個「𠎀」（即集）字，你有文字學的知識，你知道這個「集」，原來是「鳥棲於樹上」這個意思；當它的意思是有群人集合在一塊，就有「合」的意思；有另一個意思，就是「棲息、棲止」的意思。「集」字有「棲息」；有「棲止」；有「集合」的意思。由「集合」然後講「合於」，那講「集義所生」就是「合於義而生」。其實那就不如講「棲止於義而生」。因為講合於義，如何的合，這就很麻煩了。是「內在」的合？還是「外在」的合呢？那就麻煩了。但是如何講「棲止於義」？「棲止於義」就是你站在那裡，你跟它連在一塊兒。這其實也沒有那麼大的不同，但是，你用的字眼會比較接近。

譬如說，以前講過「摶」跟「搏」。「摶扶搖而上者九萬里

---

❻ 出自《孟子》〈公孫丑〉（上）：「其為氣也，至大至剛，以直養而無害，則塞於天地之間。是集義所生者，非義襲而取之也。行有不慊於心，則餒矣。」

也」❼或「搏扶搖而上者九萬里也」。以你對漢字的理解，你知道「搏」跟「摶」不同。你能知道：「搏」是拍擊的動作（展翅拍擊貌）；而這個「摶」是旋轉的動作（盤旋而上貌）。所以在這裡你能夠判斷，用「摶」應該比較好。你也不敢說它絕對對，但是它至少比較好，所以會選擇，這是一個選擇，選一個「摶」字。

　　譬如臺灣話現在最常講的「打拼」，其實就是「摶拼」，也就是內地人講的「拼摶」的精神。現在講「打拼」，這顯然是錯的。那為什麼在訓詁上也有「拼摶」？比如說，我們常常很習慣的就說「熱鬧、鬧熱」，「颱風、風颱」，這個用語基本上很早就已經出現了。那這時候你就知道，可以確定，「拼摶」就是「摶拼」。如果你到過南洋地區，在馬來西亞、新加坡，有很多福建人。我就看見過他們掛了一個匾額，上面寫著兩個字，就寫這個「摶拼」。這兩個字用閩南話講就是打拼，「打拼」原寫法也就是「摶拼」。這時候你就可以肯定了，現在講「打拼」都是錯誤的。但問題是語言文字是約定俗成的，當一群人都用錯的時候，你也就只好認了，用久了那就也可以了。在訓詁上也是有這樣的條例。我們今天不是要講訓詁學，我們是要講「詮釋的層級」，順便提到。所以，「詮釋」顯然的，不能夠只就語言文字這個層次，或只就語句這個層次去說。

---

❼　出自《莊子》〈逍遙遊〉：「諧之言曰：『鵬之徙於南冥也，水擊三千里，摶扶搖而上者九萬里，去以六月息者也。……』」

四、詮釋的層級——第一層：「言」（語句的記憶）；第二層：「構」（結構的把握）

關於詮釋的層級，這些年來我用了「道」、「意」、「象」、「構」、「言」這五個層級來說。「言」就是「句子」，就是英文的 sentence。「言」這個字是什麼？「解釋」時，你光是記得那個語句還不夠。由這個語句和那個語句間，構成了一個邏輯結構，有一個 construction（結構、構造）或一個 structure（結構）❽，它有這樣一個東西，有一個構造，所以我們去理解一個東西的時候，不能夠只是去記得他講了什麼。對語句，你所採用的，往往是你的記憶的活動，但是你不能停留在記憶的活動，你必須往上提，必須是一個結構性的把握。

【詮釋的層級】

---

❽　參看《西洋哲學辭典》（布魯格編著，項退結編譯，華香園出版社，1992）〈結構（structure）條〉：「拉丁文中原意只有條理的砌牆工作；哲學中指一個整體之不同階層的秩序，而整體中包含從屬的局部秩序。康德已應用這一概念表示一個有機體各部分之有意義的統一。」

什麼叫結構性的把握？比如認識一個人。我問你：「這個人你怎麼認識他呢？」你說：「我已經認識他了」。「我已經認識他了」那就是說，我對他已經有一種「結構性的把握」；而不是他跟我講了哪幾句話，我把他的話一一記下來。把他說的話一一記下，這不能對他有一個結構性的把握，因為材料永遠無窮無盡的嘛。

（只要他還活著，即使他已經死了，我們說蓋棺還不能論定，因為還有別人怎麼說他，那永遠沒完沒了。）

譬如說讀《孟子》書，你說這《孟子》我已經讀完五遍了，我最了解孟子了，這話是不通的。你讀五十遍了，不通的還是不通。以前有一個人說：「我是最了解中國歷史的，這個《二十五史》，我讀過三遍了，一個字一個字讀過了。」我心理想著：「有一種人，讀了十遍還是不了解的。」因為它這個地方牽涉到了：你是就這「語句上的記憶」呢？還是進入到「結構性的把握」了？結構性的把握就是，你能夠推出你沒讀到的語句，從結構上來推出。

但是結構的推出，那還不如一個更高層次的——那就是一種「圖象性」的體會，或者一種「圖象性」的想像（imagination）❾。理解這個世界一定要用到想像，想像能力很差的人，是很難理解這個世界。你要自己設身處地想像一下，你到那個境地，你會是怎麼樣？例如：聽說李白撈月而死，這是很美的一個景象。如何撈月？

---

❾ 參看《西洋哲學辭典》（布魯格編著，項退結編譯，華香園出版社，1992）〈想像力（imagination）〉條：「想像力與記憶不同，是自由的組合印象內容的能力。想像力由記憶採取材料，自由的把這些材料熔合成新形式，但卻侷限於聯想規律及感受與衝動的範圍以內。想像力也不時因自由或被動的注意力之轉移而替精神的創造服務。」

為什麼要撈月？你們在這裡想一想圖象。

五、詮釋的層級——第三層：「象」（想像的發揮）；第四層：「意」（心靈的指向）

　　人們認知一個事物，能夠用一個結構性的方式把它表達出來之前。你怎麼樣能突破記憶的個別性的把握，進到一個總體的結構性的了解。記憶原來是一種堆積，你如何突破記憶的堆積，到一種結構性的把握，進到一種想像的交會，一種生命的交會。進到「想像」這一層，非常重要。人類如果沒有想像力，就難以構成圖象，那麼理解很多東西就會很有限，你沒有辦法理解比較高的東西，再更高一層進入到所謂的心靈的指向（intention）❿。這心靈的指向，就是他要透過體會，歸到一個指向，一個意向上來。

　　譬如說有人找你去做一個演講，你如果是畫一個圖，一個結構性的圖，再透過幻燈片，投影機投映出來那就清楚了。我在腦子裡想一個圖象，經由那個圖象，一個一個把它說出來。或者說我藉助於一些圖象，把它說出來，這是一個意象，而它裡面有一個更深層的 intention。這圖象的階段，你的創造力比「語句、結構」這個階段還強。語句的記憶，就像小學生演講的時候，背講稿。我記得我小學一年級、二年級、三年級那時候參加演講比賽，老師要我演講

---

❿　參看《西洋哲學辭典》（布魯格編著，項退結編譯，華香園出版社，1992）〈意向的（Intentional）條〉：「廣義說來，凡是有方向的一切，均可稱為意向的，例如存有者之於存有，行動者之於他的行動及其對象等。狹義的說，意向的是意識地指向某一對象。想像、概念、認識與意願的一應行動，都屬於這個範疇，它們同樣地「意向」著某些事物。

的時候，把手背在後面，背稿子演講。不知演講過多少次，題目常是〈保護原料甘蔗〉，還有〈保密防諜，人人有責〉。這種演講就是一種語句的記憶。如果演講落到「語句」這個層次呢，非常的辛苦。你要是忘了臺詞，怎麼辦？

你要有結構；再往上一層有圖象；再更高一層，上臺要講什麼，不知道，只知道有一個方向，依照這個方向講出來，就是一個完整的東西。演講可以這樣講，由「意向」而「圖象」而「結構」，講一個完整的結構。至於更高一層（無言之境），就是道（Tao）。證悟無言之境，「道」就是一個證悟，就是體證，完全渾合為一。我們讀書，一步一步的上升到道，你上升到「道」的時候，那當然很高超。但是我們很難進到見「道」的層次。

六、詮釋的層級──第五層：「道」（總體的根源）

陸象山批評朱子說：「朱夫子泰山喬嶽」意思就是稱讚朱熹人格很高尚，學問很淵博。「惜不見道，所以枉自耽擱」 ⓫，這句話是可惜朱夫子他沒有「見道」。依照陸象山所體會的朱熹，朱熹大概到「圖象」這一層。（我想應該也有到「意向」這一層。）但未達到「道」這個層次。陸象山是自己認為自己可以到達「道」的層次，

⓫ 《宋元學案》（足本宋元學案下，頁 924，廣文書局，1979 年 4 月再版）卷58〈象山學案〉：「一夕步月喟然而歎。包敏道侍問曰：『先生何歎？』曰：『朱元晦泰山喬嶽，可惜學不見道，枉費精神，遂自耽閣，奈何？』包曰：『……。』。」

所以他提「六經皆我註腳」，就是「我註六經，六經註我」**⑫**。「我註六經」的層次是由下（語句、結構）往上（意象、道）。「六經註我」當然是由上（道、意向）往下（圖象、結構、語句）的層次。這個「我」已經不是一般經驗性的我，而是達到一個絕對的、至高無上的一個「道」（道體），這時候「道」和「六經」自然合而為一，六經皆是道之顯現也。所以「六經註我」這個註，是做為道的「註腳」。「我註六經」，就這個道「貫注」到六經裡面。這兩個，意思不太一樣。就以心學來講的話，「吾心即宇宙，宇宙即吾心」**⑬**、「我註六經，六經註我」，就到這個「道」的層次，就是我們講的「見道」。

到底陸象山有沒有見道，就理上講是有。但是實際的修為和實踐上是否到達「道」，就不知道了。不一定有，但是在學理上，他們的東西是一定要到達「道、意向」這兩個層次的。到達「道、意向」這兩個層次的，這學問就從肺腑中流出，不假安排。還要有所安排，就代表學問還在語句、結構的這個層次。聽說，有一個人在演講，你把他的講綱撤走，把他的投影片通通拿走，他演講就別講了，他講不下去了，因為他靠那些東西演講，這很有意思。這個地方你們可以去想一想，像現在做學問常常只是資料的堆積。資料的

---

⑫　《象山全集》卷 34《語錄》：「或問先生何不著書？對曰：『我註六經，六經註我』。」

⑬　《象山全集》《雜說》22：「宇宙便是吾心，吾心即宇宙。東海有聖人出焉，此心同也，此理同也。西海有聖人出焉，此心同也，此理同也。南海北海有聖人出焉，此心同也，此理同也。千百世之上，至千百世之下，有聖人出焉，此心此理，亦莫不同也。」

堆積就是在「語句、結構」裡尋方法，就只達到「語句、構造」這個層次。這幾個層次仔細去想一想，看自己可以要求自己到達哪一個層次。

「道」、「意向」、「圖象」、「結構」、「語句」這就是所謂的「道」、「意」、「象」、「構」、「言」這五個層次。那麼，你怎麼樣讓自己能夠往上提昇呢？要能夠穿過語句的遮蔽，進入結構性的把握；穿過結構的藩籬，進到一種圖象的相遇；穿過圖象本身的遮蔽（它也有另外的遮蔽），進到心靈意象的體會；再由這裡回到道的契悟，一層一層的向上。王陽明剛開始跟婁諒（一齋）學習「格物致知」的時候，基本上停留在語句、結構的層次上。這婁諒（一齋）是當時朱子學的重要大師之一，明代朱子學的大師之一。王陽明十八歲從南昌回浙江，經過廣信，他的夫人是江西人，當結婚之後他們路過九江，王陽明就向這個婁諒請教如何格物致知。婁諒教他宋儒格物之學，並告訴他說，聖人可以學而至，陽明覺得很有道理，請教之後，於是王陽明開始去格竹子之理。王陽明有一個朋友格竹子之理，結果格了一、兩天就病倒了。陽明努力的坐在竹子前面，開始思索竹子之理，格了七天也病倒了。那時候他講的「格物」是錯的，所以他就認為是不是自己沒有聖賢之份，於是後來就不做這個事了。當然，陽明學問後來又有好幾個轉折，我們今天不是要講陽明學。只是要講後來他做了一個很大的翻轉，就是到了貴州龍場驛，他悟道了。他悟道了，就使得他對於「格物」這兩個字，做了一個很大的翻轉的理解。

他說「格者，正也」。「正其不正，以歸於正也」，這格物釋

成正物，「格者，正也」❹。然後把物解成事，格物變成好好的把一件事情做好，這格物是致良知於事事物物上，你要如何把一件事情做好呢？就是把你的良知推擴到任何一件事物上，徹底的把它做好。這樣的話，知行不就合一了嗎？這裡說的這個「物」就是「事」，這個「事」是「意之所在」，「意之所在」即是「物」，所以「格物」就是「誠意」的功夫啊，這就連在一塊了。意是「心之所發」為意，這「誠意」就是「正心」啊，所以「誠意、正心，格物、致知」，心意知物；「格物、致知、誠意、正心」通而為一，心意知物，這就通起來了。陽明有名的四句教「無善無惡心之體，有善有惡意之動，知善知惡是良知，為善去惡是格物」❺這連在一塊兒講，這是他所謂的心學。心學就是這整個徹底通貫起來

❹　出自《傳習錄》卷上 71：「問格物。先生曰：『格者，正也。正其不正以歸於正也。』」

❺　「人身的主宰便是心（「身之主宰便是心」），此心是純粹至善的道德本心，當其未發時實祇歸本於寂，固無善惡相，亦無善惡念，但就其為天理發動明覺之可能則是至善。要以言之，心之體是至善的，當其未發歸本於寂則是無善無惡。意則是心之所發（「心之所發便是意」），意念是心所發動而出的，意念既發必有所在，其所在便是物（「意之所在便是物」），既為「物」便有所執，有所執而成相，既成相則有善有惡，故云「有善有惡之動」。意念之動而執於物，這是意之所在；但意念復有其根本，依陽明言「心之本體便是知」，即「意念」當以「良知」為本體。依陽明看來，所謂的「良知」祇是「一個真誠惻怛」，即此「真誠惻怛便是他本體」，可見「良知」是必然要發用的（其不發用則是昏蔽），既發用則以此真誠惻怛必知善知惡。即此「知」便是「行」，所以「知善知惡」必會「為善去惡」，為善去惡正是革除意念之執而復正其理，而此即是「格物」（「意之所在是物」，故「格物」者，格意之所在也。）（《傳習錄》〈導讀〉頁 26-27，導讀者：林安梧。金楓出版社，1999 年 4 月革新一版）

（物＝知＝意＝心）。這個跟朱子學整個理解不同，朱子理解格物致知是另外一套理解方式。

七、學問之道：需先穿透語言、文字的遮蔽，上通於道，再由道而開顯

我們講了半天發現，原來對語句的解釋，會有那麼大的差別，到最後牽涉到對「道的理解」，「道的體悟」。所以不可能有一種人文學的解釋，叫惟一的、客觀的。除非說這個解釋是非常外在性的，那就一定不會錯。因為他不是內在義理的闡發，是外在的一種共同約定，大家看的很清楚。譬如說林安梧是誰？「林安梧」就是一個姓「林」，名字叫「安梧」的人。那就對了，這個話不會再有第二個解釋，這個話不會有質疑。但如果是屬於內在的詮釋，那就會有各種不同的解釋。人文學的有趣就在這裡，他沒有標準答案。所以國文老師不能夠要求學生，背解釋的時候要有標準答案。解釋只有範圍，沒有定點。你要記得它只有範圍，沒有定點，你越出他的範圍是不行，是錯的，只有範圍，沒有定點。解釋像變形蟲一樣。他可以扭來扭去的，但是他不可能亂扭，亂扭到毫無章法。

（請配合下圖來理解）

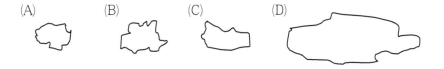

就在一個範圍裡面，今天這語意範圍是這樣(A)，明天這語意範圍可

能變這樣⒝，後天這語意範圍可能又變這樣⒞，但是它有沒有範圍呢？他不可能今天這範圍是這樣⒜，後天這語意範圍突然擴大成⒟，至於說他們擴張多少，不知道，沒有辦法能夠限制他擴張多少，但是它不是沒有限制。沒有限定，但是可有限制；他沒有限定，但是有限制，懂嗎？這是一個很麻煩的問題，所以語意的問題是很麻煩的，意義的解釋問題是非常麻煩的。

　　「哥倫布發現了新大陸」，這個話本身有問題。以前大家沒發現這個話有問題。「發現新大陸」這完全是白人中心主義的思考，那裡老早就有人類了，人家已經老早就居住在那裡，比哥倫布不知道要早多久耶，早幾千年，幾萬年啊！哥倫布是發現了你們白種人不了解的新大陸，他們是世居於那裡而理解那裡啊，是不是？發現了新大陸，那我們「中國的哲學」、「中國的義理」、「中國的思想」需要新發現嗎？這也要想一想。有很多人就像哥倫布發現新大陸一樣：喔，發現了孟子有海德格爾（Martin Heidegger）有康德（Immaneul Kant）的思想，胡扯！孟子他裡面老早就有很多東西，我們是內在的理解他，不是我通過西方的思想來理解啊，這是完全錯誤的一種想法啊！到最後就是我們像礦物一樣，要被開礦。我們是死的，他來開礦，在以前不就是用科學的方法來開我們文化的礦嗎，以前陳立夫他們的想法就是這樣啊，用科學的方法來開礦，這是他本來就是學礦冶的，開礦，這還好，更嚴重的那叫什麼，我用一個比較辣的說法就是：妓女、恩客情結。你把自己當成什麼，這太荒謬了。什麼運用西方的新方法，才能夠了解中國的舊學問，這思考我是百分之百不能接受，哪有那回事兒？

　　魯實先先生有讀過西方的新方法嗎，魯實先先生做的學問不是

學問啊,他做的學問比現在很多新方法的人做的學問還要偉大。所以,我現在跟你們講了半天是告訴你們,有一個很重要的地方,我好像用了很多西方的新方法,但我的想法絕對不是,不是用西方的新方法去開中國的礦,不是這個想法。它其實是一種**互動**,一種**交談**,它是多元的,它有各種可能,是這樣的。方法也沒有一定嘛,這以前我們最先講方法的時候,「法無定法,道有其道」。所以怎麼樣的一步一步上升於道呢?做學問不能夠繁瑣,就好像,你做一個醫生去診斷一個病人,其實只要看到一兩個病兆,說不定就已經能夠斷定是什麼病了,那也就夠了,我從來就不贊成「上窮碧落下黃泉」,要找盡所有的資料才能作學問,如果那樣的話,你學問就不要做了,因為你找不完。你是感冒的病症,一看就知道,馬上就下藥了。還要把所有你的身體都檢查完了,檢查完了,再來治病,那你就死了,是不是?所以現在做學問不是有人做的非常的繁瑣嗎?作《孟子》研究,你把《孟子》讀熟嘛!你了解嗎?你不要把一大堆說三道四的,有關於孟子的,通通都收齊了,要是你《孟子》的原文反而沒讀,那你做這個研究有意義嗎?我覺得沒意義。現在常常是捨本逐末,所以文本的閱讀很重要。譬如說有關朱子的格物致知,那最重要的一段文獻在哪裡?就是《四書章句集註》裡頭,那《大學章句》有一個〈格物補傳〉,這是朱熹為《大學》所補的一個解釋,就是關於格物的解釋,因為朱熹把《大學》分成經一章、傳十章,那有關格物他發現這怎麼沒解釋(其實不是沒解釋,而是經過他那一分析以後變成沒解釋),所以朱子的《大學》的版本,跟王陽明的《大學》的版本就不同,朱子《大學》的版本就做那個分別,做經一章、傳十章的這樣的分析,跟陽明用《大學》古本不

同。所以你可以發現到，原來解釋有這麼大的一個學問。

　　你站在不同的立足點，你所看的就不一樣，我現在站在這裡，我如果畫一幅圖，或照一個相，跟我站在另一邊照，這雖不同，它還是相通的，也就是這一群人，雖異而實通。解釋的多元，是講到他的差異，而這個差異他之所以可能，這就叫做通，殊途而同歸，這個部分在我們華人的文化傳統裡面其實是非常好的，我們是強調存異求同，尊重多元。我們這個族群、這個文化尊重多元的態度遠過於其他幾個族群，這很獨特的。雖然我們被誤認為我們是非常單元的思考，那為什麼呢？因為民國初年以來，很多思考是很單元化的。你戴著黑色的墨鏡看這個世界，舉世皆墨。中國人戴著黑色的墨鏡去看中國文化傳統，中國文化傳統真的是漆黑一團；戴著吃人的墨鏡，所以看到都是吃人。那為什麼他戴著吃人呢？因為他所處的那個年代所累積下來的趨向非常的強，所以使得你這樣看那個問題。所以這個地方，我們發現到一個很重要的問題就是，這個 intention，你這個心靈意義的指向，會決定你對圖象的選擇，會決定你對結構的把握，決定你對整個語句記憶本身，你怎麼樣展開整個解釋系統，這個非常重要，這是一個詮釋的意象，我往那邊詮釋，往這邊詮釋，完全不同。開個玩笑，這我們大部分遇過，有些學生上課，手拿著一個本子遮在前頭「睡覺」這個老師很生氣說：「你怎麼可以矇騙我，把書放前面，偷偷的睡著了。」；另外一個說：「這個學生實在夠認真，連睡著了，都捨不得把書放下。」這整個解釋不同，那心靈的意向完全不同，這裡你看多重要，這是解釋的一個可左、可右、可上、可下的情形。

八、「詮釋」是站在某個「視點」展開的理解活動，再給出一套語言文字符號的建構

我一向不喜歡神神怪怪的東西！我的原則接近孔老夫子所講的「敬鬼神而遠之」❶。孔老夫子有沒有鬼神的觀念？有啊！要不然他怎麼會講：「敬鬼神而遠之」。「敬鬼神而遠之」充分體現從以前巫祝傳統轉成道德理性的傳統，這是一種轉化。這可以與我們剛才所討論的銜接起來。所以說孔子沒有鬼神的觀念是錯的！「夫子之言性與天道，不可得而聞也」❷，這是子貢聽不懂，非孔老夫子不言性與天道。我們不能把《論語》講得太簡單，它其實是很深厚的。

孔老夫子刪詩書、訂禮樂、贊《周易》、修《春秋》。《易傳》不是孔老夫子所寫的，但他一定拿《易經》來當教材講過，然後一代傳一代，後出轉精，到後來你看《易繫辭傳》是那麼美的文字！它的文體當然不是孔老夫子那時代的文體，很顯然地是到戰國時候的文體。「天尊地卑，乾坤定矣；卑高以陳，貴賤位矣……」❸，排比得非常簡潔有力，又有韻味，非常好！我們不能太簡單化去看孔子，要對道理有所理解。像《莊子》這部書，它當然是整個莊學累積而成，莊子及其後學累積而成。但是很可能莊子那個年代

---

❶ 出自《論語・雍也篇》：「樊遲問知。子曰：『務民之義，敬鬼神而遠之，可謂知矣。』問仁。曰：『仁者先難而後獲，可謂仁矣。』」

❷ 出自《論語・公冶長篇》：「子貢曰：『夫子之文章，可得而聞也。夫子之言性與天道，不可得而聞也。』」

❸ 出自《易經》〈繫辭上傳〉第一章。

已開始有私人著述了，所以《莊子》主要的部份是莊子自己寫的。《孟子》還不是，《孟子》還是學生的記錄。而到底《莊子》〈內篇〉、〈外篇〉、〈雜篇〉分法一定那麼整齊嗎？這很難說。這背後有一套判教的觀念，有一套分判的觀念。任何一個理解跟詮釋，它都有一個立足點；這也就是當我們去理解任何一個存在的事物的時候，都有它的「視點」（perspectives）。所以「詮釋」是站在某個「視點」展開的理解活動，由這個理解活動再給出一套語言文字符號的建構。

九、學問須見「道」：因而通之，皆可以造乎君子之道

除此之外，我們要問有沒有一個超乎「視點」之上的東西？有的。那東西就是我們所講的「道」。「道」進到「視點」的時候，就是我們剛剛所談的「意」，有不同的「視點」，就生出不同的「圖象」；不同的「圖象」落下來，就是不同的「結構」，然後用「語句」把它凸顯出來。我們讀的時候則逆著回去：

得意忘言
|
以意逆志
|
志通於道

「得意忘言」，然後再「以意逆志」，這個意者，是意義；志，即意念、意向（intention），這個意義相當整個結構性的把握。最後，

再「志通於道」。所以用以前的老話來說，即「得意忘言」—「以意逆志」—「志通於道」；任何一個理解的活動皆如此。學問當然要見道，學問若不見道，那還叫學問嗎？那樣的學問就屬於我們所說的「象—構—言」這三個層次，甚至是「構—言」的層次，僅是堆積了一堆資料。很多學問其實做得很小，你不要以為它做得很大，它其實是不必那麼做。這就是我們剛剛所講的：你病兆看兩個就已經知道病症為何；你要累積了兩百個病兆，然後才得出一個病症，那未免太費事了！學思想比較可以這樣，學歷史就很麻煩了，考據要一堆東西。我有一些朋友在中央研究院的歷史語言研究所，做「中國思想史」的工作。以我看步驟太繁複，得出的結論太簡單。因為他們的重點不在思想的詮釋，重點乃在於一個事件以及文獻的釐清及判斷。

這是學問性格的不同：史學的性格注重結構、語句，哲學的性格注重圖象、意向、道。所以史學做到一個地步的時候會不滿意的，就會往哲學走。這就是錢賓四先生❶，他不只是一個史學家，他其實也是一個思想家。司馬遷不只是史學家，他亦是一位思想家。「通古今之變，究天人之際，成一家之言。」❷你要「究天人之際」的時候，其實就是要回到「成一家之言」，再度建構。「通古今之變」那在「為學日益」這層次，它是一層一層的，從「學」到「道」，從「道」再成之為「學」。「成一家之言」是把你所體

---

❶　錢穆（1895-1990），字賓四，江蘇無錫人。著述很多，有《先秦諸子考辨》、《國史大綱》、《中國文化史導論》等書。其治經研史，潛心於學術文化，拓展了新儒學的疆域，在文化思想上卓然有成。

❷　出自司馬遷〈報任安書〉。

會的，以一個一大套的語言文字符號系統，把它表達出來；但是你要「究天人之際」後，才能「成一家之言」。如何「究天人之際」呢？那你要「通古今之變」，通過歷史的流變而去體會天人關係，證得那個道，使得道為之開顯之後，你才因其道而「成一家之言」。整個過程是這樣，這個部份從這樣的角度可以去理解。所以如果連著王夫之在《莊子通》、《莊子解》二書，他講：「因而通之，皆可以造乎君子之道。」❹因者，隨順其脈絡也。隨順其語句之脈絡而通徹之，都可以到達那「君子之道」。其實，「君子之道」的「君子」是多了，「造乎其道」就好了。「造乎君子之道」顯然地有一個轉化，從莊子轉到儒家，因為王夫之是站在儒家的立場。所以我們的「學習」就是要理解、觀看、體會各方面種種的能力。

十、由「技」進乎「道」──學問不能停留在 「語句、結構」層次，要到達「道」的層次

我有一個朋友在雕刻藝術方面，非常有成就。他跟著楊英風學習。這個朋友原做大理石雕刻，但他不能滿足，他想做藝術家。於是他把工廠賣掉，拜楊英風為師。楊老先生起先只要他做整理環境的工作，種草、鋤草……，做了三個月，不教他什麼。之後朋友對我說，他起先很納悶，但還是耐住性子。三個月後，楊老先生問

---

❹ 出自王夫之《莊子通》敘：「然而予固非莊生之徒，有所不可，『兩行』，不容不出乎此，因而通之，可以與心理不背……凡莊生之說，皆可因以通君子之道。」（河洛版，頁 47）

他：「你是否發現到植物的生長有其生長的道理呀？」這就是很重要的東西呀！這東西就是上升到「道」的層次。《莊子·養生主》裡的「庖丁解牛」，「由技進乎道矣」㉒，何等動人的文章！描述解牛的過程……最後那頭牛就豁然而解了。讀那段時，第一件事情就是「我這一生能如那條牛這樣也可以了！」我剛講的那位朋友，雕刻技術已好得不得了了，但仍然不免匠氣。會有匠氣跟沒有匠氣，最重要的就是你有否體會到那「創造性」；把創造性顯露出來，匠氣就不見了。所以我這個朋友跟我講這一段，他是很高興的！他終於體會到，學了那三個月是很重要的進境。

三個月未學雕刻，僅做整理打掃的工作，在現在正規的教育裡，那老師早就被 fire 掉了！正規的教育裡學的是「技」。你們寫碩士、博士論文，學得了一套高度的語言文字管理技術，而不見得懂它。我這感觸很深！有一年我在中央大學哲學所開一門課，為「當代儒家與佛教論爭」。有一個學生大學對哲學從來不理解，只是在很短的時間背了很多東西而考進來。然後我們要輪流報告，輪到他報告時，他報告得有條不紊，然後他講完了說：「老師，對不起！你們不要再問我問題，因我真的不懂！」那一次給我很大的震撼！因為他真的是語言文字管理的高手，但是他真的不懂，他對語言文字背後的道理是什麼並未深入。這樣的情形很多呀！所以要入於其中啊！要入到那裡面，不能只是在技術上轉。如學寫書法，現在在民間有一種科學的辦法，那個教書法的人說：「我在很短的時

㉒　出自《莊子·養生主》：「庖丁釋刀對曰：『臣之所好者道也，進乎技矣。』」

間內，就能教你學到某個地步。」像我父親對書法有興趣，那個人教他們寫隸書，三天就寫得有模有樣，但是我告訴你，它就只會停留在那裡，它是技術。要寫一篇好文章，寫到「語句、結構」的層次不難；但真正要進到「意向、道」的層次就難了。因此學問不能只停留在「語句、結構」層次，要到達「意向、道」的層次，「學」一定要至於「道」。須知「因而通之，皆可以造乎君子之道」。

十一、因道而開顯──王夫之「造乎其道」的詮釋學

王夫之另又提：「展轉以繹之。」❷王夫之可能是整個中國歷史上，對於整個學問的理解之廣度及深度，恐怕為第一人！他的東西難讀，非常地深。你看他的用字，很精確，又很艱深，所以會讓很多人讀不懂。他對於各個經典的詮釋，我講給你聽：

《尚書「引義」》；

《老子「衍」》；

《莊子「通」》；

《莊子「解」》；

《四書「訓義」》；

《讀四書大全「說」》；

---

❷　出自王夫之《尚書引義》卷 4〈泰誓中〉：「善讀書者，繹其言而展轉反側以繹之，道乃盡，古人之辭乃以無疵。……展轉以繹之，道存乎其間矣。」（河洛版，頁 79）

《讀宋「論」》；

《讀通鑑「論」》；

《周易「內傳」》；

《周易「外傳」》；

《周易大象「解」》；

《相宗「絡索」》；

《詩「廣傳」》；

《楚辭「通釋」》；

《春秋「家說」》。

王夫之對中國經典上的解釋，他可以說是解釋學大師。他用語如「引義」、「衍」、「通」、「解」……，各有各不同的指向，這是大學問。這是我當時做碩士論文時就想到的，想要去做一篇「王夫之的解釋學」，從他各個書名裡頭去做；我認為這文章很難寫，因為要全部看懂、讀懂。他的用字他都思考過。有一個錯誤的理解說：中國的文字是含糊的，不清楚的；西方的語言文字才是清楚的。這想法是錯誤的！王夫之在《老子衍》裡面，他說：「蓋入其壘，襲其輜，暴其恃，見其瑕。見其瑕而後道可使復也。」❷❹他講怎樣吸收整個的《老子》的精華：進入到它的堡壘裡面，把它的裝備通通吸取了，把它所依恃的東西暴露出來，把它的缺點顯現出來。《老子衍》是非常好、非常深的一部書，他三十七歲時就已寫出來，七十歲時重新再改寫，結果那部書沒有留下來，被火燒掉了。王夫之他當時非常窮，窮到沒有紙寫作，就去買舊帳本拆開

---

❷❹　出自王夫之《老子衍》自序。

來、反摺過來寫，邊教學生然後邊著書，之後就把書交給學生，學生就拿去抄。他自己有的有存，有的沒存，但也因為這樣，後來曾國藩兄弟重新蒐羅起來，要不然那次大火全部都完了。那次大火前，《老子衍》改本還沒交給學生，所以就被燒了。❷因此世間事，什麼會留下來，什麼會不留下來，此天命也。

十二、結語：跨過「語句」的層次，而直接到達「道」的層次

我們今天就講到這裡，這個部份下一回還要做一些補充。接下來的「『言』與『默』：從『可說』到『不可說』」、「『建構』、『瓦解』與『開顯』」其實都是相關連的。現在想一想有沒有什麼具體的問題可以提出來？譬如說：到「道」那個層次是一種實存的生命的相遇，與語言的建構有什麼不同？這是一個很重要的問題。它應該怎麼辦？這可以由很多例子上去討論。為什麼六祖慧能不識得文字，他怎麼能去理解佛理呢？這如何可能呢？這要解釋。這東西就是人們是否可以跨過「語句」的層次，而直接到「道」的層次？這要檢討是否可以。如果可以，在什麼條件下可以？如果不可以，為什麼不可以？我認為是不可以的！但是看起來好像有可能，其實不是，它是另外一個方式。（2000 年七月三十一日講授，鄭芳郁同學及劉韻蘋同學紀錄。）

---

❷ 王夫之（1619-1692），批判老莊的言論很多，《老子衍》和《莊子通》是這方面的兩部專書。《老子衍》寫成於 1655 年，1672 年王夫之重訂《老子衍》。翌年為唐端笏攜去，毀於火。現在的本子是其子敔所藏《老子衍》舊本。

第七章　「言」與「默」：從「可說」到「不可說」

本章提要：

　　本文旨在闡明由「可說」到「不可說」的迴歸與由「不可說」到「可說」的開顯過程，「言」與「默」連續為一不可分的整體。這正是由「存有的根源」而「存有的開顯」，進而為「存有的執定」這存有的三態之開展與回歸的歷程。

　　作者一方面指出「有、動、言、可說」是一權利的、利益的話語之域，而「無、靜、默、不可說」則是一生命、實存的覺知之境。更而作者將此與老子所說的「有、無」合觀，與「道生一，一生二，二生三，三生萬物」及佛教唯識哲學之「境識俱泯，境識俱起，以識執境」合觀，而結穴於存有三態論系統之中。作者有意的跨過意識哲學的限制，而開啓了接近於解釋學的途徑。

關鍵字詞：存有三態、道、一、境識、根源、開顯、執定

本章目錄：

默、不可說」生命的、實存的覺知之境

三、道：「境識俱泯」即存有的根源，就是意識前的「不可說」之境

四、象：「境識俱顯」即存有的彰顯，就是純粹意識活動的「可說」之境

五、形：「以識執境」即存有的執定，就是「名以定形」，意識所及的「說」之境

六、物：即「物論勃興」，說出一切存在事物的境地

七、從「言」到「默」，從「可說」到「不可說」是意味的體會

八、穿透表達的藩籬，體會表達之上的實象

九、名實論爭：正名以求實（儒家）、無名以就實（道家）、循名以責實（法家）、辯名以爭實（名家）

十、以人文通識的涵養，屏除科學主義的弊端，回到真存實感的覺知

十一、境界形態的保存——安時處順，哀樂不入

一、前言：「默」——渾然忘我的無形之境

同學們有沒有發覺教師的活動有點像乩童的活動？其實最古老的乩童，最具有神聖性者就是聖王。巫覡和政治的統治者、教化者是同一的。

我們再繼續思考「言」「默」❶之境，那個默，那最先的無（沒有），就如老子書所說的無，什麼是「無」？「舞」「無」這二個字原先是同一字源，請神祈福的儀式，有音樂、舞蹈、飲酒……等等總的活動，到最後進入一個渾然忘我的無我之境。

你們在鄉下廟會，有沒有看過乩童「起乩」的樣子？那一定要看。研究中國思想，如果沒看過，怎麼研究？你要去感受一下。

為什麼「擊鼓而進，鳴金收兵」，你知道嗎？有沒有考慮過？為什麼不是「鳴鼓收兵」，而是「鳴金收兵」呢？因鼓和鐘給人的感覺不同。乩童要起乩時，要敲鼓，那感覺是非常有意思的。整個胸腹部都振動著。鼓的共鳴從腹部以上到胸腔，這地方用柏拉圖的分法：頭部以上是理智；胸腹部是情感；下半部是欲望。所以整個人完全以「情感」的方式進入到那個境域裡，那時候很容易會渾然忘我。

人類最古老的宗教儀式，有借助於酒或某些藥物，它其實是讓你從現實的我，進入到一個渾然忘我的境界。這樣一個無我之境，

---

❶　「言」「默」問題屬於語言哲學範圍。道家認為可以言說的道，就不是常道，所以主張「行不言之教」而重「默」。儒家雖也深知「默」的重要，但亦兼重「言」，而主張言欲求其「當」，適於「時」，所謂「時然後言，人不厭其言」。

渾然為一，這時候已不再是一個分別的表達系統裡面，而回到一個無分別的渾合為一的境域，那樣的實況。這部分起先他是一個出了自我的一個分別，進到一個無我的境況，渾然忘我，那時無所謂靜默不靜默，它其實是超乎一般話語系統之上的，我們後來用「默」這個字眼，或者用「無言」「不可說」。那是一個怎樣的狀態呢？在整個人類文明的發展過程裡面，去追溯人們認知這個世界的起源，人們理解這個世界的起源，再把原先這一大套的原始宗教信仰及實際的活動，經由一種「理性的傳譯」過程，把原先那種渾然忘我、出神的狀態，轉成「無」，轉成「靜」，轉成「默」，轉成「不可說」，用這個字眼，相對於這個無是「有」，相對於靜是「動」，相對於默是「言」，相對於不可說是「可說」。

二、「有、動、言、可說」權利的、利益的話語之域；「無、靜、默、不可說」生命的、實存的覺知之境

這個「有、動、言、可說」，其實可用另外的話來替代它，就是「一切話語系統的表述」，而「無、靜、默、不可說」，是「超乎話語系統的表述」，或者說是話語系統表述前的那樣一個超話語。這個超話語是不可說的，它成為一切話語系統之所以可能的動源。

或者我們把這個不可說的超話語，用另外一種說法，就是「生命的、實存的覺知之境」。相對於生命的、實存的覺知之境的另一邊，我們可理解成「話語系統所主導的境域」，其實這個境域含著一個很重要的東西，就是權力和利益。所以你可以把它轉成「權力

系統所主導的話語境域」，相對於「生命的、實存的覺知之境」，你如果要把它對比起來，可說成「權力的、利益的話語之域」。

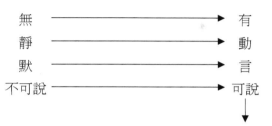

三、道：「境識俱泯」即存有的根源，就是意識前的「不可說」之境

我們可發現到：一切話語系統所主導的境域，它免不了權力的、利益的、實用的話語之域，但必須以生命的、實存的、覺知之境作為本源，這就是我們這章要說的：從「可說」到「不可說」。從生命的、實存的覺知境域，必然要涉及到權力的、利益的、實用的話語境域，人一定要涉及這一面，沒辦法的。這裡頭有很多很多的活動要展開，很多很多的事需要做，那麼我們現在要了解「生命的、實存的、覺知之境」到底是怎樣的狀況呢？我們就用唯識學的概念來說，它是一個「境識俱泯」的境域，也就是「存有的根源」，一切要回到這兒，就是「默」，就是「寂然不動」，也就是在「意識前的境域」，意識之前即是「主客交融不二的境域」，主

客交融不二就是境識俱泯。

「境」就是對象，佛教的用語用「境」，是客體；「識」就是意識，也就是主體。「境識俱泯」指的就是意識對象渾合為一，主客渾合為一，這完全渾合為一的狀態，就是生命的、原初的實存狀態，也就是存有的根源狀態。這時候我們說它是「道」，道不可說，姑且說是「不可名而強字之曰道」❷。

這個「名」，王弼說：「名以定形，字以稱可」。名和字的不同，「名」是一個名言概念的主體的對象化活動，使得對象成為決定了的定象，就是「名以定形」；而「字」呢？字以稱可。可者，大家共同約定的。所以「字」意思是大家共同約定這麼稱呼它。因此名字，中國人有名、有字，名是訂在譜系上的，字是在社會上通行的，那就是字以稱可。類似這樣。

所以「道」不可「名」，「名」是一個主體的對象化活動，是指涉對象。「道」不是一個對象，用來被指涉，「道」是使得這個東西叫做這個東西之所以可能的根據。所以它是不可名的，勉強大家共同約定，把它稱之為「道」。道我們去說它不可說，勉強說它，就用「道」這個字去說。

道可以引導出來走成一條路，有個道理，叫我們怎麼去做，但最先是不可說，就其不可說為道，這時候是一個主客渾合為一，對象和意識還沒分裂開來，渾融的、交織的、不可分的狀態，還沒用

---

❷ 《老子道德經》第二十五章：「有物混成，先天地生。寂兮寥兮，獨立不改，周行而不殆。可以為天下母。吾不知其名，（強）字之曰道，強為之名曰大。……人法地，地法天，天法道，道法自然。」

語言表達的狀態，仍是寂然不動的狀態，還在意識之前的境域，這樣一個 level（pre-conscious level），這層級不是意識所及的層級，而是在意識所及之前的境域。

譬如說：我看出它是一個杯子，當我看出它是一個杯子的時候，其實已經是「名以定形」地說它是個杯子。但是在這之前，我的心靈意識和外境存在的對象，渾歸於一，而不可分的狀態。我的心靈意識活動，我的主體和外在的客體是渾合為一的。那樣的狀態，就是意識之前的狀態，而進到所謂意識層級的狀態時，意識所及，其實是「名以定形」了。

四、象：「境識俱顯」即存有的彰顯，就是純粹意識活動的「可說」之境

當我們展開一切思維活動的時候，一定追溯到本源，追溯到意識之前的層級（pre-conscious level），如果沒有回溯到意識之前的境域，只落在意識所及，這是名言概念所構成的系統，會造成所謂的文字障、語言障。佛教常講這些問題，說這就是沒有辦法回到平常，它總在一個語言的架構裡面打轉，你也就沒有辦法回到本源。以前我們提過莊子和惠施的「魚樂之辯」❸，其實你就可以看出來，莊子最後做一個要求：請讓我們回溯到存有的本源，在那樣一

---

❸　《莊子·秋水》：莊子與惠子遊於濠梁之上。莊子曰：「儵魚出遊從容，是魚之樂也。」惠子曰：「子非魚，安知魚之樂？」莊子曰：「子非我，安知我不知魚之樂？」惠子曰：「我非子，固不知子矣；子固非魚也，子之不知魚之樂，全矣。」莊子曰：「請循其本。子曰：『汝安知魚樂』云者，既已知吾知之而問我，我知之濠上也。」

個存在實況裡面，用生命的、實存的覺知去體會，而不是用帶有權力的、利益的話語系統去主導。因為那帶有權力的、利益的話語系統去主導，已經產生了一種弔詭相，所以要破除它，就必須要進入到生命的、實存的覺知裡面。大家回想一下那一段：莊子和惠施在濠樑之上，看見魚在水裡游來游去，莊子說：「那魚好快樂！」惠施說：「你又不是魚，怎麼會知道魚快樂呢？」莊子說：「那魚好快樂！」當你說「魚好快樂」，其實已經是一個對象性的表達。但這對象性的表達一定要有一個本源，現在這本源在那裡呢？惠施所說的話是在質疑你的本源，你又不是魚，怎麼會知道魚快樂呢？對！我不是魚，我不知道魚快樂，但你也不是我（惠施你不是我莊周），你怎麼會知道我不知道魚快樂呢？那接下去，這個問法可以繼續再問，惠施可以說：「你不是我，你怎麼知道我不知道你不知道魚快樂呢？」莊子知道這個問題再攪下去沒完沒了，這時候只能「請復其本」，我們回到那個原初的本源狀態，是我們兩個人來到這兒，看到魚游來游去，我們有一種生命的、實存的覺知和體會，就這覺知體會的當下，我們知道魚是快樂的，這段話非常深刻。又像「莊周夢蝶」❹，通過這種方式掃掉，讓你真切正視到一種生命的實況。生命的實況為何？如果不回到這兒，你就沒有辦法真正了解道通為一，你就會落在詭譎相裡面，但是你要知道「恢詭譎怪，

---

❹ 《莊子・齊物論》：昔者莊周夢為胡蝶，栩栩然胡蝶也，自喻適志與！不知周也。俄然覺，則蘧蘧然周也。不知周之夢為胡蝶，胡蝶之夢為周與？周與胡蝶則必有分矣。此之謂「物化」。

・170・

道通為一」❺，要不然你就會攪和在心機裡面，每天跟人家爭鬥，所以莊子對這問題非常了解。

當我們談論到整個可說、不可說，「不可說」就是回到「道」；「不可說」就隱含著「可說」。所以從「境識俱泯」，也必然要境識俱顯；雖「境識俱顯但不分」，就是「存有的彰顯」；存有的彰顯，彰顯下來，這時候還不及言，叫做「不言而言」；就是「感而遂通」；這時候還沒有意識所及的境域，叫「純粹的意識活動」。

道之所顯為「象」❻，這是取自《易經》所說的「見乃謂之象」，下一個才是器，「形乃謂之器」。所以《易經》裡面所講的「見乃謂之象，形乃謂之器」❼非常高明。《老子》書中說：「道之為物，唯恍唯惚，惚兮恍兮，其中有象。恍兮惚兮，其中有物，其中有物。寂兮冥兮，其中有精。其精甚真，其中有信。」❽

這個「象」擺前頭，「執大象，天下往」❾，「大象」是什麼呢？是至大無外之象，總體普遍渾合為一之象，就是大象之道。至

---

❺ 《莊子・齊物論》：恢詭譎怪，道通為一，其分也，成也；其成也，毀也。凡物無成無毀，復通為一。

❻ 王夫之：《周易・外傳》卷 5：「道者，物之所眾著而共由者也。物之所著，惟其有可見之實也。物之所由，惟其有可循之恆也。既盈兩間而無不可見，盈兩間而無不可循，故盈兩間皆道也。可見者其象也，可循者其形也，出乎眾，入乎形，出乎形，入乎象」。

❼ 《易經・繫辭上傳》：「見乃謂之象，形乃謂之器」上句謂：顯現於天可以感知的稱為象，如日月雷電；成形於地可以觸摸的稱為器，如山澤動植。

❽ 此引語出自《老子道德經》第二十一章。

❾ 《老子道德經》第三十五章：「執大象，天下往；往而不害，安平大。」

大無外之象就是道，所以「道顯為象」，這個「象」還沒進入到
「形」以前的境域，其實很接近於道。但是它已經從道開顯出來，
「道曰大」，道之彰顯是無分別、無畛域、無界限的狀態；原來是
秘藏的狀態，從秘藏的狀態進到彰顯的狀態，同樣是無分別、無畛
域、無界限的。這「秘藏的狀態」就是所謂的「道充之而彌天
地」，這就「象」說，然後它捲之，不盈於握。像《淮南子》❿第
一篇就講這個：卷而懷之，不盈於握，但散之則充於六合。道就秘
藏而說，在一個無分別、無畛域、無界限、不可說、境識俱泯的存
有本源來講，它其實相當於無。「無」是不可說，無分別，秘藏的
狀態，但它不可停留在不可說、無分別狀態下的無，它必然要彰
顯、要可說。唯其可說，所以從「境識俱泯」進到「境識俱顯而不
分」；從「存有的根源」進到「存有的彰顯」，道的開顯；從
「默」進到「不言而言」「不言而喻」；從「寂然不動」進到「感
而遂通」❶；從「意識前的境域」進到「純粹意識的活動」，這是
第二層次。

五、形：「以識執境」即存有的執定，就是「名
##　　以定形」，意識所及的「說」之境

再進到第三層次，那就是「名以定形」的層次，「形器」這個
層次。形器這個層次其實就是我們言說概念，話語系統的出現。話

---

❿　　《淮南子·原道訓》：「舒之幎於六合，卷之不盈於一握。約而能張，幽而
　　　能明，弱而能強，柔而能剛。」

❶　　此二詞出自《易經·繫辭上傳》：「易無思也，無為也，寂然不動，感而遂
　　　通天下之故」。

語系統的層次出現，指的就是「境識俱顯而兩分」，如果兩分，用一句來說，就是「以識執境」。以你心靈意識的主體，對於外境的客體對象，有一個決定性的把握。為什麼會出現外在客體的對象呢？那是經由主體的對象化活動，才從境識俱顯不分的狀態分別出去，而作為你的意識主體所執著、所把握的對象，就是「以識執境」。這時候，我們可以用一個詞語去說它，就是「存有的執定」。所謂存有的執定，是經由心靈意識的執著對象化的活動，使得這樣的存有成為決定了的定象，所以是心靈意識的執著定象所成之存有，就是「存有的執定」。這時候，已經從不言而言，進到「言」的境地了。從寂然不動，感而遂通，進到「名以定形」；從意識之前的境域，到純粹意識的活動，進到「意識所及的境域」。

六、物：即「物論勃興」，說出一切存在事物的境地

　　這三層次，「境識俱泯」的層次是「一」，是「不可說」，但這「不可說」隱含著「可說」。所以從「不可說」到「可說」；從「可說」到「說」，「說」以後，一切的「物」就成立了，這就到了「物論勃興」這個層次。

　　從物到言，從言到不言，不言即默，落實的說，道生一、一生二**⓬**，二生三，三生萬物，「道」本身為一。所以「生」是「同有之謂生」，這是王夫之在《易傳》裡所做的解釋。「道生一」指的

⓬　《老子道德經》第四十二章：「道生一，一生二，二生三，三生萬物。萬物負陰而抱陽，萬物以為和。」

是道渾然為一的「境識俱泯」的狀態；「一生二」是從「不可說」進到「可說」的境地；「二生三」是從「可說」到「說」的境地；「三生萬物」是從「說」而「說出了對象」，說出了一切存在的事物，名以定形，進到形的境地，物論勃興的境地。

　　所以從：不可說、可說、說、到說出了對象，道生一、一生二、二生三、三生萬物，「天下萬物生於有」到形、物的層次；「有生於無」到象、道的層次。這是在中國有關於「道、象、形、物」或「道、象、言、物」的看法，這脈絡很清楚。

　　道　　　境識俱泯　存有的根源　　　默　　寂然不動　意識前的境域
（道生一）（不可說）

　　象　　　境識俱顯　存有的彰顯　不言而言　感而遂通　純粹意識的活動
（一生二）（而不分）　（可說）

　　形　　　以識執境　存有的執定　　　言　　名以定形　意識所及的境域
（器）　　　（說）
（二生三）

　　（物）　物論勃興　　　物
（三生萬物）（說出一切存在的事物）

七、從「言」到「默」，從「可說」到「不可說」是意味的體會

　　我們在談論方法、方法論的時候，就是要有這麼強烈的方法論意識，知道它是這樣展開的，從「默」到「言」，從「不可說」到

「可說」，我們了解這個狀態，就有辦法對於話語系統背後利益的、權力的因子，掛搭在上面的東西，把它瓦解開來，去識得先天造化前。宋明理學家不是花了很多工夫去問嗎？先天造化前是什麼？譬如佛家也問「父母生前是何面目？」這樣一個問法，你不能把它放在話語系統的序列中去追尋，因為那是永遠追尋不到的。這以前我們提過，你不能做類似像亞里斯多德第一因❸的追尋，因為第一因的追尋是追尋不到的。它不在話語系統的序列中，它跨出話語系統的序列，進到生命實存的體會。這一點，西方的哲學家也有所體會，像維根斯坦在他的《邏輯哲學論》裡面，最後一條很清楚地寫道「凡能說的要把它說清楚，而不可說的就保持靜默」，這意思是在說這個。能說的要把它說清楚，就是「名以定形」，在「形而下者謂之器」❹的層次；在「形而上者謂之道」的層次，是不可說的，所以要保持靜默。而所謂的保持靜默，並不是我們一般所想的保持靜默，而是要用另一個方式去說，就是莊子的「謬悠之說，荒唐之言，無端涯之辭」❺，或者是唐君毅先生所說的「啟發式的語言」。它不是「意義的把握」，而是「意味的體會」。意味先於意義❻，就像你沒有學過鋼琴，到國家音樂廳去聽音樂演奏，好好

---

❸　亞里斯多德的形上學第十二章稱神是永恆的實現性。從來的有神論者稱神為第一因（First Cause），與祂比較起來，宇宙內的原因是第二因（Second Cause）。

❹　《易經·繫辭上傳》：「形而上者謂之道，形而下者謂之器，化而裁之謂之變，推而行之謂之通，舉而錯之天下之民謂之事業」。

❺　此言出自《莊子·天下篇》第33章。

❻　「意義」是使事物成為可理解的，最重要的意義是表示事物的「為何」之目的意義。

去體會那個意味，你不會去把握那個意義，就害怕你還沒學會體會那個意味，就有人教導你去把握那個意義。那你就只能透過別人的話語系統去把握意義，你不懂用你生命實存的覺知去體會意味，我們不是常常這樣過活嗎？人已經很習慣通過一大套話語系統去把握意義，但那一大套話語系統是有權力的、利益的，各方面種種因子都滲透在裡面，而你卻不知道，你照著來。你已失去了生命的、實存的覺知那樣的方式去體會意味，這些我們人原先都會的。

誰規定學書法要那樣開始學起？不一定呀！誰規定學畫畫要那樣開始畫起？誰規定學跳舞要那樣開始跳起？現代新的舞蹈觀念已經慢慢變化了。怎樣讓你的身體動起來，活出來，那肢體是如何表達它自己？所以舞蹈不是默劇，把舞蹈變成默劇，其實是不高明的舞蹈。默劇可以跟舞蹈連在一起，但你如果必須透過默劇的劇情去理解舞蹈，那你就不理解舞蹈了。舞蹈本身是肢體的活動，肢體的語言，肢體的本身是「道」，從肢體語言所顯示出來的，就是從象體會那個道，不是默劇。像白蛇傳，如果我把故事編成舞劇，從劇去理解舞，那舞就不高招了。雲門舞集以前還是這個層次，現在顯然已經有了些突破。

像你要學生背解釋是錯的，理論基礎在這裡。解釋是讓學生通過語言文字，穿透它，把那語言文字瓦解了，進到意義之源，體會其意味，之後，再用他的話，把他所體會到的意味表達出來，所以並不是你用另外一套話語系統去取代原先那個話語，這很重要。所以如果要他們背解釋，就違背了解釋的道理，變成「悖解釋」。所以想一想：我們的語文教育有沒有搞錯？

八、穿透表達的藩籬，體會表達之上的實象

　　見山是山，見水是水；十年後，見山不是山，見水不是水；又十年後，見山還是山，見水還是水。從這架構上來看，最早的「見山是山，見水是水」是在這層次「以識執境」，那就是把你所執著的，對象化的山跟水，這就是當成山跟水的「實象」。因為我們一般所看的山跟水，其實是「表象」；「表象」乃象之表也；把表象當成那象，是象之表。我們用語言文字把象表達出來，而不是那個「實象」。實象為實象，道之所顯為象，道為實，其所顯之象為實象；而就此實象，你要語言去說「它」，說出來只是表象。你能穿透語言之所表，就能進到象之真實；這時候就無所謂表象和實象的區別了，就通而為一了。這時候就是從原來見山是山、見水是水到最後回歸見山是山、見水是水。這與第二階的見山不是山、見水不是水，那就很清楚的作一對比。實象和你所見到的表象不同，你見到的表象你以為是山，可是你所說的表象是山，並不是真實的山；你所說的表象的水，並不是真實的水，而真實的山和水是有別於你所表達的山和水。所以要穿透你所表達的藩籬，進到一個超乎這所表達之上的原出的那實況，才算「實象」。你一旦突破了以後，這「表象」，你能夠得意忘言❶，得魚忘筌❶，這時候就是從這裏往

---

❶　王弼：「得象忘言，得意忘象。」發揮莊子立場，語言接近要表達的意思，肯定語言的功能也承認語言的局限性。直接得自於《周易・繫辭傳》「書不盡言，言不盡意」取自韋政通《中國思想史》，頁633。

❶　《莊子・外物》：「筌者所以在魚，得魚而忘筌；蹄者所以在兔，得兔而忘蹄；言者所以在意，得意而忘言，吾安得夫忘言之人而與之言哉！」看完寓言故事之後，放掉故事（故事只是一方法、過程、手段而已）。

上升，就如此了。

九、名實論爭：正名以求實（儒家）、無名以就實（道家）、循名以責實（法家）、辯名以爭實（名家）

各位想一想，譬如說，先秦最常碰到的「名實之論」（參見表一）。名實之論最常落在這層次。「正名以求實」，像「君君、臣臣、父父、子子」孔子的正名思想，這「君不君、臣不臣、父不父、子不子」這君臣父子背後有沒有一個更高超、超乎君臣父子分寸之上的那個東西，那人和人之間存在的道德真實感。「怵惕惻隱之仁」❿即是道，是程明道所說❷「學者須先識仁，仁者與天地萬物為一體也」，讀書人應該體會的那個仁，它的意思是什麼？仁是天地萬物為一體，天地萬物為一體就是道，通於道，所以正名思想；如果沒有上通於道，那麼正名思想也就變成一種權力的牽制、利益的控制，這是很有可能的呀！

---

❿ 依《孟子・告子上》書中所言：「惻隱之心，人皆有之；羞惡之心，人皆有之；恭敬之心人皆有之是非之心人皆有之。惻隱之，仁也；羞惡之心，義；恭敬之心，禮也；是非之心，智也。仁義、禮、智，非由外鑠我也，我固有之也。」

❷ 《漢籍和刻本二程全書・卷二（五）》，頁36：「學者需先識仁，渾然與物同體，義禮智信，皆仁也，識得此理，以誠敬存之而已。」

樣子，所以這問題也很多。

其實，人們在這世界通過自然科學所理解的世界是非常有限的，非常非常有限，而且那有限又充滿著不一定是正當的，你怎麼可以這樣對待萬物呢？這不知道。只因你人的侵略性而已，只因你人的好奇而已，這很麻煩的。所以怎樣對待事物，還須充滿了虔敬之情。我很好奇想知道，但我具有虔誠的心，這會不會發生衝突——宗教與科學的衝突？所以宗教的層次是從這裏去劃分的。宗教一旦形成一大套表達系統，又落到這層次來。所以人世間的麻煩就是，只要達成一套話語系統就往下而趨，一往下而趨就出麻煩。

那中世紀，怎會有贖罪券的發行，不是荒謬到極點嗎？贖罪券的發行，你只要來買個贖罪券，你那個罪就會被贖，不是荒謬到極點嗎？嗯大家就相信了。就好像大家現在講的頭被他摸一摸，你就變得很有智慧，「灌頂」要是變成這樣，這不是很荒謬嗎？《老子》❸⓿講：「道生之，德蓄之，物形之，勢成之」一旦形成物之後，接下去就是勢，就是權力的問題出現，這問題真的很麻煩。

所以當我們從不可說到可說，這樣的一個連貫性的時候，其實是要我們去回想，去以那真存的實感的覺知優先性，要有這樣時時刻刻的優先性，你才能不被整個話語系統、被那權力、利益以及其它種種東西包天蓋地籠罩所束縛著。譬如說現在「女性主義的反省」，女性主義的反省其實是在反省什麼？就是我們對「以識執

---

❸⓿　《老子道德經》：「道生之，德畜之，物形之，勢成之。是以萬物莫不尊道而貴德。道之尊，德之貴，夫莫之命而常自然。故生之，德畜之，長之育之；亭之毒之；養之覆之。生而不有，為而不恃，長而不宰。是謂玄德。」
（五十一章）

境」通通站在父權男性中心，基本上是這樣的。所以我們要回到它更原出的境域裡去思考，而不能夠只隨順原來父權男性中心的權力及利益思考；也就是說，也並不是要對反於男性父權為中心的思考，他是要超過，如果你是對反著，你還受制於他，你只是換一端而已，還是在兩端來回擺盪的思考。

女性主義的思考，值得重視的是她改變人們對這世界的總的認知。因為原來認識的活動，不一定是主體對客體的把握，而是主客交融於優先，原來男性和女性的關係，並不是一個被定了性的那個權利義務關係，而得變化。不得了，這一變，這世界全程轉變，你能不能接受？你知道未來要變化，但我們現在就在這裡面，就出現很多不均衡的狀態；這「典範的轉移」，原來以男性為中心的典範，現在轉換成以一個不能夠再以男性為中心的典範。那這第一不能接受的是「男人」，一樣女人也不能接受。那我們現在以地球為中心是當然的嗎？不是，以太陽為中心才是當然的。可是以前是以地球為中心是很當然的。教會系統他接受以前並不是完全科學的知識，是以地球為中心的，然後通過原來教會以地球為中心說的科學系統，造就了一大套非常龐大的話語系統，來維護他的權力和利益，並且控制權力和利益，使得每一個人都相安無事。但後來卻出現一個以太陽為中心說的哥白尼，天啊，他「完了」，他想整個神權系統有關天體運行的任何種種，全部都要改寫！改寫有什麼關係呢？是他懶得改寫嗎？不是他懶得改寫，而是改寫以後就危害到原來的權力和利益，那既得權力和利益系統怎麼受得了呢？於是判他死刑，嚴重的嗎？想一想，這過程裡面很痛苦的啦。

2000 年上半年，我們臺灣的公視演了一齣戲，叫「人間四月

天」❸，風靡全臺。這「人間四月天」轉移了兩性裡頭最重要的一個關係，兩性真實的愛情觀，是怎樣的關係？是他有新的思考，這新的思考也會動搖了原來很多東西，衛道之士又出現了，什麼叫衛道之士？其實，不小心的話，衛道之士就和衛護權利、利益者一般，他們開始說：這太過了，怎麼樣的，任何一個文學的表達，它當然有一個向度；不要說文學表達，任何一個表達把它推向極點都有問題了！「天下皆知美之為美，斯惡矣！天下皆知善之為善，斯不善已！」❸這是一定的。

　　但是你想一想，如果兩岸的關係是一個恰當的愛情觀，那是一個怎樣的關係？政治愛情學？還是愛情政治學？我們現在外面有一大套談論愛情的常是愛情政治學。「要怎樣擄獲愛情？」「擄獲」那不是政治嗎？「取得對方的信任！」男人擄獲了女人，女人擄獲了男人。「擄獲」這兩字是非常權力的、非常政治的，哪裡是愛情？你看政治多可怕，連愛情都扯上政治！政治是權力分配，只要和技術有關，通通和「政治」非常有關，可以談一個，如果兩岸從政治愛情學的角度來談，把政治當愛情學，一種真實的生命之愛相與，我寫過一篇小文章就寫這個，是談兩岸的政治愛情學，從人間四月天開始說。

❸　由臺灣的公共電視臺所製播的一齣關於徐志摩、林徽音、梁思成的愛情故事。

❸　出自《老子道德經》第二章，老子利用相反的語言邏輯，使人脫離慣性的認知，讓人從不同的角度去對原先認定的事、物，重新思考。

十一、境界形態的保存——安時處順，哀樂不入

　　這可以倒過來想，我們人間其實已很習慣在既有的權力、利益之下去安排，然後安排得很穩當，你挑戰一下，通通會動的，動了就算了，在座的也是這樣，在站的也是這樣的，我們通通都是接受這樣子的；可是這是人的限制，那你說我們的思想上可以掙脫一下，那你說在那些地方，因為人不能夠接受既成的格局，這就是老子所說的嗎？「人之所畏，吾亦畏之。」你以為有多偉大，其實就這樣而已。現在大家所形成的龐大壓力，它有一個客觀的法則性，「客觀的法則性」它有一個 Power，在這 Power 底下，在這樣的狀況下，你能夠不傷身害性嗎？不讓我們整個心性毀損呢？就要學習一套莊子的一套辦法，怎麼「安時而處順」、「哀樂而不入」，要不然你就完了。這叫做境界型態的作用保存工夫。

　　這是把我們放在話語系統中權力、利益控制底下，我們心靈有一種更高的無限空間，從這裡飄逸出來，超拔出來。回過頭來，讓我們能在這裡悠游自得一下而又返照回來，看見人間的鄙俗而展開一點治療的活動；但這並不是徹底的摧毀，那並不可能！因為你是人啊！這是道家的另外一套，所謂境界型態的作用的保存工夫。這是華人最擅長的，再怎麼糟，沒那麼嚴重，還是可以從這裡跳出來，是不是？以前你們教國文，有很多國立編譯館的教本，那些教本奇爛無比；沒關係，安時而處順，知其無可奈何，安之若命；但是你還是可以從這裡跳出來，教你要教的東西。

　　之前最明顯的就是我們教那個，以陳立夫先生的《四書道貫》而編的【中國文化基本教材】，那簡直是……。老師們還是能教

的，因為我們就把總統　蔣公說、國父怎麼說，那個部份略去不說，直扣【論、孟、學、庸】的經典來說，從這裡仍可上課。對華人這一點來講的話，是一種超越的瀟灑，另外來說是生命的厚度。這生命的深層厚度和另外一種超越的瀟灑，是一體之兩面；他一方面能夠承受得起，一方面能夠超脫得出，為什麼能夠超脫得出？為什麼承受得起？為什麼超脫得出和承受得起是一體之兩面，這是外國人無法理解的。1989 年大陸六四事件是何等慘烈，令人心驚動魄，當時很多漢學家判定，中國的改革、開放必然停止，必然往下掉——結果沒有，照樣地，為什麼？這地方是他用一個訊息的控制，整個話語系統的控制，不讓他擴散。

有時候，訊息系統是必須控制的，治那麼大的國家，你不控制是不行的，譬如讓訊息傳遞讓他截斷，所以中國人針灸很厲害，一點也不痛，像現在大陸對香港的作法，一半控制、一半截斷。香港的訊息系統和大陸原本是不徹底流通，但現在是非流通不可的。譬如說網路、電信，所以大陸必然要繼續朝改革開放之路去走。他不可能中央繼續用原來的方式繼續集權，所以臺海兩岸的關係，那應怎麼辦？就許信良講的話「大膽西進」，定了你再西進也來不及了。那你說李登輝講的「戒急用忍」也不錯，因為臺灣人太大膽了。你政府猛講「戒急用忍」，臺商仍然一樣，他還是去。不過是應該要朝一個未來如何治理中國的方式，臺灣人應該要參與中國、治理中國，這是臺灣可能做出的一個新的格局。

大家想一想這些結構，那你會發現，一旦話語系統出現問題時，你就往上昇了，禪宗的出現就是如此。但是禪宗很有趣呀，他們不是要不落文字嗎？禪宗公案和禪宗所形成的一大套話語系統可

真說是汗牛充棟，你沒看過佛光山編的《禪藏》嗎？哇，那一堆！你說，老師那有沒有辦法可以沒有問題呢？告訴你永遠都有問題！還好因為永遠有問題，學者永遠有事做，老師永遠有事可以幹，一樣。這永遠有問題，沒辦法！既然永遠有問題，那是不是不處理？對不起，你做為一個人，一個相關業者，沒辦法呀！你做個教師、學者，你就面臨到，你想擺脫？擺脫不了！我們回過頭去思考，是要具有方法論意識整個拉出來，我想即使落在教學方面。你也可以重新想一想，怎麼教？除了背書以外，還有沒有辦法？叫他說一說這杯子怎麼說？那他要有豐富的語彙啊！怎麼學習，不要是「教條的規約」，而是一種「經驗的覺知」。以經驗的存在覺知做啟蒙，這是何等重要！你所使用的語言、話語系統跟你所存在的覺知是能夠「符應」的，你那話語系統才算活的。（本文於 2000 年八月七日講授，由林麗卿同學及陳慧貞同學紀錄）

第八章 「建構」、「瓦解」與「開顯」：一個東西方哲學對比的觀點

本章提要：

　　本文旨在經由「存有論」與「道論」的對比：西方由「共相的昇進」推於至高無上的存在、中國由「生命的交融」感而遂通；進而去豁顯東方式的解構與建構的哲學特色。大體說來，西方傳統為「話語系統的客觀論定」，中國傳統為「氣的絪縕造化」。

　　「建構」乃是一「上通於道」、「下及於物」的活動；「瓦解」則須由「已論之物」還原至「未論之物」。「上通於道」必須經過體道的活動，使道的光照化掉知識系統的執著與染污，體道活動是循環的：上通於道又下及於物，下及於物又上通於道；這可以說是一「開權顯實」的開顯過程。

　　再者，筆者又以程朱、陸王為例示，並對比儒、道兩家展開理解，進一步指出：由體道活動進行的批判、瓦解活動，是原建構的反省，是新建構的基礎。最後，筆者呼籲放棄自由不能真正獲取生命的安頓，必須從瓦解中展開批評和治療，才可能調適而上遂於

道，任存有之道彰顯其自己。

關鍵字詞：存有、道、物、開權顯實、孔子、朱子、陽明、老子、莊子、治療、生命、共相

本章目錄：

一、存有論與道論的對比：西方由「共相的昇進」推於至高無上的存在；中國由「生命的交融」感而遂通

二、建構的理解：西方傳統為「話語系統的客觀論定」，中國傳統為「氣的絪縕造化」

三、建構必須涉及「上通於道」與「下及於物」兩個基礎

四、瓦解活動的展開：將「已論之物」還原至「未論之物」

五、上通於道必須經過體道的活動，使道的光照化掉知識系統的執著與染污

六、體道的原則：「開權顯實」——瓦解暫時的表達系統，開顯了經常的真實的本體

七、先立乎其大是體道的優先性，而體道活動預取於經驗的實在性

八、體道活動是循環的：上通於道又下及於物，下及於物又上通於道，上通於道而有存有論的光照

九、「由心到物，由物上及道」與「由心體道」兩條體道途徑：程朱學與陸王學之異

十、「先立乎其大」所導生的「瓦解」與「重建」

十一、由物上及道，對已論之物的認識必先預取於未論之物的狀態，而未論之物必須預取於道：程朱體系的核心

十二、新的「別子為宗」：牟宗三先生理論的核心及其限制

一、存有論與道論的對比：西方由「共相的昇進」推於至高無上的存在；中國由「生命的交融」感而遂通

任何方法論的問題必牽涉到人與世界的關係。就我構造的「存有三態論」來說，這必得回到存有的根源來思考，或者用傳統哲學的字眼就叫「道」。「道」這個字眼，可以講成「存有」；但「道」與「存有」並不是等同的，因為「存有」這個詞在西方的用語裡面，相當於「Being」，「Being」指的是所有的存在（all beings）。相對來講，「道」指的是「天地萬物人我通而為一」的總體根源。此處「存有」與「道」一個很大的不同，是從一個存在的事物往上溯，歸返到至高無上的存有（Being）。這是通過一個抽象的過程，此抽象的過程是從殊相達到一個至高無上的共相，這裡可以看到所謂的「理一分殊」❶，就其最高的共相為「理一」，就個

❶ 程頤：「天下之志萬殊，理則一也」《橫渠學案》（下），頁 0102，楊龜山致書伊川，疑《西銘》言體而不及用，恐其流于兼愛。曰：「橫渠立言誠有過者，乃在《正蒙》。若《西銘》，明理以存義，擴前聖所未發，與孟子『性善』、『養氣』之論同功，豈墨氏之比哉！《西銘》理一而分殊，墨氏則二本而無分，子比而同之，過矣！」楊經此乃有「天下之物，理一而分殊。知其理，所以為仁。知其分殊，所以為義」說。朱熹《語類卷六》：「問：萬物粲然，還同不同？曰：理只是這一個，道理則同，其分不同。」羅欽順《困知記卷上》：「蓋人物之生，受氣之初，其理惟一，成形之後，其分則殊」《困知記卷下》：「所謂理一者，須就分殊上見得來，方是真切」這是一個說明道與器、理與氣之間體用關係的觀念，理是宇宙萬物的基本原理，它是「一」。自然現象和人事現象則是分殊的，它是「多」。多由一而生，一因多而成，故曰：「理一分殊」。

別的殊相來講為「分殊」。

此「理一分殊」雖然亞里斯多德不直接這麼說，但在亞里斯多德的傳統裡，也可以看得非常清楚了，只是這樣的「理一分殊」與《易經》所謂的「天下殊途而同歸，百慮而一致」❷不一樣。「天下殊途而同歸，百慮而一致」在中國道論的傳統中，道論的傳統跟亞里斯多德或者說廣的西方的主流傳統來講，存有論的傳統不同。所以，要區別中西形而上學（存有論）的異同，「道論」用「存有論」去說也可以，但一個是中國式的存有論，一個是西方式的，以亞里斯多德這個主流系統為主的存有論。

我們現在回到「存有論」和「道論」作一個對比的時候，大體可以把它放在「理一分殊」的架構上說，而在以巴曼尼德（Parmandies），柏拉圖（Plato），亞里斯多德（Aristotle）為主導的西方的主流傳統，其「理一分殊」是通過一個「共相的昇進」，從殊相到共相，達到一至高無上的 Being，即 God。但是在東方，特別在中國的傳統，他所走的不是一個「共相的昇進」的路，而是一個「生命的交融」，認為任何一個存在的事物都是可以感通❸而構成一體的，而這樣一個融於一體的的活動而上溯至至高，因而通之，皆可以造乎其道。

就「道論」而言，最後所推溯出的是「天地萬物人我一切存在事物總的構成不可分的整體」，而此不可分的整體，如其本源而

---

❷　語出《周易・繫辭下傳》第五章：「易曰：『憧憧往來，朋從爾思』子曰：『天下何思何慮？天下同歸而殊途，一致而百慮，天下何思何慮？』」

❸　《周易・繫辭上傳》第十章「易無思也，無為也，寂然不動，感而遂通天下之故」。

說，我們勉強用一字說它，為「道」。「道」經由一個內在的生發創造活動而開啟這個世界。這跟西方的主流傳統有一至高無上的絕對者，在宗教來說，有一 God 創造這個世界，此至高無上的絕對者超越於這個世界之上來創造這個世界，這與我們華夏傳統是不同的。在亞里斯多德的系統，起先他並不處理這個問題，但他處理殊相和共相的問題，而推於至高無上的存在，此至高無上的存在也就是上帝，他通過了「潛能」與「實現」，「形式」與「材料」❹這兩組概念去說最高的存有，就是純粹的形式（pure form），也就是純粹的實現（pure actuality）。但是在中國的道論傳統不同，他講一切因而通之，通到了「道」，從「道」怎麼開啟這個世界。

二、建構的理解：西方傳統爲「話語系統的客觀論定」，中國傳統爲「氣的絪縕造化」

講這個「道」便得分陰分陽，《易經傳》所謂「一陰一陽之謂道」❺，由陰陽翕闢開闔而彰顯，「陽」代表一個開發的力量，

---

❹ 亞里斯多德認為，我們所認識的對象都是「質料」與「形式」結合以後的複合體。所有的變動，必包含著「質料」與「形式」，「形式」是構成「種別」（species）的要素，「質料」是使個體成為個體的要素。在《形上學》卷九又討論了「潛能」與「實現」，一切變動都是由「潛能」變為「實現」的歷程。所謂「實現」即是形體的實現，由於形式的不同，因而存在之物有不同的等級，最下一層為第一質料，往上依序為元素、物體、植物、動物、人類、諸神，最後是上帝（純粹形式），它是純粹實現，沒有任何潛能。

❺ 《周易・繫辭上傳》第五章：「一陰一陽之謂道。繼之者善也，成之者性也。仁者見之謂之仁，之者見之謂之知。百姓日用而不知，故君子之道顯矣。」

「陰」代表一個凝聚的力量，由開發凝聚、一開一合的力量，陰陽之氣的振動開啟這個世界。這裡指的是從內在的生發，到這個世界的開啟。這裡講的是氣的絪縕造化❻，這不同於我們以前對比說在西方傳統，他的重點是在一個「話語的客觀論定」。相對來說，我們華夏文化之所重則是「道」，「道」怎麼樣的絪縕造化，我在〈關於哲學解釋學的一些基礎性理解──「道」、「意」、「象」、「構」、「言」〉一文中對於此已有相關的論述。在《易經》的傳統表示的非常清楚，「見乃謂之象，形乃謂之器」❼，而道的彰顯過程如何，我們可通過「存有三態論」來理解，由「存有的根源」（境識俱泯），到「存有的開顯」（境識俱顯而不分），到「存有的執定」（以識執境）。這也就是從「道」，境識俱泯的狀態，到「象」，境識俱顯而沒有分別的狀態，進入到「結構」，以「語句」表現出來，亦即是王弼所謂「名以定形」的狀態。「道」、「意」、「象」三個不同的層次，是意識之前（preconscious level）的狀態，「構」、「言」是意識已及（conscious level）的狀態。「道」、「意」、「象」是主客渾然不分的，而還沒有顯現的狀態，「構」、「言」是以主攝客，用主來含攝客體的對象。

---

❻ 《周易·繫辭下傳》第五章：「天地絪縕，萬物化醇。男女構精，萬物化生。」

❼ 《周易·繫辭上傳》第十二章：「是故闔戶謂之坤，闢戶謂之乾，一闔一開謂之變。往來不窮謂之通。見乃謂之象。形乃謂之器。制而用之謂之法。利用出入，民咸用之謂之神。」

三、建構必須涉及「上通於道」與「下及於物」 兩個基礎

如上所述，在這樣的發展過程裡，我們說，任何一切的建構必須有他的基礎，一是：「上通於道」、另一是「下及於物」。往上通達到存有的本源，建構一個東西，這個存有的本源，從這裡彰顯出來，必下及於物，但是物之為物，是經過了主體的對象化活動方成為物。換言之，這個經過了主體的對象化活動的物，已是「名以定形」的物，這個「物」就是「物論」之物，或者我們可以說「凡物皆論」、或者「凡物皆物論之物」。任何世俗所說的「物」都是經過言說或話語系統表達，經過主體對象化活動所構成決定定象之後的物。像我們要說明一個東西的時候一定要下及於物。

問題是物本身已經是被建構的，可見當我們下及於物，此物要說是還沒有被建構以前的物，這意思就是說，不可以講「唯識無境」❽，也就是說，當我們在講道論的時候，不能夠說這個道是為心之所契的道，若這個道是心之所契的道，那麼一切的物均是萬法唯心造了，所以，此「道」應是「境識俱泯，心物不二」，在這樣的狀態下才是「道」。或者，我們可以直接地說，在這裡我們跨出了意識哲學的思考，而將它連在存有哲學的角度來思考。

順這道理，我們應當提一下陽明所講的「心外無物」❾，並不

---

❽　陳義孝《佛學名相辭典》「唯識無境」條：謂唯有心識，心識之外無一切物質現象。

❾　語出王陽明《傳習錄》（陸澄錄）第 83 條：「心外無物，如吾心發一念孝親，即孝親便是物。」又如王陽明《傳習錄》（黃省曾錄）第 275 條：「先

是「有心無物」。要是理解成「有心無物」，便出了問題。要是這樣，就變成我只要把心照顧好就好了，或我心照顧好，一切問題就好了，其實不是的。「心外無物」的意思是所有物都通於心，所有的心都要及於物，心物不二。但是當陽明的學生去理解「心外無物」的時候，理解到後來要是把它當成「只有此心，而無外物」，那樣會出問題，會墮入到「唯心論」的境域，甚至走向「獨我論」（solipicism）的傾向。所謂「獨我論」的傾向，是認為世界皆環繞著我而建立起來的，當我撤離了以後，就沒有這個世界了。

這麼說來，任何一個知識的建構，均「上通於道」、「下及於物」，此「物」起先是在還沒有建構以前的「物」，也就是「未論之物」。「未論之物」就是我們講的「意識之前的層級」；「已論之物」就是「意識所及的層級」。當我們對任何一個存在事物在展開我們的知識建構的時候，必然的要涉及這兩個層面，主要在這個地方。當然要涉及「已論之物」，因為我們已活在「已論之物」的世界裡面；我們若追溯那個剛發生的我之實存體會、實存感受的當下事件，此即是「未論之物」。

這兩個交織在一塊，該怎麼辦？是否會有問題？扭曲？例如說，我現在在讀唐先生所說的莊子，這是經過唐先生所論的「已物之論」，而莊子本身，未經由人詮釋的，是一「未論之物」。徹底的講，任何一個存在的事物，我們只能預取說他有一個未論之物；

生遊南鎮。一友指巖中花樹問曰：『天下無心外之物。如此花樹，在深山中自開自落，於我心亦何相關？』先生曰：『你未看此花時，此花與汝心同歸於寂。你來看花時，則此花顏色一時明白起來。便知此花不在你的心外。』」

但實際上我們所接觸到的都是已論之物，只是我們得預取一個未論之物。我們在理解的時候，人們的理解能力可看到這個東西，但不能夠預取，能預取表示你理解能力能穿透，基本上我們的思維能力能由已論之物中看出已論之物背後原先的未論之物跟它的區別，我們要肯定這樣的能耐；要不然這已論之物扭曲了，我們怎麼知道它扭曲呢？我們之所以能夠知道它扭曲是因為我們肯定有一個未論之物。但此未論之物又沒有辦法很明確的說它是什麼，因為它是作為你去對已論之物展開批評活動的一個基礎，但是那個基礎並不是你可以用你的語言，你的話語結構清楚的把他說出來。一旦，你用你的語言，你的話語結構清楚的把他說出來，他又墮入到一個已論之物，這就是他的難題！

四、瓦解活動的展開：將「已論之物」還原至「未論之物」

如上所述，這裡就是我們要不斷地對於我們所對的已論之物展開一個「瓦解」的活動，即展開「損之又損」「為道日損」❿的活動，把它削去，讓它還原，經過這個還原的活動回到未論之物，回到未論之物是作為我們知識的積極性建構的「下及於物」的層面，並因之而「上通於道」。這過程並不簡單，它的麻煩點便在此，困難處也在此，怎麼辦？這便是我們今天所要談的！

---

❿ 《老子》第四十八章：「為學日益，為道日損。損之又損，以至於無為。」此處可藉莊子的話來說，《莊子・知北游》：「禮者，道之華而亂之首也，故曰：為道者日損，損之又損之，以至於無為。無為而無不為也。」

　　我們對於一切已經建構了的知識系統，如何展開一個理解、詮釋、乃至瓦解、批判的活動？這如何可能？我們要問他如何可能的時候，就是我們要重新去問知識是怎麼被建構的？這問題很複雜，知識的建構本身就是「上通於道，下及於物」，這裡我們其實可以暫時借用公孫龍子的「指物論」❶來說。「物莫非指，而指非指，天下無指，物無可謂物」一切存在的事物沒有不經過命名活動而使得一切存在事物成為一個決定的事物，而我們之所以去指他，經由這個「指涉」的活動，也就是「指」出去以後就落成一個「所指」，這「所指」便不是「能指」，是我們把它分成「能」與「所」，「所」是客觀的對象，我們所指的對象並不是我們能指的主體。我們是經由這個能指的主體，才使得這個所指成為可能，但是這個所指的對象並不是能指的主體，天下要是沒有那個所指的對象的「名」，或者沒有經過人們這個能指的主體展開這樣一個指的活動，天下事物就沒有辦法被稱為一個存在的對象物了。

　　這也就是說，任何一個存在的事物，都是經過話語建構而來，故「物莫非論」，而「所論非可論」，天下無「所論」與「能論」，天下事物則無可稱作為天下事物矣。因為「物莫非論」，任

---

❶　《公孫龍子‧指物論》旨在闡發「物莫非指，而指非指」之說。物是具體個體，指是用來指謂或論謂客觀之物之概念。馮友蘭《中國古代哲學史》頁257 云：「公孫龍以指物對舉，可知其所謂指，即明之所指之共相也。」徐復觀先生《公孫龍子形名發微》頁12 云：「指是主觀認識能力中所形成的映象，同時也即是使映象得以成立的心的認識能力」。「指非指」之上「指」是指之物，下「指」為指謂物的概念。物可以用指來說，然所說之物不等同於指（概念）。

何一個存在的事物，都是經過我們的話語建構而來，而這個話語的建構就要以經驗為基礎，而最先的經驗是不能言說的經驗，例如說：茶好燙，當我們感受到好燙的時候，我還沒有用好燙這個字眼去說他，我已經先感受到了，我的「覺知」先於我的「概念」，跟我使用的話語結構去說他，這個覺知是一個存在的事實，一個經驗，這個經驗我們還沒有用任何語言去說他的時候，這個經驗是純粹的，所謂純粹的經驗就是還沒有經過主客分立開來的，你當下一體明白的，如陽明跟弟子觀花之「物」❷。此「物」用唯識學的字眼來講就是「境」，它是上通於道，如何能上通於道？因為有心，所以能夠從你所體會的境、物，往上提，提到道，而這是經過後返去反省說這樣的活動，當下那個「道」，「物」「心」「識」「境」都通於「道」。「道」是就總體、本源說，「物」是就對象說，「心」是主體說，「境」是就存在的場域說，「識」是就心靈意識的活動說。

五、上通於道必須經過體道的活動，使道的光照化掉知識系統的執著與染污

「道」有很多種不同的層次，現在當我們要去說「下及於物，上通於道」，這「上通於道」是道的本源，本源是在哪裡展開？本源是在場域展開，展開了一切存在事物構成的總體，這總體又回過

---

❷ 王陽明《傳習錄》（黃省曾錄）第 275 條：「先生遊南鎮。一友指岩中花樹問曰：『天下無心外之物。如此花樹，在深山中自開自落，於我心亦何相關？』先生曰：『你未看此花時，此花與汝心同歸於寂。你來看花時，則此花顏色一時明白起來。便知此花不在你的心外。』」

頭來，影響到了本源。所以，所謂的「本源」跟「總體」如同唯識學所說的「種子」跟「現行」的關係❸，他有一個彼此互動跟循環的關係，一切存在事物的顯現所構成的總體又影響了一切的本源，而這本源又影響了總體的顯現。因為本源經過顯現而成為存在的事物，這裡頭形成了這樣一個彼此互動的力量，凡「本以貫末，末以成本」「本末通貫為一體」，就落實來說，從這個「道」彰顯為一切存在的事物，而這一切存在的事物又回歸到這個「道」，而彰顯為一切存在的事物，又回歸到這個道，這裡有一個非常重要的就是「人心的參與」，如果把他畫成一個圖，變成這樣一個模形：

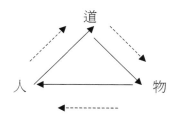

<hr />

❸　丁福葆《佛學辭典》〈種子〉：（術語）阿賴耶識之別名。唯識論三曰：「或名異熟識，能引生死，善不善業異熟果故。」現行：（術語）從阿賴耶識種子顯現行動之一切法也。

陳義孝《佛學名相辭典》〈種子〉：法相宗將阿賴耶識中，能生一切法的功能，叫做種子，說它好像植物的種子能開花結果。種子識：阿賴耶識的別名。阿賴耶：心識名，八識中的第八識，華譯為藏識，藏字有三義，即能藏、所藏、執藏。能藏謂阿賴耶識能含藏一切法的善惡種子；所藏謂阿賴耶識為前七識熏習的雜染法所覆藏；執藏謂阿賴耶識為第七識所執為自內我。又譯作無沒，即含藏諸法種子而不沒失。又雖在生死而不沒失，故名無沒。現行：現行法的簡稱，阿賴耶識，有生一切法的功能，謂之種子，由此種子，生色心之法，現苦樂境界，謂之現行。

「道」彰顯為一切存在的「事物」,這存在的「事物」經由「人」而上及於「道」;而「人」因通於「道」,所以能理解存在的「事物」,「事物」經由「人」,所以才能上通於「道」。「物」不能直接通於「道」,我們誤認為「人」可以直接把握「物」;但其實不然,「人」是上通於「道」,一個「認知」的活動必須經由「道的光照」。如果缺了道的光照,人直接對物的認知跟把握就會產生執著跟染污;因為經過了道的光照,人才能夠把它的有限性所產生的執著化掉,而人直接對物認知的把握就沒有辦法把執著跟有限性化掉,就會產生了染污,產生了其他嚴重的問題。

從這裡得到的架構來講,我們可以看到人直接對物的把握跟建構,也就是整個知識系統的建構,如果沒有經由道的光照,將導致一種主體的對象化活動所產生的一個異化跟扭曲;所以為了要免除人對於這個世界的一種話語的建構,即認知的把握所構成的系統而造成的異化跟扭曲,我們必須作一個體道的活動,經由這個體道的活動才使這個道照亮了物,這時候的物在道的光照之下,才可以免於知識系統建構所造成的執著跟染污,這也就是道的光照的必要性,也就是存有論的光照。此種存有論的光照如何可能呢?必須經過一個體道的活動。這也就是為什麼宋明理學家們強調「德性之知」❹之因,「德性之知」就是一個體道的活動,相對的,「見聞

---

❹ 把知分為「德行」與「見聞」兩類是宋代儒學家的新貢獻,大略言,此一劃分,始於張載《正蒙·大心篇》:「見聞之知,乃物交而知,非德之知。德性之知,不萌於見聞」而定於程頤《語錄》:「聞見之知,非德性之知,物交物則知之,非內也,今之所謂博學多能者是也。德性之知,不假見聞」。

之知」就是人對存在事物的認知的活動。

六、體道的原則：「開權顯實」——瓦解暫時的 表達系統，開顯了經常的真實的本體

現在有一個問題就是，如果我們把人對這個世界的認知通通打掉了，一切都歸返到這個體道的活動；那麼，對於這個世界慢慢遺忘了，就變成把道體跟心體連結在一塊，此心即是天，對存在的事物遺忘，又會造成另外心學的弊病。再者，又如果不努力做這個體道的活動，只做這個認知的把握的活動，並且從這個存在的事物裡面發現了很多為人所不知的法則，因為這裡頭有很多為人處事的記載，你可以循行逐字地從從這裡把握到另一套，這樣一個活動而不及於道，這裡會造成一個嚴重的問題，那就是把你從文獻得到的道德修養通通當成一個千古不變的，人們依照這樣的方式而造成另外的異化、扭曲。

這樣子沒有體道、沒有道的光照，就是程朱的末流，他們從格物致知而不能上體於道。再說，陸王的末流是「此心即是天」，「心與天通而為一」，而不能下及於物。末流的意思就是說，他的這一派的思想發展到極至的另外一個尖端，而此尖端所導致的不好的後果。關於這一部份，我在〈存有、方法與思考——對於「方法論」的基礎性反省〉一文中已有所論及。如此說來，當我們談建構的時候，任何話語的建構都只是「權」而不是「實」，只是「變」而不是「經」，只是「一時之權宜」，而不是「真常不變之實」，

所以佛教裡面有一個詞叫「開權顯實」❶，「開權」就是「瓦解」；「顯實」就是「顯現」，瓦解了暫時性的表達系統，開顯了經常的、真實的本體。

七、先立乎其大是體道的優先性，而體道活動預取於經驗的實在性

先儒對這些問題提出幾個基本的大原則：「先立乎其大，則小者不可奪也。」❶「先立乎其大」，如果用剛剛的架構來講的話，必須要先有一個體道的活動，這也就是體道活動的優先性。這個體道活動，你用現在的語句來講就是：我們必須上溯於本源，而有一存有論的光照。上溯於最高的一個道，就是談這個道光、照亮。照亮，要不然你看不見的。就好像這個燈光一樣，教室如果沒燈光你們就看不見，你也就不可能展開你的認知活動。所以，這個心靈之光來自那裡呢？來自於上溯的本源，指的是存有論的光照。必須上溯於道，而先立乎其大。在這個體道的活動接下去呢？你必須預取經驗的實在性，必須肯定經驗的真實性。肯定經驗的真實性，是相對於所謂上溯於本源而源於「存有論的光照」。現在把它轉成另外一個語詞：下及於經驗，而有一相對「存有論的光照」，而有一「認識論的把握」，這也就是前面所講的「上溯於道，下及於

---

❶　陳義孝《佛學名相辭典》〈開權顯實〉：權者方便，實者真實，開方便以顯真實，叫做開顯。法華經說：「開方便門，示真實相。」

❶　見《孟子・告子上篇》第十五章：「先立乎其大者，則其小者不能奪也。」此章言應先立定心志，然後耳目之官不能奪，則不為外物所蔽，始可為大人矣。後「先立乎其大」為陸象山闡揚，成為成德之先決條件。

物」。

八、體道活動是循環的：上通於道又下及於物，下及於物又上通於道，上通於道而有存有論的光照

「上溯於道，下及於物」，這兩個活動，它是循環的活動：一方面上通於道，一方面下及於物；而下及於物，它又上通於道。上通於道，又下及於物，就這樣子活動形成了一個箭頭，形成了可循環的三角：「道」、「物」、「心」。這「物」有兩層意思：一個是「未論之物」，一個是「已論之物」。「未論之物」是道之所顯，我們姑且可以說是「象」；而「已論之物」就是心之所對的「物」。這「未論之物」經由心靈意識活動，這個主體對象化活動，使得「未論之物」變成「已論之物」。一旦成為「已論之物」，這時候就必須回歸到你的心，一方面你經由這個體道的活動上通於道，上通於道以後再下來。也就是你對於這「已論之物」展開一個照亮，這個照亮本身就帶有一種批判、反省。

當我們展開對「已論之物」批判的時候，這個物它就有一個隱含能力從「已論之物」回到「未論之物」。回到這個「未論之物」，這時候心對物就不只是一個對象化的執著與把握而已。它其實是有一個反省的能耐，經由一個複雜過程，由內心的「已論之物」能夠再後返的去建立成理解，理解這個做為「已論之物」原先「未論之物」的狀態。這時候就導生另外一個力量可以「上及於道」。

九、「由心到物，由物上及道」與「由心體道」兩條體道途徑：程朱學與陸王學之異

這個上及於道的過程，跟你原先從心體道的活動不一樣的。這邊是由「心」到「物」，由「物」而上及於道的活動；這邊則是由「心」直接體道的活動。其實程朱的正途講得好的話，就是「格物致知，致知而窮理，窮理而達於太極」[17]，因為「物物一太極」[18]、「統體一太極」[19]。身為一個存在的事物，都是太極之道之光之所照的那個物，而總的歸於一個「道」。所以朱子的路並不是如陸象山所說的不見道的，但是朱子的末流是可能不見道的。有「道」、有「路」，朱子的末流可能不見「道」，那陸王的末流呢？可能不見「路」。

如果以朱子的學問來講的話，「一旦豁然貫通焉，則眾物之表裡精粗無不至，而吾心之全體大用無不明。」[20]表裡精粗無不至，全體大用無不明，如何無不明，為道之所顯，為道之所光照而無不明呢？所以他講到最後是講「體用一源」[21]、「顯微無間」。通過於道，「體用一源」，那也就是「格物」活動。是個什麼樣的活動呢？是從「已論之物」回到這個「未論之物」而上通於道，應該是

---

[17] 見朱熹《大學章句》：「致知在格物，言欲致吾之知，在即物而窮其理也。」

[18] 見《朱子語類》卷九十四。

[19] 同上。

[20] 見朱熹《大學章句》：「一旦豁然貫通焉，則眾物之表裡精粗無不到，而吾心之全體大用無不明。」

[21] 見程頤《周易傳序》。

這樣「格物窮理」的活動，這樣才能「一旦豁然貫通焉」。「已論之物」是分別的，而「未論之物」是分別前的未分別狀態。這個未分別狀態並不是道本身，而是道之所顯的。所以必須再往上追溯，追溯到道，要不然的話你只停留在道之所顯的那個「未論之物」，就不行了。

如果只停留在這個「未論之物」，這時候你也會進入一種惝然恍惚的境界。這個境界會讓你以為是見了道的境界，其實不是。朱子認為：當你見了那個道的境界，你還是對那個道本身所隱含的客觀法則盡量的把握，那叫做「理」。這個「理」是「太極之理」。這理是太極，而對於任何一個存在的事物，事物也有「理」。所以「物物一太極」，「統體一太極」。任何一個存在的事物，都有那個太極之理分殊的在那裡表現了。而這個分殊的太極之理，是充於那個統體的「理一」的「太極」之理中。

十、「先立乎其大」所導生的「瓦解」與「重建」

那麼我們現在可以發現，原來我們所說的這個從「建構」到「瓦解」，「瓦解」變成有兩套方法：一套是「先立乎其大」的方式，經由我心靈意識推溯到道，默契於道的這樣的體道活動。上溯於本源，而有一個存有論的光照，而這個存有論的光照，下及於經驗而展開一個認識論的把握，而當我們下及經驗展開認識論的把握的時候，就把那個存有論的光照，帶進去這個認識論的把握，而起一個照明的作用。這個物展開了批判和反省的活動，更嚴重的是導致一個瓦解的活動。

整個心性之學系統再往下發展的時候，可以這麼講，由心通於道，而道下貫於物。「範圍天地之化而不過，曲成萬物而不遺」❷❷。「範圍天地之化而不過，那還是「未論之物」。「曲成萬物而不遺」則是由「未論之物」轉為一個「已論之物」。而這個「已論之物」要能夠是往下落實，而且還是要回歸於那個道，回歸於那個本心。陽明格物致知也是如此的，還有陸王學、孟子學所主導的系統也是這樣。

十一、由物上及道，對已論之物的認識必先預取於未論之物的狀態，而未論之物必須預取於道：程朱體系的核心

那麼如果依照程朱學的系統為主導、朱子學為主導的系統，那就不是這樣。我們心靈意識對那「已論之物」的把握，使我們徹底地深入到我們所把握的一個「客觀之理」。這個「客觀之理」之所以能夠如其「客觀之理」，這個部份到底為何？也就是我們之所以會對一個「已論之物」，對它有個客觀法則性的把握，把握的穩當而不會錯的，是因為人們對「已論之物」之所以能夠認識清徹，必須預取在「已論之物」之前的「未論之物」的狀態，而這個未論之物的狀態必須預取在通於道。這樣你才可能從「已論之物」，往上翻越回歸於道。要不然的話怎麼可能？要不然就會落入婁一齋（婁諒）告訴王陽明怎麼樣格物，於是他去格竹子，格到後來病了，為什麼？因為他上不去（指達不到道的境界）。

---

❷❷　見《周易・繫辭下》。

　　所以我認為朱子的格物窮理的活動是一種上溯於道，「一旦豁然貫通焉，則眾物之表裡精粗無不至，而吾心之全體大用無不明。」❷❸表裡精粗無不至，全體大用無不明，如何無不明，基本上他的活動只到這裡，道理是什麼他沒有講徹底。道理到什麼時候才把它講清楚呢？我認為王夫之的時候就差不多講清楚了。那有沒有完全講清楚呢？我不太敢肯定，可能還沒完全講清楚。那什麼時候講清楚呢？可能現在才講清楚，就是我以前也沒有講清楚，我覺得現在才講清楚。要不然不通的。

　　所以當陸象山去批評朱熹的時候，他說：「朱夫子泰山喬嶽，惜不見道」❷❹。我們也可以說象山這提法對牟先生有所啟發，牟宗三先生說朱子學是「橫攝系統」❷❺，它是橫面的、主客對立的、以主攝客的，這樣的一個知識系統。朱子學若只是對於一個客觀之理把握的系統，是沒有辦法上通於道的，那他就不在「盡心知性知天」❷❻的傳統裡面。牟先生他認為這個「此心即是天」，而心能夠上通於道，這個心學傳統做為主流，做為正宗；那麼朱子這樣的方式就叫做「別子為宗」❷❼，或者說是「繼別為宗」。他是一個歧

---

❷❸　見朱熹《大學章句》：「一旦豁然貫通焉，則眾物之表裡精粗無不到，而吾心之全體大用無不明。」

❷❹　見《宋元學案》卷 58〈象山學案〉：「一夕步月喟然而歎，包敏道侍問曰：『先生何歎？』曰：『朱元晦泰山喬嶽，可惜學不見道，枉費精神，遂自耽擱。奈何？』包曰：……。」

❷❺　見牟宗三《心體與性體》（下），頁 113。

❷❻　見《孟子·盡心篇》第一章：「盡其心者，知其性也。知其性，則知天也。」

❷❼　見牟宗三《中國哲學十九講·宋明儒學概述》。

出，他是個轉向，但是他自別宗派，自成一個很大的流派。但是如果依照剛才解釋的話，朱子這樣的一套論點，仍然可以上通於道，我們仍然可以將它歸到孔子、孟子的大主流去的。

十二、新的「別子爲宗」：牟宗三先生理論的核心及其限制

那如果我們仔細審視牟先生的那套說法，他之談由「道」及「物」，而忽略了「心」對「物」本身的、直接的這樣的一個把握。而在他的整個系統裡面，太強調如何經由「心」對「道」的體道活動，再由「道」及「物」，而比較忽略了「心」對「物」這個直接的、經驗論式的一個把握。這又是他的一個弊病。而且牟先生在談這個「心」的時候，慢慢把這個「心」形而上化，使「心」跟「道」幾乎通而為一。經由一個理論的建構活動，把「心」做一個形式化、純粹化的這樣一個建構，而這個建構就把「心」縮到一個形而上的保存的心去了，心直通於「道」。而這時候「心」就逐漸失去了真存實感的經驗性。這時候強調如何從這個「道心」裡轉出了「認知的心」，去認知這個物就很重要，所以後來牟先生的系統更強調這部份。因為它整個先上溯到這裡（道），然後再整個往下（下及物）。

他為何必須要上及至那個「道心」，而忽略了「人心」和「物」之所對呢？這是因為整個族群面臨了嚴重的「意義危機」。在這個「意義危機」底下，「心」只要擺在這實存的狀況下，幾乎不堪忍受這個「意義危機」。因為無法忍受，所以必須做個「形而上的保存」，你才能克服。你放下來就沒有辦法，因為這是一個時

代的過渡。那麼牟先生再經由一個這樣方式，借用了整個康德的系統，建構了一個建構。

我認為那樣的一套理論建構，忽略了中國傳統中原先從「道」所開顯的幾個不同的層次；忽略了在整個道論的系統裡，是一個主客渾然不分的「氣」做主導，這樣一個系統本身建構出來的，跟原先中國族群文化傳統的建構不一樣。所以我說牟先生建構了一套非常龐大、非常可貴的系統。這個系統又是一個新的系統，所以我才說它也是一個新的「別子為宗」。但此論一出就引發了比較大的爭議。

十三、由體道活動進行的批判、瓦解活動，是原建構的反省，是新建構的基礎：道家老子、莊子的反省

大致說來，我們發現到任何一套體系的建構，都不敵我們要去反省它的時候。我們一定要反省它是如何建構的。當我們去反省它如何建構，我們才有能力批評它、才有能力去瓦解它。也因為這個批評、瓦解的活動，能夠使得那個建構回到這個本源。所謂的「本源」就是指未建構之前的一個狀態，從這個未建構之前的「本源」彰顯而有新的建構。這一點我認為在整個華人文化傳統裡面資源最多。反省最多、資源最多的是道家，就是老子、莊子。

道家最重要的重點，是在於對整個人文的建構，對整個「已論之物」生出反省。任何一個既成的「已論之物」，我要反省它的正當性、合法性。要反省它正當性、合法性的時候，我就要反省這整個話語建構的過程到底是怎樣的一個過程。話語的建構過程，它不

只是我們所以為的純只是認識論的這樣活動；不只是我們哲學上傳統所說的主體對客體的活動。在主體對客體的把握活動的過程裡面，我們活在這個歷史社會總體；活在這個文化傳統中，用佛教的話來講有無窮的業力❷，是無始以來即已沾染其中，它全部滲透進去，全部作用於其中，這是無法擺脫的。正因為如此，所以王弼需要展開深入的反省。這意思是說，任何一個對於客觀事實的描述，必然隱含了你所處的存在境域，跟在這個存在境域整個關聯起來的，所導生的你這個主體的指向，而這個指向必然關聯到的權力的問題、利益的問題、興趣的問題、欲求的問題總總，整個力量都放在裡面，這是無法避免的。

　　如此說來，我們之所以要有體道的活動，是要告訴你，我要對於這樣的一個話語系統展開一個批判和瓦解的時候，之所以可能是因為我可以經由我內在的一個自省的活動，先把不相干的東西通通擺落。這不相干的東西通通擺落後，讓我能夠達到所謂的上溯於本源，而有存有論的光照。這叫做「莫若以明，照之於天」❷。「照之於天」指的是那個道的光照，天之所照，你要怎麼做？你「心

---

❷　業力，梵名 Karma，音譯為羯磨。是指各人憑自己的意志力不斷的活動，活動反應的結果，造成自己的性格。這性格又成為將來活動的根底，支配著自己的命運。

❷　見《莊子‧齊物論》：「道惡乎隱而有真偽？言惡乎隱而有是非？道惡乎往而不存？言惡乎存而不可？……欲是其所非而非其所是，則莫若以明。……是以聖人不由，而照之於天，亦因是也。……是以一無窮，非亦一無窮也，故曰莫若以明。」

部交予你這個全體的意志，由這個全體的意志，因此我獲得了另外一種意志。墨家也是一種類型，宗教也是一種類型。當然很多種類型，但那都是集體主義的類型，也就是放棄了個體的獨立性進入到整體。這有很多種類型，心學的末流也是一種類型。心學其實原來不是這樣，但末流就會搞成這樣。很有趣的，這個要留意一下。思想絕對不可能客觀的論定在那裡不變。思想就好像刀一樣，思想這個刀可以拿來做壞事，也可以做好事。從來沒有一個思想可以說絕對很好，再好的思想也會有問題，所以要留意一下。所以思想一旦被某一群人一直使用之後，就會變成「意識型態」。「意識型態」以後，把它變成一種教條化的規定。把它放在這個架構來講的話，一樣有道啊！再變成「已論之物」，越拉越遠，迷而不返啊！所以要「尊道而貴德」，要不然會出嚴重的問題。

　　如此說來，「瓦解」的目的，其實是要展開一個「批評」和「治療」的活動。所以釋迦牟尼佛要圓寂前，弟子問他。他說：「吾無一法可說」。他所說的東西呢？凡是我所說的都已經過去，怎麼能當真呢？因為一旦成了話語系統就不能當真，就是說我們今天說的也不能當真。「道可道，非常道」❹。凡「可道」皆非「常道」，凡「可道」皆是「詮言」，皆為「詮表」也，都只是暫時的表權，暫時的表述，是「非真常」的言，都是暫時的表詮，不是真實。

---

❹　　見《老子道德經》第一章。

十六、《道言論》的總結

　　如上所說，我們可以將這裡所說歸結到我所說的《道言論》：
「道顯為象，象以為形，言以定形，言業相隨，言本無言，業乃非
業，同歸於道，一本空明」。一個存有論從本源的這個「道」顯現
為「象」，「見（顯現）乃謂之象」也，「形乃謂之器」也。「形
乃謂之器」，經過「名以定形」的功夫，言就出來了。而當你展開
名言概念的這個話語系統活動時是帶有業力的。你的權力、你的欲
望、你的利益、你的性好都含藏在裡面，而當我們對於一個話語系
統做一個徹底的、後返的一個追溯，回歸到一個還沒擺在話語前的
無言之默的狀態。而我們這時候再去重新去理解，其實所謂業力，
乃存於虛空之間，感時即有而不感即無。而業並不是一個實際的物
體擺在那裡，他其實是一種被感應的存有，而一切歸於道。而這個
道如其為這個道本身，是一個照亮，而它本身是空無的。這個時候
我想跟大家說，我們傳統的古典話語系統，跟整個現代的學問傳統
是可以連在一塊的。像這些古典的話語系統所構作出來的一些語
詞，它其實是清晰的，一個字一個字可以定位的，只是定位方式跟
現在的學術性語言定位的方式不太一樣。現在的學術性語言的定位
方式，基本上是它本身自為定位；但是中文的古典的表達系統，它
的定位是在表達的脈絡中定位。這不太一樣。

　　我們把古典新譯，我們對古代的典籍重新讀出現在的話語。應
該說不是讀出現在的話語，而是用現代話語去重讀，因為我們是現
代人。但是當你要展開一個現代話語重新解讀的活動的時候，你必
須要有能力進入它的核心。你要進入他們話語系統裡面，你要學習

操作他的話語系統；你沒有操作，你沒有寫過文言文，就很難進入文言文的世界。就好像你要做個藝評家，你不能夠說純欣賞，你多少也要懂得怎麼操作。（案：本文乃庚辰 2000 年 8 月 14 日所講授的內容，由碩士生嚴雪櫻小姐、顏婉玲小姐兩位同學紀錄，並經由我再三修定而成文曾發表於 2002 年 5 月 4 日由淡江大學國際關係學院、國父紀念館聯合主辦的「東方文化與國際社會學術研討會」上）

附錄一
「存在覺知、話語建構及其瓦解」之問題討論

問題一、您提到說六祖慧能❶他不識得文字,他怎麼去理解佛理?您說我們是不是可以跨過語言,而直接到道的層次?而您認為是不可以的。您說那已經是另外一個方式了。為什麼不可以?能不能請您就這方面再說一下?(發問人:韻蘋)

林師答:

◆ **語言屬於廣義的表達,而表達則是一個指象對象的主體對象化活動**

這裡牽涉到語言有幾個不同的層次意義。我講過不可能不通過、不跨過語言,而直契於道,我認為不可能。這時候所說的語言是一個廣義的,「廣義的語言」的意思,基本上,「凡是人們要表達你心裡的想法、任何表達出來的東西,通通我們可以用「語言」這樣的字眼去描述它。」一定有所表達,凡表達皆為語言。就從這角度說。從這角度說的話,那麼你要所謂「默契道妙」、要直契於「道」,還是要通過表達。通過表達而不為表達所限制。

---

❶ 六祖慧能(638-713):唐時僧侶。我國禪宗第六祖,一代奇人,開創出「直指人心、見性成佛」的禪法,門人編輯他的教說為《六祖法寶壇經》,成為禪宗重要的宗經。

　　因為我們一般所謂的「表達」，中文是很有意思的，「表而達之」「表」是一個表述，就是我把它「表述」出來，能夠達到、達到什麼呢？達到某一個對象、某一個目的。所以「表達」基本上是「指向對象」的。表達一定有所對。表達有所對，但是這個「表達」從何而來？從「道」而來。那麼，你現在對於表達之有所對，所謂「有所對」，就是一個「主體的對象化活動」。

◆ 體道：以對客觀事物的認知為起點，跨過主體對象化的活動，逆返到「主客渾融」之境

　　而你現在不停留在這個「表達」，不被這個「表達」所限制，穿透這個「表達」，穿透這個「表達」就是你不遂順著這指向對象的活動。你遂順著這指向對象的活動，這其實就是一個「認知」。我們講，對於「客觀對象」的認知。它是這樣的。我不願意陷溺進去這個「對於客觀對象的認知」，我要跨過「對於客觀對象的認知」。要跨過它，要從那裡開始呢？其實就是從我們對於「客觀對象的認知」做起點的。這個了解哦！你要跨過它，但是你以它做起點。你連這個「對於客觀對象的認知」都未及，都還沒有到的話，你如何跨過它呢？而要跨過「對於客觀對象的認知」，這時候，就是你要對於「表達」這個活動——是一個「主體對象化」的活動——你有所覺察。「它是一個主體的對象化活動，我現在不隨這個主體的對象化活動走。我要『逆返』」就是從這個「主體的對象化活動」走向了「對象」，從「對象」逆返的回來。從對象歸返到主體，歸返到主體而不停留在主體，而又回歸於「主客渾融」之境。

　　簡單的說，「認識」的活動是指向對象的一個清楚的了別的活

動。但是，「體道」的活動，它是由原來你所清楚了知的客觀對象逆返的回到在還沒有「主體對象化」以前的那個「主客渾融」之境，那「主客渾融」之境，最後是回到那裡呢？是回到「不可說」的「靜默」；（你也可以用「空無」這個字眼）回到這樣一個境地上去。

◆ 六祖慧能的體道蹊徑：透過對話語系統的清楚地了別，逆返於「空無的道」

　　所以當六祖慧能雖然不識一字，但是，六祖慧能仍然對語言有所了知的❷。他一樣的對於很多佛理、或很多人間的事理，客觀對象的清楚了知，他是了解的。只是，他不停留在「客觀對象」的了知，他能夠逆返的回到「主客渾融不二」，沒有分別的那樣一個境地。那個境地，就是他常說的「本來無一物」❸；「本來無一物」是什麼意思呢？「本來無一物」就是回到它最原先的來處，那樣的一個來處，沒有「主體的對象化活動」指向客觀對象的，並沒有的。本來就是歸本於「無」。就是「沒有」。所以他（六祖慧能）整個的思維的重心在這裡。

◆ 人生活在話語系統所構造的世界裡，但不能囿於其中，必須超越而上達於道

---

❷　《六祖壇經・機緣第七品》師（慧能）自黃梅得法，回韶州曹侯村，人無知者。有儒士劉志略，禮遇甚厚。志略有姑為尼，名無盡藏，常誦《大涅槃經》，師暫聽即知妙義，遂為解說。尼乃執卷問字，師曰：「字即不識，義即請問。」尼曰：「字若不識，焉能會意？」師曰：「諸佛妙理非關文字。」尼驚異之，遍告里中德者：「此是有道之士，請宜供養。」

❸　六祖所做詩偈：「菩提本無樹，明鏡亦非臺，本來無一物，何處惹塵埃？」

所以，如果以「語言」來講的話，就廣義的解釋，「語言」「文字」做廣義的解釋的時候，其實就是「表達」。就是一個即使是啞巴的人，他也有他的語言與文字，只是他的語言文字不是我們世俗所顯見出來的那一格套而已，他可能是一個「潛藏」的結構。我的意思是說，做一個人，他已經落在這個語言文字所構造的世界裡，你要從這裡回到還沒有構造的，所謂的「先天未化前」，你要回到這兒，那你還是必須從既有的這個結構，做一個思考的起點。你不能夠說「不要」！不能如此的。所以六祖慧能，他說「文字我是不懂啊，但是道理我懂。」「文字」不懂，而之所以「道理」能懂，「道理」當然（是）「體道而來之理」，「體道而來之理」他能夠把它表達出來，那就是對於客觀對象清楚了別，他是有的。那他如何有？那就是「自然薰習而來」。他可能在生活世界裡面，沒有經過很嚴格的學習過程，但是他也在學習，也是「自然薰習」呀！

譬如說像王永慶並沒有學過管理學，王永慶他也會管理，很會管理的。他也是慢慢成長過來的。王永慶他當然也識字，但我並不認為他學問非常高，但是他可以管理的很好。管理很好，在他整套語言結構裡面，他有一套。在這一套之上，有一個「管理之道」，他可能對管理之道有所體會，對管理的技術層面，那些細節，可能並不是他之所長。他是體會了「管理之道」。

◆ 任何一套嚴密的話語系統背後，必有「道」驅使之運作、發展

所以我們這樣說的話，任何一大套嚴密的系統，一定有一個超乎這個系統之上的，使這個系統能夠運作下去的「源頭活水」。那就是「道」。而讓這系統能運作下去的「道」，對整個系統來講的

話,簡單的說,你可以把它視為一套話語系統,這話語系統也可能是一套技術系統,也可能是一套「科層系統」,一套制度組織結構,種種。它總是一套話語系統。而這一套話語系統之上,有「道」在。對這個「道」無所體會者,在話語系統當中,就會被它攪混。

◆ 以政治爲譬:説明「道」與話語系統間的相應關係

一樣的,政治有一大套話語系統,這一套管理技術,一套「科層的體制」、這裡頭有「權力的關係」。但是政治有「政治之道」,「政治之道」是什麼呢?就是剛剛說的話語的系統,管理的技術,科層的組織,權力的結構,及其他種種,可以構成一個總體,而這總體有一種「絪蘊」的、「造化」的,一種「絪蘊造化」的力量。那就叫「政治之道」。

◆ 中國傳統哲學裡對「政治之道」的幾個表達

這個「絪蘊造化」的力量,你再把它表達出來,那是一套「政治之道」的表達。他也可以構成一套「政治之道」的系統。但是那還不是「政治之道」。再往上追溯,追溯到最後就是:「不可說」。「不可說」如果勉強要說,那就講一個最簡單的話──「人法地,地法天,天法道,道法自然」❹。還講「舜,恭己正南面而

❹ 見《老子道德經》第二十五章:「有物混成,先天地生,寂兮寥兮,獨立而不改,週行而不殆,可以為天下母。吾不知其名,字之曰道。強為之名曰大;大曰逝,逝曰遠,遠曰反。故,道大,天大,地大,王(人)亦大;域中有四大,而王(人)居其一焉。人法地,地法天,天法道,道法自然。」

已矣」❺「為政以德，譬如北辰，居其所而眾星拱之。」❻「人人親其親，長其長而天下平」❼。最簡單的話，是不是就是一個已永恆不改的「道」？未必。因為他一旦表達出來以後，凡是人們所表達的，都是有所限制的。它就有它的時空限制。譬如說，我們剛剛背了好幾個——「舜，恭己正南面而已」、「為政以德，譬如北辰，居其所而眾星拱之。」、「人人親其親，長其長而天下平」這些是儒家的「政治之道」；而儒家的「政治理想」、「政治之道」，其實還是有一個指標的：「人倫孝悌」。它不是一個現代的「公民社會」，它是在一個「血緣性的縱貫軸」下的「人倫孝悌」的開展。不是一個現代「公民社會」底下的恰當的、客觀性的、合理的組織。那（指「公民社會」）是另外一套。

◆ 「道論」弔詭的辯證相：道論非道，物論乃物

所以我們再去談什麼「道」，一旦讓我們談出來一個東西，就已經不是那個「道」的本身了。這就是為什麼老子在兩千多年前，在《道德經》一開頭就告訴我們：「道可道，非常道」。「道」，是不可說的。但是「道」不可老只是處在「祕藏」、「不可說」的狀態。它一樣要通過話語系統表達出來，所以「道，可道」。而「可道」之「道」，既然為「可說」的那個道，它就不再是「祕藏而不可說」的了。它是彰顯的，「由隱而顯」，彰顯而為可說的。

---

❺ 見《論語・衛靈公》：「無為而治者，其舜也與！夫何為哉？恭己正南面而已矣！」

❻ 見《論語・為政・1》。

❼ 見《孟子・離婁上・11》孟子曰：「道在邇而求諸遠，事在易而求諸難。人人親其親，長其長而天下平。」

既為「彰顯而為可說的道」，那就不是原來那恆常之道。

　　所以一切的「道論」──「道」「論」這兩個字放在一塊，是帶一種「對反性」──道論非道，道論一定非「道」嘛，對不對？物論呢？物論乃物。（同學們）再想一下。「道論非道，物論乃物。」凡物皆論哪。沒有經過一套話語系統怎麼可能成為「物」呢？所以「有名萬物之母」嘛！是不是？沒有經由一個命名的活動，我們怎麼可能使得一個對象成為一個決定了的定象？做為我們認知的一個東西擺在那裡呢？那是經過這麼複雜的過程。所以「道論」非「道」，「物論」乃「物」。

◆ 莊子《齊物論》中相關「物論」概念的討論

　　這裡牽涉到莊子講的「齊物論」，有人就花了很多的工夫去（研究）說，到底是「齊物‧論」、還是「齊‧物論」？其實是沒那麼大差別。當然是有區別，但是，「齊物」一定要「齊論」才行，（不然）「物」怎麼「齊」呢？「物」如果不經由「論」，那個「物」是渾歸於一，是「主客渾融」的。那個物如果沒有經過我們的分別心，那個「物」不構成那個「物」的。王弼在一、兩千年前就講「名以定形」❽，算是從老子的思考來的。通過了一大套名言概念、話語系統，才使得一個存在的對象物成為一個決定了的定象──「名以定形」。所以，當我們講「齊物」的時候，一定是齊

---

❽　見《老子道德經》第二十五章：「有物混成，先天地生，寂兮寥兮，獨立而不改，週行而不殆，可以為天下母。吾不知其名，強為之名曰大；大曰逝，逝曰遠，遠曰反。故，道大，天大，地大，王（人）亦大；域中有四大，而王（人）居其一焉。人法地，地法天，天法道，道法自然。」王弼在「吾不知其名」下注：「名以定形。混成無形，不可得而定，故曰不知其名也。」

那個「物論」，「物論乃物」，沒有經由論的物，怎麼可能成為物？但是，已經經由「論」的「道」，就已經不再是「道」了。

◆ 《老子》與《金剛般若波羅密經》對「道論」論道方式的解構

　　那我們就在想啊：那麼「道論」該怎麼樣來表達？「道論」的表達方式，老子就很清楚地告訴你：「道可道，非常道」。《金剛般若波羅密經》❾在講佛教之道啊：「佛，非佛，是之謂佛。」「般若，非般若，是之謂般若。」❿「A，非 A，是之謂 A。」他叫「隨說隨掃」，這是一個「詭譎的辯證相」。語言所隱含的「詭譎的辯證相」，他把它揭露出來了。因為我們任何語言都是指向對象的，而指向對象達到極點，就會產生「詭譎的辯證相」。然後把這個「詭譎的辯證相」揭露出來以後，告訴你：凡我們之所說，背後一定有一個「能說」，指向那「所說」，而這「能說」指向「所說」的過程，在最原先的，那「能說」與「所說」是不分的、主客渾融的。就那個部份來講的話，是「不可說」的，「能說」與「所說」不分是「不可說」的。但是一定要從那裡分化出來，才能分「能、所」、「主、客」；才會有「所說」的建立。而這個「所說」的建立，已經遠離了原先的結構，一旦遠離了以後，就會導致

---

❾　梵名 Vajracchedikā-prajñāpāramitā-sūtra。全一卷。後秦鳩摩羅什譯。略稱金剛經、金剛般若經。內容闡釋一切法無我之理。見《佛光大辭典・中》頁3553。

❿　《金剛般若波羅密經》：「佛告須菩提：是經名為金剛波羅密。是以名字，汝當奉持。所以者何？須菩提，佛說般若波羅密，則非般若波羅密。……諸微塵，如來說非微塵，是名微塵。如來說世界非世界，是名世界。……如來說一切諸眾相，即是非相，又說一切眾生，則非眾生。」

「語言的異化」**⓫**。這時候你就必須要把它剔除掉。所以凡是談「道論」的文字，對於這樣的問題，就要仔細地去想到。

◆ **科學時代的困境：「話語系統的境域」替代了「生命實存的覺知的境域」**

　　任何語言之所說，一定會碰到「詭譎的辯證相」，所以對於這「詭譎的辯證相」要能夠把它掃除掉。掃除掉以後，才有可能回到原初的那個境域。「原初的境域」是個怎樣的境域呢？那就是一個實存的境域。這裡就牽涉到一個非常重要的：我們平常是很習慣，一個話語系統所涉到的那樣的一個話語境域。「話語系統的境域」替代「生命實存的覺知的境域」，這時候就導致了「本末倒反」。

　　最明顯的發生在一些法律案件上的證據的問題。在法律案件上，「證據」，其實是一個話語系統所主導構成的境域，他徹底的利用了「話語系統的境域」替代了「生命實存的覺知的境域」。那你說為什麼人類要這麼荒謬這麼做呢？因為一個話語系統所主導構成的境域，才能夠通過所謂「客觀的檢驗」。而「生命實存的覺知的境域」，很顯然的接近一個「主體的覺知」、「主觀的覺知」。我們常常用這樣的方式來替代（「話語系統的境域」替代「生命實存的覺知的境域」），因為我們畢竟活在一套「話語系統」所主導構成的境域裡面。而且越科學的世代，越嚴重。（對於這樣的狀況）我們都認了、認了。這時候你生命會喪失掉原先很多很可貴的東西。你被困在裡面。

⓫　異化：alienation。關於此，請參見林安梧《中國宗教與意義治療》一書，第三章，臺北：明文書局，1996年。

◆ 中國傳統哲學對「話語系統的境域」替代了「生命實存的覺知的境域」的反動力量：「禪宗」之於「佛教」，王弼之於「兩漢象數易學」

那我們現在可以去想一個很有趣的問題：如果「良知學」也是一套話語系統所主導構成的一個系統。這個系統它放在整個中國以「血緣性的縱貫軸」為主導的脈絡底下，這樣所形成的東西，它是否也會使得你忘記了原來的「良知」是生命實存的覺知的那樣一個東西？也就是說，把「良知」與「良知學」誤認為是一回事兒。猛講「良知學」的人不見得是有良知的。猛講佛學的人不見得心中有佛。這樣你就可以了解到為什麼「禪宗」會出現。「禪宗」的出現是「教外別傳」❷。還有「直指人心」「見性成佛」❸，因為佛教的學問，那一大套話語系統所主導構成的東西，龐大的不得了，讓人根本沒有機會真正去面對原來佛教要求你去面對自己的東西。所以（禪宗）要把它掃掉。

那你就可以想像到，在中國的易經、易傳，經過了整個漢代的

---

❷ 《指月錄》頁 124：「世尊在靈山會上，拈花示眾，是時眾皆默然，唯迦葉尊者破顏微笑。世尊曰：『吾有正法眼藏，涅槃妙心，實相無相，微妙法門，不立文字，教外別傳，付囑摩訶迦葉。』」「教」是指佛教經典，教外別傳是禪宗的教義，謂佛的本義不是用教說可以傳達，亦不是用文字或語言可以明白。教外別傳是謂傳佛教時，排除語言文字的教說，直接由心傳心。

❸ 《六祖壇經》〈機緣第七品〉：「汝之本性，猶如虛空，了無一物可見，是名正見。無一物可知，是名真知。無有青黃長短，但見本源清淨，覺體圓明，即名見性成佛，亦名如來知見。」《碧巖錄・卷一》圓悟禪師評唱：「達摩遙觀此土有大乘根器，遂泛海得得而來，單傳心印，開示迷途，不立文字，直指人心，見性成佛。」

象數易學，那也構成了一大套非常龐大的話語系統，而這個話語系統這樣的主導，替代了易經原先「生命實存覺知」的境域，那個境域反倒不見了，這就是為什麼王弼他們提出要「掃象」，就是要把那個象掃掉，而讓《易經》原先的那個意思顯現出來。

◆ 西方現代哲學對「話語系統的境域」替代了「生命實存的覺知的境域」的反動力量：海德格的反省❹

　　這樣想，我們可以發現到，整個西方在現代化之後，出現了很多思想家，他對於整個西方現代化的思維，開始去檢討，這一大套非常龐大的話語系統，所主導構成的境域，替代了原先人們生命實存的覺知的境域，他發覺這樣下去不行，所以對於這樣的思考提出嚴厲的批評，像海德格（M. Heidegger），對於整個西方現代化背後的工具理性的思維，提出嚴厲的批評。指出整個這樣的思考，是一種「代表性的思維」。所謂「代表性的思維」（representative thinking），就是我們剛剛說的，「話語系統所主導構成的」替代「生命實存的覺知」，就是你用你所說的對象，去替代你具體所能覺知到的那樣一個事物。而且以這種方式來控制這個世界。並且用這樣的方式取得更多的生存資源，讓自己活得更好，結果還是一個最大的問題：「生存資源雖然是更多，但並沒有活得更好」，現在有冷氣、有日光燈，但有活得比以前更好嗎？好像應該好一點，但是還有另外的問題，大家開始去思考很多很重要的問題。這東西是

---

❹　Martin Heidegger（1889-1976）。德國哲學家。反對西方哲學傳統：自巴曼尼斯、柏拉圖、亞里斯多德，乃至「我思故我在」的笛卡兒、康德以至黑格爾，他們所主張的「思維與存在的一致性」，受胡塞爾影響，他主張「存在」優先於「世界」的概念。

可以連著這樣說下來。

◆ 《老子》與《金剛般若波羅密經》的「道論」對「道」的闡發不同

所以整個關於「道論」論法的問題，像老子道德經，很明顯的對於「語言對象化」的過程裡面，可能導致的「詭譎辯證相」他一一遣除，他告訴你不要只是「為學日益」，還要「為道日損」，要「損之又損」以至於「無」，「無為而無不為」。《金剛般若波羅密經》一樣用這種方式。但是他所不同的，老子是回到一個「渾融而整體」的狀態，並不是要回到一個「無執、無著」的一個「空無」的境域裡面。佛教比較是回到這樣的境域裡。道家比較回到一個「渾融絪蘊」的，具有「造化」能力的這樣一個總體裡面。佛教不是，佛教是回到一個「無執、無著」的一個「空無」的境域／心域裡面。

◆ 莊子的「道論」的語言性格：以「啟發式的語言」去瓦解，而免除建構對「道」的表達

另外像莊子，他很重要的，發覺到如果我們要用理論性的文字，要去表達所謂「道論」的時候，要去表達那個「道」的時候，限制很嚴重的。所以他認為可以通過一種奇特的、啟發性的表達。啟發性的語言，對於我們原先的主體的對象化活動所主導的指攝對象的語言。基本上採取一個疏離、潰決，一個疏決的活動，而這個疏決的活動，使得這個語言，有非常非常重要的轉變，轉變成不再受主體對象化活動主導的指攝對象的語言。他不再被這東西所主導。那就是莊子所說的「謬悠之說、荒唐之言、無端崖之詞」❶。

---

❶ 《莊子·天下篇》：「以謬悠之說，荒唐之言，無端崖之詞，時恣縱而不

這樣一大套語言，廣的來講，都可以把它叫做「啟發性的語言」。他用了很多「寓言」⓰「重言」⓱「巵言」⓲，就廣的來講，就是一大套「啟發性的語言」。

　　所以說，莊子的語言性格啊，很值得研究。非常難的。到目前為止，研究莊子的語言性格，已經有很多篇文章，但是莊子到底在說些什麼？為什麼這麼說？他的理由，不是那麼簡單把它講好的。非常有意思的。大家回過頭去再去讀莊子的時候，你會發覺到，嗯，會有所不同了。回過頭去讀莊子，把我們今天說的（和它）連在一塊，再去想，他為什麼這麼說？為什麼通過「庖丁解牛」來說「養生主」⓳？「解牛」這個活動，你看這隱喻很有意思哦，「解

　　儻，不以觭見之也。……其書雖瓌瑋而連犿無傷也，其辭雖參差而諔詭可觀。」

⓰　根據朱榮智《莊子的美學與文學》頁 139：「言在此而意在彼，文有寄託，意在言外，叫做寓言。」莊子自述：「以天下為沈濁，不可與莊語。以巵言為曼衍，以重言為真，以寓言為廣。」（《莊子·天下篇》）

⓱　根據朱榮智《莊子的美學與文學》頁 139：「重言，是借重古人或當世名人的話。……古人喜歡託古自重，就是因為引述這些名人的話，可以加重自己說話的份量。當然，就莊子來說，所謂重言，大多也是虛構的，即使真有其人，也未必真有其事、真有其言。」

⓲　根據朱榮智《莊子的美學與文學》頁 139：「巵是漏斗，巵言就是漏斗式的話。莊子巵言的取義，是指他說的話，隨口而出，無成見之言，如漏斗一樣。」

⓳　《莊子·養生主》：「庖丁為文惠君解牛，手之所觸，肩之所倚，足之所履，膝之所踦，砉然嚮然，奏刀騞然，莫不中音，合於桑林之舞，乃中經首之會。文惠君曰：嘻！善哉！技蓋至此乎？庖丁釋刀對曰：臣之所好者，道也，進乎技矣。始臣之解牛之時，所見無非牛者，三年之後，未嘗見全牛也。方今之時，臣以神遇，而不以目視，官知止而神欲行，依乎天理，批大

牛」這個活動來講「養生」啊，「養生」看起來應該是一個積極的建構活動，「解牛」卻是一個消極性的瓦解活動，非常獨特，要通過一個「消極性的瓦解活動」，來說明一個積極的建構。莊子常常用這種方式。

◆ 《莊子》文章跨過了定象性而能恢詭譎怪、道通爲一

截至目前為止，天下文章寫得最好的，思維最高超的，到目前為止，我還沒看過比莊子更厲害的。真的是非常高超。你看看《逍遙遊》：「北冥有魚，其名為鯤」，「鯤」是魚子啊！極小的魚啊！「鯤之大，不知其幾千里也。」把極小跟極大連在一塊。這很厲害，在他的語言的使用裡面，完全打破了那種原先的我們指向的一個對象，使那個對象成為決定了的定象，這種定象性的語言。統統打掉，所以「道論」，莊的一套「道論」。「道論」這詞，我說本身就是很弔詭，「道論非道」但它接近於道。那怎麼說？那是一大套說法。

這個我想就補充一下剛剛同學所提的問題。跟今天所（要）說的，也跨進來了。你們現在慢慢發覺，我們上課前後都是連貫在一塊的。所以，我是希望……因為我現在講的意思還是太簡，就是展開不夠，所以有時會拗在那裡，所以你們要多問一些問題，才能把

郤，導大窾，因其固然。技經肯綮之未嘗，而況大軱乎？良庖歲更刀，割也；族庖月更刀，折也。今臣之刀十九年矣，而刀刃若新發於硎。彼節者有閒，而刀刃者無厚；以無厚入有閒，恢恢乎其遊刃必有餘地矣。是以十九年而刀刃若新發於硎。雖然，每至於族，吾見其難也，怵然為戒，視為止，行為遲，動刀甚微，謋然已解，如土委地。提刀而立，為之四顧，為之躊躇滿志，善刀而藏之。文惠君曰：善哉！吾聞庖丁之言，得養生焉。」

它拉開，拉開以後，就會更了解，更了解的時候，對我來講，就變得開展很大。所以，還有沒有什麼問題？

問題二、剛剛您所說的「靜默」，是不是就論語所說的「天何言哉，四時行焉，百物生焉」？這邊（前面問題提到的）這個「語言」（指話語系統），郭象他注莊，他是「寄言出義」跟這個有什麼關係？（發問人：來春）

林師答：

◆ 詮釋者對經典的詮釋，必有滲入自己的觀點。故而郭象注《莊子》，則是「詮釋」Interpretation，而非「解釋」Explanation[20]。

　　我想讀郭象注莊，那是不得已嘛。因為《莊子》很難讀，總是還要人繼續注。但是郭象注莊，已經不可能是莊子本身的表達，他已經有他自己的詮釋跑進去了，所以最高的一個境域是，你通過郭象所注的《莊子》，你怎麼樣進入《莊子》。那就是你要對於郭象所指點的一個途徑，你順逐著那途徑進去，但是你不要被他的那一大套話語系統所限制，進到《莊子》，而不被《莊子》那一大套話語系統所限制，你就超過莊子，這是可能的。我們師大國文系，有一位老先生，你們大概沒有受過他的教育的，就是魯實先，魯先生。魯先生他是認為：他（自己）是倉頡的弟弟，許慎的哥哥。文字學

---

[20]　參見：傅偉勳《從西方哲學到禪佛教》〈老莊、郭象與禪宗——禪道哲理聯貫性的詮釋學試探〉頁 400-401。東大圖書股份有限公司出版，1986 年 6 月初版。

大師。倉頡的弟弟嘛，倉頡是造字者，「倉頡者，創契也」。他發現《說文解字》有很多錯，所以他比許慎高明，只比造字者差一點。（魯先生在）我們老一輩的先生裡面，（算是）最狂的一位先生，他說「懂得《史記》的只有一個半，其中一個是司馬遷，另外半個是魯實先」所以有一些故事，你們大概聽都沒聽過。很可惜他六十出頭就過世了，他很多絕學，不傳了。

◆ 自「天何言哉，四時行焉，百物生焉」釋中國哲學中的「靜默」

所謂「天何言哉，四時行焉，百物生焉」，所謂「靜默」並不是跟「動」跟「言」背反，靜含有動，默含有言，所以「百物生焉、四時行焉」，孔老夫子講這話的時候，意思是整個天地間，隱含了一個「生長的」「創造的」這樣的動源。這樣的動源，由這個生長創造的動源，所開展出來，它就有一個「道理」就有一個「次序」就有一個「法則」。什麼道理？什麼次序？什麼法則？就是「四時行，百物生」。這個四時春夏秋冬，如此而行，萬物如此而生，背後有一個道理，有一個客觀的法則在，那麼他就把那個東西說成一個「不可知」的東西，而這「不可知」的東西，相對於人所處的人間來說，他就用「天」這個字。他認為不能夠老是落在話語系統的主導下去說，應該回到非話語系統的，或超乎話語系統上的，那個「不可說」「不可知」的「道」。從那裡去展開一個如實的創造活動，如實的生長活動。這裡我們可以看出，創造生長，優先於控制管束，這是孔老夫子的想法。

◆ 華人文化的傳統：道德的優先性

重點在於創造生長，而不是控制管束。這也是整個華人最重要的東西。所以華人基本上，在「法」上一定再強調一個「道」。

「道德」為優先,「法律」為其次。跟這個相關了。對客觀的「法」、客觀的「法則」雖然也重視它,但是認為在客觀的法則之上,有一個回到生命總體本源的「道」,最為優先。所以「言」跟「默」,「默」更為優先。靜,靜中有動,宋明理學家,有人重新解釋這個「靜」**㉑**:「靜者,恆動也」。一種恆常之動,為靜。並不是果真「不動」的。靜並不是不動。動亦不是我們一般所說的那個動,這個地方他其實是說,整個話語系統表達之前,有一個更為根本的東西。

(以上為王淑雍整理並註)

問題三:老師剛才所講道家與佛家對於話語系統的反省,那我想請問一下儒家對這方面有沒有什麼反省?(發問人:婉玲)

林師答:

◆ 儒家對話語系統的反省表現在先秦孔孟思想中,《論語》中可其見大概

　　儒家號稱在中國歷史上是主流,不要忘了主流一般的反省能力比較弱。

㉑ 周敦頤《太極圖說》:「太極動而生陽,動極而靜;靜而生陰,靜極復動,一動一靜,互為其根。」二程子:「動靜相因,動則有靜,靜則有動。」朱熹:「動極生靜,亦非是別有一個靜來繼此動,但動極則自然靜,靜極則自然動,推而之上,沒理會處。」王安石:「靜為動之主,重為輕之佐。……動而不知返靜,則失其主矣!」王陽明《傳習錄》:「靜未嘗不動,動未嘗不靜。」《知困記》:「陰陽動靜,其大固分然。然自流行觀之,靜亦動也;自主宰觀之,動亦靜也。」

　　但是孔老夫子好像很有反省？意思就是說在孔老夫子年代還沒有成為主流。從董仲舒跟漢武帝提罷黜百家，獨尊儒術這建議後開始，那時候儒家反省能力就比較弱了。儒家在董仲舒跟漢武帝作這樣的建議後，這樣的儒家我們把他叫做「帝制式的儒學」，官方化了的儒學；相對於這帝制式的儒學，其實有個「批判性的儒學」；儒學總在倫常日用中的，他不是真的重視權力，也不是為了對抗權力，他跟人倫日用連在一塊，那可叫做「生活化的儒學」。大抵說來，「帝制式的儒學」對於所謂的，類似我們剛說的一整套語言系統反省能力是很弱的：皇上怎麼說，我就怎麼做；黨要我到哪裡，我就到哪裡，……類似這種話。那「批判性的儒學」對於「帝制式的儒學」，對於一整套的話語系統基本上是有所批判的。「生活化的儒學」落在生活中，它不是完全沒批評，但它重點不在批評，重點也不在於反省，它是避開那帝制式的、整套的、專制的話語系統的，所謂的避開是指不直接衝突，但是他其實是接受的，大部分接受。

　　儒學對於整套話語系統所導致的權力的反省比較少，如果說有的話，我們必須回到先秦。回到先秦，我們看孔子和孟子，我們發覺到他的反省大抵來講可以從《論語》裡看到：從「禮」反省到「仁」。「禮云禮云，玉帛云乎哉？樂云樂云，鐘鼓云乎哉？」❷❷「人而不仁如禮何？人而不仁，如樂何？」❷❸「克己復禮

---

❷❷　見《論語·陽貨》第十一章，子曰：「禮云禮云，玉帛云乎哉？樂云樂云，鐘鼓云乎哉？」

❷❸　見《論語·八佾》第三章。

為仁。」❷仁與禮形成了張力:「仁」強調內在生命生息的感通,真實的互動;「禮」強調的是人間的恰當的正當的、具體的規範跟途徑。而人間的、具體的、恰當的規範跟途徑,這就是所謂的構成一大套的話語系統,就這個來講的話,儒學基本上承認既存之禮,然後展開活動,發掘既存之禮的意義──承認他,發掘他。孔子不是跟子貢說:「爾愛其羊,我愛其禮。」❷發掘,點出怵惕惻隱之仁❷,這整個儒學對於一個既存的話語系統背後意義的闡發,從這背後意義的闡發再回過頭來澆灌潤澤這個禮。澆灌潤澤這個禮就是所謂的「訂禮樂」。

---

❷　見《論語‧顏淵》第一章:顏淵問仁。子曰:「克己復禮為仁。一日克己復禮,天下歸仁焉。為仁由己,而非由人乎哉?」顏淵曰:「請問其目?」子曰:「非禮勿視,非禮勿聽,非禮勿言,非禮勿動。」顏淵曰:「回雖不敏,請事斯語矣!」

❷　見《論語‧八佾》第十七章:子貢欲去告朔之餼羊。子曰:「賜也!爾愛其羊,我愛其禮。」

❷　《孟子‧公孫丑上》:孟子曰:「……所謂人皆有不忍人之心,今人乍見孺子將入於井,皆有怵惕惻隱之心──非所以內交於孺子之父母也,非所以要譽於鄉黨朋友也,非惡其聲而然也。由是觀之,無惻隱之心,非人也;無羞惡之心,非人也;無辭讓之心,非人也;無是非之心,非人也。惻隱之心,仁之端也;羞惡之心,義之端也;辭讓之心,禮之端也;是非之心,智之端也。仁之有是四端也,猶其有四體也。有是四端而自謂不能者,自賊者也;謂其君不能者,賊其君者也。凡有四端於我者,知皆擴而充之矣,若火之始然,泉之始達。苟能充之,足以保四海;苟不充之,不足以事父母。」

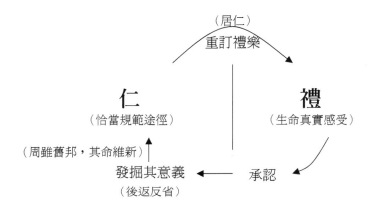

◆ **儒學最終希望居於道德之仁，達到「天何言哉」的太和境界**

儒學基本上走這傳統主義的路。把這傳統維新起來，「周雖舊邦，其命維新」❷，點燃照亮我們內在的火炬，喚起我們內在實存的感受，而讓人們能居住在這個宅第裡，居住在「仁」——「居仁」❷。隨順這個心靈真實的一個宅第——仁。「仁者，人之安宅也」，隨順著這樣而走出了一套自我完善的路——居仁、由義、如禮、作智，仁義禮智，基本上最源頭——居仁❷，怵惕惻隱之仁。所以他所走的路子他是從人的最根本的這樣的性情真實感通處說，這樣的性情真實感通處說他能不能到達更高的境遇，把所謂的話語

---

❷　《大學·傳二章》：湯之盤銘曰：「苟日新，日日新，又日新。」康誥曰：「作新民。」詩曰：「周雖舊邦，其命維新。」是故，君子無所不用其極。

❷　《孟子·盡心上》：王子墊問曰：「士何事？」孟子曰：「尚志。」曰：「何謂尚志？」曰：「仁義而已矣，殺一無罪非仁也，非其有而取之非義也。居惡在？仁是也；路惡在？義是也。居仁由義，大人之事備矣。」

❷　《孟子·盡心下》：孟子曰：「仁也者，人也。合而言之，曰道。」

系統解掉，然後重建呢？可以那就是到達孔老夫子所說的「性命天道相貫通」，這境遇就是不可說的境遇，「天何言哉」❸⓿的境遇。這樣的境遇是一個什麼樣的境遇呢？不是政治組織結構如何的問題，不是社會經濟處理的問題，而只是人們在天地間好自生活的問題，這就是孔老夫子「吾與點也」❸①的慨嘆，太和境界❸②──「暮春三月，春服既成，冠者五六人，童子六七人，浴乎沂，風乎舞雩，詠而歸。」太和境界。

　　孔老夫子不停留在我們所說的語言、文字、象徵符號，而作一

---

❸⓿　《論語·陽貨》子曰：「予欲無言！」子貢曰：「子如不言，則小子何述焉？」子曰：「天何言哉？四時行焉，百物生焉，天何言哉！」

❸①　見《論語·先進》子路、曾皙、冉有、公西華侍坐。子曰：「以吾一日長乎爾，毋吾以也。居則曰：『不吾知也！』如或知爾，則何以哉？」子路率爾而對曰：「千乘之國，攝乎大國之間，加之以師旅，因之以饑饉，由也為之，比及三年，可使有勇，且知方也。」夫子哂之。「求，爾何如？」對曰：「方六七十，如五六十，求也為之，比及三年，可使足民，如其禮樂，以俟君子。」「赤，爾何如？」對曰：「非曰能知，願學焉！宗廟之事，如會同，端章甫，願為小相焉。」「點，爾何如？」鼓瑟希，鏗爾，捨瑟而作；對曰：「異乎三子者之撰。」子曰：「何傷乎？亦各言其志也。」曰：「暮春者，春服既成，冠者五六人，童子六七人，浴乎沂，風乎舞雩，詠而歸。」夫子喟然嘆曰：「吾與點也！」

❸②　太和，宇宙混沌為分化的本體，意義同於道。《周易·象辭》：「乾道變化，各正性命，保合太和，乃利貞，首出庶物，萬國咸寧。」宋儒張載《正蒙·太和篇》：「太和所謂道，中涵浮沈、升降、動靜相感之性，是生絪縕相盪、勝負、屈伸之始。」清儒王夫之《正蒙注》：「太和，和之至也。到者，天地人物之通理，即所謂太極也。陰陽異撰，而其絪縕於太虛之中，合同而不相悖害，渾淪無間，和之至也。未有形器之先，本無不合，既有形器之後，其和不失，故曰太和。」又「太和之中，有氣有神。神者非他，二氣清通之理也。不可象者，即在象中。陰與陽和，氣與神和，是為太和。」

後返的反省，到最後到達這個境界。意思是說位於既存之禮樂制
度，你去發掘他的意義，點出忧惕惻隱之仁，最後到達「天何言
哉」的境遇。如果不到這裡，便流落到告子「仁內義外」❸的仁，
這個仁就是你對我好，我對你好的仁，不是一個回到宇宙總體的
「一體之仁」，他是「兩私之仁」。如果我們作一對比的話，孔子
所說的仁是「一體之仁」，不是「兩私之仁」，兩私之仁—兩個人
私下的那個仁，是屬於情性的仁，不是道德之仁，不是上通於
「道」跟「德」的仁。上通於道跟德的仁，就不是老子所批評的儒
家的仁，道家批評儒家在「兩私之仁」——「失道後德，亂之首
也」❸，這樣的批評針對的不是孔子，而是孔學末流。道家對於整
個道德仁義禮深度的反省，而這裡對於仁，他有所批評有所反省，
這裡所說的仁就是兩私之仁，就是情性之仁，而不是一體之仁道德
之仁。如果是道德之仁那就是「志於道，據於德，依於仁，游於
藝」❸之仁，這個仁是內在本性之所發，內在本性是由總體之本源

❸ 《孟子・告子上》告子曰：「食色，性也。仁，內也，非外也；義，外也，
非內也。」孟子曰：「何以謂仁內義外也？」曰：「彼長而我長之，非有長
於我也；猶彼白而我白之 ，從其白於外也，故謂之外也。」曰：「異於白馬
之白也，無以異於白人之白也；不識馬之長也，無以異於長人之長與？且謂
長者義乎？長之者義乎？」曰：「吾弟則愛之，秦人之弟則不愛也，是以我
為月者也，故謂之內。長秦人之長，亦長吾之長，是以長為悅者也，故謂之
外。」曰：「者秦人之炙，無以異於者吾炙，夫物則亦有然者也，然則其炙
亦有外歟？」
❸ 見《老子道德經》三十八章：「失道而後德，失德而後仁，失仁而後義，失
義而後禮。福禮者，忠信之薄而亂之首也。」
❸ 見《論語・述而》第六章。

之所顯，由總體之本源之所顯而為內在之本性，由內在之本性所發而為彼此互動之感通，由彼此內在之感通再落實於人間優游於六藝，這整個來講就是「志於道，據於德，依於仁，游於藝」。「道」是就總體本源說，「德」是就內在的本性說，「仁」是就彼此的感通說，「藝」是就生活世界六藝廣的來講，所以「志於道，據於德，依於仁，游於藝」這個仁是以道德作為本的道德之仁。道德之仁是關連著人跟人、人跟物、人跟天之間通而為一的作為一體的仁。

◆ 儒佛老都是以實存的覺知的生命境界為主導，達到主客不二，交融為一的靜默之境

就此而說反省到透徹了，最後就要回到「靜默」，回到「空無」，只是「靜默」「空無」這些語詞後來佛老談得非常多，為了跟佛老一別苗頭，所以儒家的很多學者們在談到這個問題的時候，努力的把這個取消掉。之所以取消掉，是因為儒家所強調的是一個積極的建構，而不是消極的瓦解，積極的建構最後給出一個本源——天、道。宋明理學家很多判教的活動說：「吾儒本天，佛教本心」，很荒謬啊！孟子不也是講「盡心、知性、知天」**❸⑥**，怎麼吾儒本天，他們本心呢？這區別有時用的語句不很恰當。整個來講，儒家的重點在於建構，佛老重點在於解構，其實他們所到達的最高境域是相同的，都是以實存的覺知生命境域為主導。他們對於話語系統所造成的限制有消解之作用，他們強調不能停留在那裡，要跨

---

❸⑥　《孟子‧盡心上》孟子曰：「盡其心者，知其性也。知其性，則知天矣。存其心，養其性，所以事天也。殀壽不貳，修身以俟之，所以立命也。」

過去。

「天何言哉！四時行焉，百物生焉」，並不是說都不去管了，而是要用真實的怵惕測隱之仁從這裡說，道本從容啊！雖然怵惕惻隱，但無勉強。宋明儒在此表現最好的是程顥，程明道有詩曰：「萬物靜觀皆自得，四時佳興與人同。」陽明也表現出來了，他對道理體悟非常深，他在四句教裡：「無善無惡心之體，有善有惡意之動，知善知惡是良知，為善去惡是格物。」❸❼超越一切善惡相，回到本源，這本源就是一寂然不動，這「寂然不動」便隱涵「感而遂通」❸❽，即寂即感。這裡要留意一下，這些東西不只是心靈的主觀境界，更是主客不二，交融為一的靜默之境，這主客不二，交融為一的靜默之境這就不只是主觀境界，換言之，這就是一個生命存在的實踐，這就是孔老夫子講的「先行其言，而後從之」❸❾，你生命存在的實踐擺在前頭，話語系統跟上去這才合而為一，不然話語系統先造在上頭，問題就產生了。這就是儒家在這方面的反省。

◆ 帝王控制底下的儒佛道傳統容易成為心靈主觀的境界

儒家在這方面的反省很深的，不是沒有，只是我們說的不是帝

---

❸❼ 《傳習錄》卷下（門人黃以方錄）先生曰：「……無善無惡是心之體，有善有惡是意之動，知善知惡是良知，為善去惡是格物。只依我這話頭隨人指點，自沒病痛，此原是徹上徹下功夫。利根之人，世亦難遇；本體功夫一悟盡透，此顏子明道所不敢承當，豈可輕易望人。人有習心，不教他在良知上實用為善、去惡功夫，只去懸空想個本體，一切事為俱不著實，不過養成一箇虛寂。」

❸❽ 《傳習錄》卷下（門人黃以方錄）先生曰：「人之本體，常常是寂然不動的，常常是感而遂通的，未應不是先，已應不是後。」

❸❾ 《論語·為政》子貢問君子。子曰：「先行其言，而後從之。」

王控制下的儒家。帝王控制下的儒家有沒有可能去反省呢？看起來似有但他不是，也就是他會將之視為心靈主觀的境界。其實在帝王專制無所不至的控制底下，他也會使道家和佛家深入的反省到最後變成心靈主觀的境界。所以儒家、道家、佛教經過了兩千年的君主專制以後，到最後大家都把他想成那只是心靈的主觀境界，所以念中文系的對儒家、道家、佛教既然是有所理解的，並且所謂要身體力行，那就是要很接近這樣的心靈主觀境界，那就要去強調怎樣去修養成這種心靈主觀境界，但是多半這種心靈的主觀境界一旦修養成，就很麻煩，如果沒處理好，便成了麻木不仁，很弔詭，這就是我發給大家的一篇〈孔子和阿 Q〉❹中提到的。

　　生命存在的實踐，生命有很多很可貴的東西，當喜則喜、當哀則哀、當樂則樂，但是在一大套專制的話語系統教養底下，當喜不能喜、當哀不能哀、當怒不能怒、當樂不能樂，裝作一副嚴肅而恭順的樣子，這就已經失去原來中華文化最重要的精神。中華文化最重要的精神，儒道佛教都是強調生命存在真實的體會和實踐，並不是在一個既有的專制的控制底下作一個順民，我們要從這個「順民意識」轉出一個「公民意識」來，以前是「天民」——天之良民這

---

❹　林安梧〈孔子與阿 Q〉，《鵝湖月刊》第 22 卷第十期，「內聖通不出去為外王，反折回來，又使得那道德的自我修養意識再異化為一『道德自我的境界之追求』。此時之道德轉而為一境界型態之物，而不再是實理時事。原先的道德精神境界的追求所為的是自我的治療與康復，俾其能開啟道德的自我修養之可能；但在世衰道微的情況之下，即如道德尋境界亦成為一虛假而短暫的境界。這再度往下異化便成為一『自我的矯飾』與『自我的休閒』，明說其理由，實則為虛，終而墮入一自我蒙欺，萬劫不復的魔業之中。」

個意識,現在轉為「公民」。專制底下是為「順民」,原來良知的、自然的、自覺的是「天民」,在社會契約論底下所成的民主憲政的公民社會就是「公民」,現在臺灣既無順民,也無天民,也不是公民,暴民?亂民?也不好,紛紛擾擾。

問題四:有些佛教人士他們也強調生命存在的實踐,只是在這之前他們先要求破除執著,除我執就是要達到沒有喜怒哀樂,在他們的戒律之下,他們的生命實踐是建構在什麼地方?(發問人:夙雯)

林師答:

◆ 破除我執是要破除對喜怒哀樂的執著,更不可陷入神聖話語系統的迷失

破除我執並不是不要喜怒哀樂,而是不要被喜怒哀樂所擺弄,我們很容易被我們的喜怒哀樂所擺弄,而不是連喜怒哀樂都不要有。修行不是修得喜怒哀樂模糊不清,而是當喜則喜,當怒則怒,當樂則樂,喜怒哀樂,存神過化,不要一直執著於喜怒哀樂,並不是不要喜怒哀樂。所以他們說要去除喜怒哀樂是錯的,是去除喜怒哀樂的執著❹,一字之差,差別很大。所以他們很努力修,也修得一副規規矩矩的樣子,那就很可憐,他的生命就變得絕對不會再犯

---

❹　《傳習錄》卷下(門人黃省曾錄)先生曰:「喜怒哀懼愛惡欲,為之妻情,七者俱是人心合有的,但要認得良知明白。……七情順其自然之流行,皆是良知之用,不可分別善惡,但不可有著。七情有著,俱之欲,俱為良知之蔽。」

錯。不會再犯錯是什麼意思呢？就好像死人一樣。**㊷**當然不是每個都修成這樣，但有這樣的。這就是為什麼禪宗要出來破除，禪宗的破除要呵佛罵祖：什麼佛？什麼祖？你們穿著迦裟就算是嗎？你以為人家稱你為大師，叫法師，你足以為法？足以為師嗎？你們看到人就往地面一直猛看，看得人家要對你磕頭，那是嗎？……人很有限，不要以為加入了某一個團體，放進了某一個神聖的境域，放到了神聖的話語系統，由那個話語系統形成了絕對的權力，就成了一個保護的作用。學術也一樣，學術也可以放入一個神聖的權力裡面，就形成了一個保護，例如中央研究院的院士，你院士錯還是錯了，你以為你向上提昇，其實你是向下沈淪，你不是院士還是院長哩，你怎麼可以在選舉最後的階段出來說我挺誰，你那時應站在學術的角度來批評選風之敗壞而不是我現在站到哪一邊去。哪一邊代表正義？哪一邊代表不正義？

　　這就是問題的關鍵所在：人們很容易認為放到被神聖所包裹的權力機制形成一大套龐大的話語系統組織系統之後裡面很安全，因為那樣不會犯錯，──不會犯錯，那生命就死了一半。這一點可以瞭解到：不貴在無過，貴在能改。這話這樣重新理解，整個不一樣了。人並不是在求過錯，而是你總可能犯錯，而在能改。所謂能改的意義何在？不是只合於現實的規範，而是要合於人內在的心靈意志的渴求，這是最難的問題，也是最常出麻煩的問題，但是對於一個知識份子而言，就是要面對這個問題，沒有面對這個問題，就是

㊷　《六祖壇經·定慧品》：「若只百物不思，念盡除卻，一念絕即死，別處受生。是為大錯。」

沒有反省，百姓日用而不知。

◆ **生命煩惱無法消除，應從煩惱中見菩提**

　　佛教還有很多被挑戰的，臺灣的道教、民間宗教那個問題不嚴重？臺灣的宗教根本不叫昌盛，那叫猖獗。但臺灣也有值得稱讚的部分，你看慈濟功德會做了多少事，其他幾個佛教團體做了多少事，佛教還是比較上軌道的。但是越是上軌道就有更多人打著他的話語系統背後權力在那裡作祟，然後話語系統加在上面，總是可能。所以要隨時保持一種高度的反省能力。所以喜怒哀樂是不能去除的。人是不可能把念頭去除的，《六祖壇經》講得很清楚：「只不隨他去便是了。」不起念頭怎麼可能呢？你看多少禪宗語錄、公案都是在標明這個道理，作為一個人，活生生一個人，生命是很可貴的，明心見得此性，不是把你生命原來的煩惱、屬於你認為苦惱的通通取消掉，是從此煩惱中見得菩提❸。

　　我記得有個寓言故事：

　　有一個和尚，他想去閉關，請一個老婆婆「這三年我要閉關，請你幫我送東西，成全我。」閉關三年，老婆婆想試他有沒有悟道，就叫他女兒去送東西：「和尚出關時，你抱住他，問他：你體會到什麼？」這個小姐照做。和尚很莊嚴地說：「三冬無暖氣，枯木倚寒巖。」回去，小姐照實講了，婆婆很生氣：「供養三年，供養出一個死人來。」❹和尚覺得自己沒悟道，很難過，回頭又跟婆

---

❸　《六祖壇經·般若品》：「凡夫即佛，煩惱即菩提。前念迷即凡夫，後念悟即佛；前念著境即煩惱，後念離境即菩提。」

❹　此事另見《指月錄·卷七》昔有一婆子供養一庵主，經二十年，常令一二八女子給侍。一日，令女子抱定曰：「正恁時如何？」主曰：「枯木倚寒巖，

・附錄一　「存在覺知、話語建構及其瓦解」之問題討論・

婆說再成全我三年，三年用功。三年後如法炮製，和尚講了另外一段話：「天知地知，你知我知，莫叫婆婆知。」

　　禪宗的話是非常豐富的，但要有個恰當的途徑去理解。意思就是這裡頭有一種真實的體會和感受，不需要用語言與系統去對應說這樣是標準答案，而要跨過。這真實的體會我能知，你能知，天能知，地能知，不必要婆婆知。是這意思了。你要把他理解成其他意思，那會成很奇特的解法。六祖慧能跟臥輪禪師的那段話，我沒講過吧。這很重要的，現在佛教界很多人在搞這些東西。六祖慧能在《六祖壇經》這部書中記載，當時有一有名禪師叫臥輪禪師，認為自己修行很有心得，就寫了一個偈語：「臥輪有伎倆，能斷百思想，對境心不起，菩提日夜長。」呈給六祖聽，六祖隨口就說：「慧能無伎倆，不斷百思想，對境心數起，菩提這麼長。」❹人怎麼能斷念呢？所以六祖說的好；不隨念而去。人有覺知，你坐在這讀書，後面有人在吵你，你一定可以覺察到，你不可能全部都忘掉。那你說你可以不受干擾，對，你可以不受干擾，但你還是會有覺知。這個《陽明傳習錄》中有一段很有意思，陽明學生說程伊川有一次提到說；隔壁有人在吵鬧，有人在這裡讀書，完全不受到干擾，他認為這個人心甚靜。陽明說，不錯，但恐怕是嘲諷心甚靜這

三冬無暖氣。」女子舉似婆。婆曰：「我二十年只供養箇俗漢。」遂遣出，燒卻庵。

❹　《六祖壇經・機緣品》有僧舉臥輪禪師偈云：「臥輪有伎倆，能斷百思想，對境心不起，菩提日日長。」師聞之，曰：「此偈未明心地，若依而行之，是加繫縛。」因示一偈曰：「慧能無伎倆，不斷百思想，對靜心數起，菩提作麼長？」

・249・

個人，並不是他真的不受影響❹。意思很像剛舉的六祖慧能和臥輪
禪師。陽明所說的「靜」一定要含有「默」，真正的「靜默」要
「動言」——「靜中有動，默中有言」。

◆ 人們的自覺如有損自然必得反省系統之問題，回歸生命本身

　　「天何言哉，四時行焉，百物生焉。」所以喜怒哀樂是好的，
喜怒哀樂，天之情也！自然給予我們的。這裡牽涉到人們的自覺如
果有損於自然，那我們要去反省這自覺是否有問題。自然的意思是
什麼？自然有一種上提的力量。魚與熊掌不可得兼，「生，亦我所
欲也；義，亦我所欲也，二者不可得兼，捨生而取義也。」❹就是
自覺。自然希望求生啊！捨生而取義也，是不得已的。所以我這樣
舉例是不得已的。這只能捨生取義，為什麼？因為你在人間世，你
就必須接受人間世的義理，人間世的理想。你如果不在人間世，根
本與這不相關。所以儒家是告訴你，你自覺的，你在人間世裡，所
以你必須去實踐人間世裡更高的理想。為了要實現那更高的理想，
落在人間世已經產生了衝突的時候，你必須以更高的理想作為歸
依，這是儒家。

　　道家呢？道家認為那更應該反省這個衝突點怎麼產生的？要是

---

❹　《傳習錄》卷下（門人陳九川錄）又問：「用功收心時，有聲、色在前，如
　　常聞、見，恐不是專一。」約：「如何欲不聞、見？除是槁木死灰、耳聾、
　　目盲則可。只是雖聞、見而不流去便是。」曰：「昔有人靜坐，其子隔壁讀
　　書，不知其勤惰。程子稱其甚敬。何如？」曰：「伊川恐亦是譏他。」

❹　《孟子・告子上》孟子曰：「魚，我所欲也，熊掌亦我所欲也，二者不可得
　　兼，捨魚而取熊掌者也。生，亦我所欲也；義，亦我所欲也，二者不可得
　　兼，捨生而取義者也。生亦我所欲也，所欲有甚餘生者，故不為苟得也；死
　　亦我所惡，所惡有甚於死者，故患有所不辟也。」

人間實現這麼高的理想會產生這麼嚴重衝突的時候,那不是要反省人間這個衝突嗎?怎麼可以一直要求人民自覺地在這個衝突裡做出選擇,而選擇更好的呢?怎麼會弄出這個問題來呢?為國捐軀,了不起啊!捨生取義,殺身成仁。道家不是認為不要殺身不要捨生,要問:為何作這事要落到殺身與捨生的地步?人間世那麼嚴重嗎?搞到如此地步,那一定整個系統有問題,應該反省整個系統──這是道家第一指向。所以告訴你人活著對父母親孝順是一件很平常的事,對子女慈愛也沒那麼嚴重,現在這孝跟慈都被拿來標榜了,那就是「六親不和有孝慈,國家昏亂有忠臣。」❹當我們去看一個東西,去看他的價值,如果他在人間世做出有價值的行為是那麼的辛苦,那麼的勉強,這時,我們不僅去讚佩他,更要去反省為何落得如此?這是道家很可貴的地方。你為了要把英文學好,把指頭剁掉以示決心,真可憐,怎麼可能引發敬佩之情呢?文天祥死,了不起啊!但你內在裡面興起的第一個應該是可憐,竟然須得如此。人生可以不必如此,為何要如此,也不是他選擇的。這是道家式的反省,道家式的反省就是把一切偉大皆歸於平凡,然後人生有比偉大更為重要的事,那就是「平常」。「復命曰常,知常曰明,不知常,妄作,凶。」❹回復到生命本身就叫常,生命本身就要過日

---

❹ 《老子道德經》第十八章:「大道廢,有仁義;智慧出,有大偽;六親不和,有孝慈;邦家昏亂,有貞臣。」成疏曰:「治世之時,忠臣不見;昏亂之世,貞節斯彰。」憨倒說:「六親和順,則孝慈之名不立;言孝慈,六親已以不和矣。國家治平,則忠臣之行不彰;言忠臣,國家已昏亂矣。」

❹ 《老子道德經》第十六章:「夫物芸芸,各復歸其根。歸根曰靜,靜曰復命,復命曰常,知常曰明,不知常,妄作,凶。」王弼《老子注》〈十六

子,過日子,很簡單,沒那麼複雜的,沒那麼痛苦的,那就是調整調整。我們畢竟不是在道家所設想的那個世界裡,如果我們只順著道家的方式,那我們的人生很難卓越。所以,想想,道家這個層次要作什麼樣的理解和運用,看你自己。

問題五:1.老師說《莊子·庖丁解牛》用以說明養生之道,為什麼會用消極性的瓦解來說明積極的建構呢?

2.王弼說:「聖人體無,無又不可以訓,故聖人不說」有何依據?又為何聖人不說?(發問人:來春)

林師答:

◆ 從不可說到可說:「不可說」是自然之境,「可說」是屬於名教之境,名教之境跟自然之境是可以連成一塊的

先從後面問題來說,後面那個解釋其實是「名教」與「自然」會通的問題,那些話是有道理的,不是強做解人。站在名教立場,他其實是對道家有所貶責,所以聖人體無故言有,老子恆言其所不足❺,意思好像老子又落入底下一層,這地方他是有立場的,立場往上就往上說。可不可以站在老子的立場往上說?可以,這是雙方辯論,辯論是越辯越不明。辯論是說服對方,討論是傾聽對方,辯論和討論不同,辯論是你應該聽我的,討論是我拋出我的,目的在

　章〉:「常之為物,不偏不彰,吳曒昧之狀,溫良知象,故曰知常曰明也。為此復,乃能包通萬物,無所不容。」

❺　《世說新語·卷二文學篇》王輔嗣弱冠詣裴徽,徽問曰:「夫無者,萬物之所資,聖人莫肯致言,而老子申之無己,何邪?」弼曰:「聖人體無,無又不可以訓,故言必及有。老莊未免於有,恆訓其所不足。」

於我想聽你的。當時「名教」與「自然」的會通，你還是可以從辯論中去設想如果一個恰當的討論可以怎樣產生，從自然之境是否可以下通於名教呢？也可以。那問題就牽涉到我們今天談的「言」跟「默」的問題，無言──從「不可說」到「可說」。「不可說」是自然之境，「可說」是屬於名教之境，名教之境跟自然之境是可以連在一塊的，但是站在意識型態的話語系統自己的立場上的時候，一定是說別人的不行我的行。這很像政黨在爭權力的問題。所以自古以來所有哲學論爭通通帶有強烈的非理性情態，任何理論都如此，所以你在作關於論爭的研究，你一定要幫他說清楚，然後幫他疏通，如果是怎樣，有些什麼可能。

◆ **整個佛老的方式就是以遮撥代替表詮，以否定性的表達代替積極性的建構**

　　前面那個問題──庖丁解牛，其實是「吾聞庖丁解牛而得養生焉。」❺❶庖丁解牛，只從字面上包括他整個故事的過程，他其實在講一個「以無厚入有間」，「游刃有餘」❺❷的心情，你必須用這樣的心情去面對這紛擾的世界。以無厚入有間，你才能夠真正「安時而處順，哀樂不能入」❺❸，哀樂不能入不可以解釋你沒有哀樂，而

---

❺❶　請參見同註❶❾。

❺❷　同註❺❸。

❺❸　《莊子・內篇・養生主》老聃死，秦失弔之，三號而出。弟子曰：「非夫子之友邪？」曰：「然。」「然則弔焉若此，可乎？」曰：「然。始也吾以為其人也，而今非也。向吾入而弔焉，有老者哭之，如哭其子，少者哭之，如哭其母。彼其所以會之，必有不蘄言而言，不蘄哭而哭者。是遁天倍情，忘其所受，古者謂之遁天之刑。適來，夫子時也；適去，夫子順也。安時而處順，哀樂不能入也，古者謂是帝之懸解。」

是哀樂的執著不會沾在你身上，那就能過去。所以他整個來講養生就字面上看起來有長養、滋養，讓他生得更好，但在整個道家的思想裡面，所謂要讓你養的更好、生的更好，最好的方式就是要你把不必要的方式取消掉。學問要好，要把不必要的東西取消掉，取精用宏，淘汰其餘。所以「庖丁解牛」其實是以「消極性的瓦解」來說「積極性的建構」。

養生看起來是一生命積極性的建構，但他卻用一種消極性的方式。消極這一詞常在我們日常生活中被用錯了，使大家一聽消極便覺得不好，譬如說張三跟李四兩人談戀愛已經五年了，到底要不要結婚呢，兩人現陷入膠著，結果你很積極的幫他，不行。要消極的幫他，所謂消極的幫他，就是幫他疏理疏理，作一後設的反省，什麼叫愛情？什麼叫婚姻？這時候是把這事解開的活動，這或許使他們更清楚的認定，就是積極的建構，於是他們去締結婚姻。也可能因此完全解掉了，解掉了就重新去締結別的。

所以道家的方式就是以遮撥代替表詮❺❹——「以遮代詮」（negative positive），遮撥的意思就是撥掉那個遮，就是以否定性的表達代替積極性的建構，整個佛老是這個方向。儒家比較是從積極

---

❺❹　《中文大辭典》【表詮】佛家語，對遮詮而言。顯其所是曰表，具說事理曰詮。佛家說法，有遮有表。《禪源諸詮》：「如說鹽云不淡是遮，云鹹是表；說水云不乾是遮，云濕是表。諸教每云絕百非者，皆是遮詞；直顯一真，方為表語。遮謂遣其非，表為顯其所是；又遮者撿卻諸經，表者直示當體。」按如涅槃經說：不生不滅真空寂滅，即是遮詮，屬於遮情門；又說常樂我境三德密藏，即是表詮，屬表德門。遮詮、表詮之名，出於法相宗；遮情、表德之目出於華嚴宗，其意一也。

性的建構，他找一個立足點，就是仁，仁愛的仁。中庸講「誠」字⑤。孟子把仁講到人性本善，荀子不從這裡說，講「禮」，禮最後歸到人的心能「知通統類」，「思慮抉擇」。可知任何積極性的建構都要去找一個不能被瓦解的基礎，那叫「預設」，此預設是絕對的。孟子的絕對預設就是「性善」，荀子的絕對預設不是性惡，荀子的絕對預設是「心有知通統類的能力，心有思慮抉擇的能力」「心可以知道」⑤，心能把握那法則——天行有常，不為堯存，不為桀亡。消極的解構——對於任何建構，他都要去反省你這套話語系統背後的意義，一步步的後返。

（以上為許淑子紀錄）

（本文為 2000 年八月三日在臺灣師範大學國文研究所的問答紀錄，前兩問為研究生王淑雍紀錄，後三問為研究生許淑子紀錄）

---

⑤ 《中庸》企圖把儒家的思想，在誠的基礎上融會成一體。「誠者，不勉而中，不思而得，從容中道，聖人也。」又「為天下至誠，為能盡其性；能盡其性，則能盡人之性；能盡人之性，則能盡萬物之性；能盡萬物之性，則可以贊天地之化育；可以贊天地之化育，則可以與天地參矣。」

⑤ 《荀子·解蔽篇》：「人何以知道？曰：心。心何以知？曰「虛壹而靜」，心未嘗不藏也，然而有所謂虛。心未嘗不滿也，然而有所謂一。心未嘗不動也，然而有所謂靜。人生而有知，知而有志，志也者，藏也；然而有所謂虛，不以所已藏害所將受，為之虛。心生而有知，知而有異。異也者，同時兼知之；同時兼知之，兩也；然而有所謂一，不以夫一害此一謂之壹。」

附錄二　後新儒學的建構之一
——以社會正義論爲核心的儒學詮釋

講　者：林安梧教授（臺灣師範大學國文學系）
主持人：吳冠宏主任（東華大學中國語文學系）
日　　期：2001 年 10 月 23 日

講者引介——東華大學中國語文學系主任吳冠宏教授講話：

　　各位同學大家好，今天非常榮幸請到臺灣師範大學林安梧教授來為大家演講：【後新儒學的建構之一：以社會正義論為核心的儒學詮釋】。我想在座有許多博士班二年級的同學一定會深刻地感受到，在去年一年之間林老師在上【現代人文學方法論】時，對大家在研究方法上和思維方式的提升上頗有幫助。顏崑陽教授當初規劃此課程的時候，希望能找到視野遼闊且方法學方面很強的老師來指導同學，尤其是博士班的同學，使其能開拓其研究方向及研究路數。林安梧老師在這方面提供給同學很大的幫助。今年，一方面林老師剛從任教十三年的清華大學，轉至臺灣師大任教，事務比以前繁多；另一方面，林教授考慮到經濟儉約的原則，決定這門博士課程隔年開設，博士班學生下學年亦可上到林教授的課，我相信對同學的幫助一定會很大。

　　林老師對東華大學非常關心，雖然無法來上課，但不辭辛勞，答應我們特地前來演講、與同學對話，我們非常珍惜這樣的機緣。

林教授的學術表現，早為學界所熟知，他的著作很多。同學若看過他相關的資料，必能感受到林老師對儒學的深刻期許，尤其他對新儒學方面用心既深且切，令人感動。多年來，閱讀林教授的著作，由《王船山人性史哲學之研究》到《熊十力體用哲學之詮釋與重建》，他結合現代哲學的新方法去探討儒學的深層問題，並關注未來儒學的走向，這在在可看出林教授的一片苦心，他這方面的努力真是令人十分佩服，也值得大家來學習。現在，我們再以熱烈掌聲歡迎林教授的演講。

一、「存在的覺知」優先於「概念的思考」

謝謝吳冠宏主任的介紹。在座各位同學、各位朋友大家晚安。非常高興回到東華大學，回到東華大學的感覺非常真實。因為每一次一到花蓮，走出飛機場第一個感覺就是：眼睛會自動調整自己的視線，往下調整，之前看事物時都會捉緊一樣東西，而現在視野遼闊了，視線放鬆，如同鏡頭般可自動延伸。今天到花蓮雖已是傍晚，卻還是有相同的感受與體會。這些年來，我一直覺得：「『存在的覺知』其實是優先於『概念的思考』」，所以我一直勉勵年輕的朋友：「從事中國哲學不要迷於概念的思考，重要的是培養敏銳地存在的覺知。」須知：存在的覺知會啟動人的思考，而概念的思考當然也會有延展，但若將概念的思考化作言說的話語結構，捉住話語結構由此延伸，那就會愈走愈離愈遠，所以我一直強調要回到存在的覺知。

今天這個機緣，我想和各位同學談談我自己治儒學的一些心得，談談以【「社會正義論」為核心的儒學思考】。我之所以會提

出這個問題，其實是因為我有一個感受：「儒學到目前為止，尤其在臺灣地區，而大陸儒學在這些年來其實也有長足的進步，但整體而言，大陸未完全洗脫馬列主義教條之宰制。臺灣其實有另一樣東西，使我們對儒學的詮釋窄化，儒學似乎只變成以心性論為核心的儒學。我們往往忽略其實不應以此為核心來思考，儒學應是全方位地面對歷史社會總體、面對生活世界來思考。我今天談論這個問題是有感於此，更具體地說，其實是我們發現到：很多談良知學的學者在面對社會正義時卻採取逃避的態度，甚至接受了社會的不義，講求心性修養，但卻順勢而趨，依隨不正義。但我以為這並不意味儒家良知學不涉及社會正義論，儒家良知學缺乏責任的概念；並無意味儒家良知學只有彼此相互存在的感通或情感的感動、感同身受而已。事實上並非如此，儒學具有「責任、正義」等概念。只是傳統儒學他所含具的「責任」與「正義」概念與現在公民社會意義下的責任、正義概念不一樣。當然，儒學具有其社會哲學、政治哲學的向度，儒學在整個中國歷史社會發展上，配合著不同的學術流派，例如：道家或是傳入中國形成很大流派的佛教，還有其他中國諸門派思想連繫。儒學成為重要的主流之一，但並不是唯一的主流，它只是很重要的主流之一。

二、形而上理由的追溯之理論邏輯次序不同於經驗考察之歷史實際發生的次序

儒學不只是心性修養之學，儒學不只是如此，所以我更不應該只由此角度談儒學，並且由這個角度去說，華人作為道德的存在、良知之存在；進一步講說這樣良知的存在，如何走出心性修養的封

閉圈子？如何進到生活世界？如何進入歷史社會總體？如何開出民
主科學？我想當代新儒學，尤其是牟宗三先生系統一直在強調如何
從良知的自我坎陷以開出知性主體，以知性主體涵涉民主科學。此
一開出的說法看起來是很大的進展，但我以為這恐怕是陷溺在以心
性論為核心的詮釋之下，才構作成此一系統。因為這是你詮釋構作
的系統，你再由此詮釋構作的系統去強調如何開出；也就是說，你
所理解的中國傳統的圖像或是說儒學傳統圖像，是將它形上化了，
是以心性論為核心的一套「知識化的儒學」，這也可以說是一「道
德智識化的儒學」。

由這樣的角度切入談論，怎樣開出民主和科學呢？我覺得這樣
的提法滿曲折的，我不贊成這樣的提法。我認為這個提法基本上，
我在其他篇章裡有作過一些探討。我認為這基本上是通過形而上的
溯源方式所構造出的詮釋系統，它最後肯定人與宇宙內在的同一
性，強調「道體」和「心體」之等同合一，再由這道體和心體等同
起來的良知去談這個世界，諸如民主、科學如何安排的問題。這樣
的安排基本上是一種解釋性的、體系的、理論的安排，其實和歷史
發生的實際，我認為是兩回事。

這也就是說，在歷史的發生歷程，所謂的民主和科學並不是非
得有良知的自我坎陷，得出一個知識主體，再由此一知識主體之所
對而開出民主、科學。當由良知的自我坎陷而成為認知的主體，這
不同於原本的良知；因為良知是絕對的、是包天包地而無所不包
的、是無分別的。而這個坎陷落實下來有主客對立之呈現，才有所
謂的民主與科學，才會出現客觀的結構性。這樣的提法是一種理論
上的、邏輯次序的安排，不等於歷史之發生程序。若從歷史的發生

程序而言，其實是在各個不同的地方所發展出來的民主科學會有其不同的歷史發生次序。當然在西方所謂先進國家民主科學有其發展過程，配合著經濟發展、宗教改革、整個政治社會總體的變遷而慢慢長出所謂的民主制度，亦在此過程中慢慢長出科學思潮，而成為現代化重要的兩個機制；「在整個政治社會方面而言，是民主制度；在整個對世界的理解上是一套科學的思維。」

　　我認為這牽涉到各種歷史發展的不同成因，如此說並不即意味著：若我們要發展民主科學，必須照常著西方的方式重走一遍。因為任何歷史發生過程是具體實存的，因不同的歷史條件，因不同的族群、不同的歷史文化傳統而有不同的發生歷程。但是顯然的，也不是可以通過一個經由一個詮釋的方式，一種形而上之追溯方式，追溯到源頭，一個良知主體之奠立，再由良知主體之奠立導生出民主和科學來。這是一種理論的，詮釋的次序，經由形而上理由的追溯而產生的理論邏輯次序，它和實際發生的次序其實是兩回事，甚至是無關的。

三、良知自我坎陷開出知識主體這理論為的是要要克服中國民族的意義危機

　　我們又說依照這歷史發生的次序，我們又未必要重來一次，其實我以另一個詞來說，民主科學對我們來講，我們不是先發，是後發的，我們是學習西方的，所以這應該是「學習的次序」。我們如何學得民主和科學和西方如何發展民主、科學是二層不同的次序。實踐學習的次序又是另一層次序，加上前面我們說的理論邏輯的次序、歷史發生的次序，這便有三層不同的次序。也就是說：民主科

學在理論脈絡下，如何安頓是理論的邏輯次序；在歷史的發生過程它是如何發生，又是另一層次序；我們作為後發的民主科學學習者，我們可能可以去思考哪些條件可以加速我們的學習，而安排習出學習次序。

我認為牟宗三先生所說的良知自我坎陷開出知識主體，涵攝民主科學，所謂新儒學所說的：由良知開出民主、科學，即「民主開出論」、「科學開出論」。基本上是牟宗三誤將那理論的、解釋的，經由詮釋理論邏輯次序當作我們該當去學習的、實踐的學習次序，我覺得這裡有所混淆。當然，我們會問：「為什麼當代新儒學會用此一方式？」這牽涉到當代新儒學要克服中國民族當代的意義危機。因為清朝末年一直到民國初年，這 100 年間，華人基本上一直在克服生命存在的危機。此一存在的危機更深沉地滲透到我們心靈深處，與整個文化心靈最高象徵幾乎快瓦解密切關連。張灝教授認為這是整個族群文化的意義危機，林毓生教授則認為這是整個中國民族的意識危機。我想他們用這些語詞無非是在說明：整個華人於當代面對嚴重的自我迷失狀態；而此自我迷失的深沉狀態，如何克服？各家各派提出各個不同的看法：徹底反傳統主義者認為就是因為傳統掛搭在我們整個族群身上的業力使得我們處於嚴重的困境裡面，攪亂我們，使我們陷入嚴重的危機之中。所以他們認為我們要徹底的反傳統，將傳統清洗掉，讓我們成為光溜溜、清清白白的存在，使我們有機會以清清白白的存在，有機會學習西方的東西。但是，這樣的思考基本上不止是不切實際的，而且是完全不合道理的。因為作為人是不可能通過一個徹底的反傳統的方式來擺脫傳統，再回過頭來說明其自我同一性（自我認同）（self-identity）可以是

一種光溜溜、清清白白的方式，這是絕對不可能的。這樣的思考，只是造成整個族群的貧弱與匱乏，到最後失去整個族群自身的主體性，失去整個族群自身的自我認同，終而陷入嚴重地文化認同危機。

四、通過外在話語系統之把握來肯定自我內在主體必有所疏離、有所異化

原先存在的危機仍然還在，而文化認同危機則繼續加深，此問題延續到今一直在作用著。歷史語言學派強調國學的追求到最後必須追溯到更遠古，通過語言和文字而對更遠古的歷史文獻有更真切的把握，通過此一方式整個歷史的還原而更了解自己，而用此一方式來定立其自我認同。但這種方式走到一個地步時，因為它是通過訓詁到義理的方式，是通過外在話語系統之把握，並且想通過外在話語系統之把握，回過頭來肯定自我內在主體，這方式便有所疏離、有所異化，到最後是鑽進到新的固紙堆的狀態。

我們可以看到早從清朝乾嘉之學起一直到如今，現在具體表現於中央研究院歷史語言研究所，可以說是這殘餘的發展，他們作學問十分強調客觀性，但無法尋得內在的文化主體性，來克服存在的危機。當代新儒學則是接續宋明理學發展，特別強調陸王學發展而找尋到生命內在實存的道德主體性，以實存的道德主體去找尋內在的本尊，以此內在的本尊肯定這主體以克服存在危機。

在此過程中，經由馬一浮、梁漱溟、熊十力、唐君毅到牟宗三，牟先生的哲學創造能力特別強，他吸收了西方哲學思想，特別以康德學來強化儒學、重構宏偉的嶄新系統。他以儒學為核心，將

道家、佛教吸納進來，通過判教理論去說：儒學以【性智】為主，道家是以【玄智】為主，佛教以【空智】為主，而他們皆具有康德所謂的「智的直覺」（Intellectual Intuition）。康德認為人不具「智的直覺」，只有上帝才具有；但牟宗三通過中國儒、道、佛的智慧去肯定人具有「智的直覺」。所謂「智的直覺」其實就是良知，此是通過儒家而言，他以為「良知」（性智）就是道體、心體通而為一的，宇宙造化本源是和我們心性之源通而為一的，那個絕對的道體就是內在的主體，牟宗三先生是通過這個方式來肯定的。

顯然地，他是通過理論性的詮釋，經由形而上理由的追溯來樹立起這系統，他想通過此一方式擺脫整個歷史的、帝王專制的、宗法封建的，以及其他種種的糾纏，他想擺脫歷史業力的糾纏，樹立起儒、道、佛，甚至是整個中國哲學，包括人心靈意識的，一種宏偉的、崇高的，帶有強烈道德信仰或宗教信仰式的，這樣宏偉崇高的良知學系統。

這樣一套良知學系統極為崇高，它不會停在一個地方，而必得落實開顯；但可別忘了，這是牟先生所構作的一套解釋系統，這樣的解釋系統不足以涵蓋所有中國哲學，也不足以涵蓋整個儒學。但是此系統一旦安立了，接下來要如何安排現代化的發展？從理論上安排就必須去處理良知學與整個民主、科學的問題該當如何？我作此一詮釋其實是要跟在座各位朋友、各位同學講說：為什麼牟先生會有良知的自我坎陷，以開出知性主體，以知性主體來涵攝民主科學，用如此曲折的方式來說民主科學在我們這一族群之中如何開出。這是因為他安排了這樣一套解釋系統之後，必然要有的下一步的轉出。但是我認為這一步的轉出只是其於這系統之中的一套安排

方式。這樣的安排方式其實只有解釋上的功能：就是說民主和科學，在我們這個族群的發展裡，其實是不違背心性學、良知學的系統，它的詮釋功能所重在此，而其他功能則不重要。

五、從「如何從內聖開出外王」轉而爲「在外王發展的過程裡，儒學應如何調適」

至於民主和科學如果開出來，我認爲和良知學、良知的自我坎陷如何開出民主科學，在理論上可作此一關聯，但與實際發展相提而論，那是二回事，這是很明顯的。從臺灣這幾十年來之民主與科學的發展來說，當代新儒學參與其中深處者並不多。臺灣民主的發展你不能說當代新儒學給出多大貢獻，這是應該要承認的。但我們現在再來談這議題的時候，並不是要說：『儒學要怎樣去開出民主和科學？』這個問題不是這樣想；而是說，『當我們在學習民主科學發展過程中，儒學應如何重新調適？』我們要在這新的境域中去思考儒學新發展的可能。我覺得這才是主要思考的方向。這也就是說，我們不必再去問：「如何從內聖開出外王？」我們應該去問：「在民主科學的發展過程中其實已經構作出一套新的外王系統，此一套外王系統並不是已經構造成，而是它正在發展中。」接下去的問題是說：「在這樣一個外王之發展過程裡，儒學應如何調適？如何調適？調適什麼？」

這問題有兩個層次：一在面對外王的建構裡，儒學有多少資源來參與，原本的資源之中是否有需要理清之處？內聖學不是可以孤離而說的一種學問，內聖學是在具體生活世界裡，歷史社會總體下長出之學問，所以當整個外王學已經作了些變遷，也就是說整個歷

史社會總體也產生變遷，我們生活之世界實況已經變遷了，我們的內聖學其實是應該調整的。我的意思也是說，作為內聖學理論邏輯的層次與實際發生的層次有密切關連，不能說我可以透過形而上的追溯，或是去訂立形而上的內聖學之「體」，在由內聖學之「體」如何開出「用」來，而是應該用體用不二的全體觀點來思考內聖學系統應如何調整的問題。因此，我的提法就不再是：「如何由內聖開出外王？」而是說：「在新的外王格局下重新思考內聖如何可能？」這樣的話有很大的不同，因為外王並不是由內聖開出的，內聖、外王其實是本來就是一體之兩面，是內外通貫的。

我們應當知道：並不是以前只有內聖學而無外王學，從前內聖學是在帝王專制、家族宗法、小農經濟這樣狀況底下的內聖學；而帝王專制、小農經濟與家族宗法構作成的一套外王，而相對的，它所強調的內聖是孝悌人倫、上下長幼、尊卑有序，強調以禮讓、謙讓、忍讓為主導、以「知恥近乎勇」為主導的。這種知恥的倫理，以禮讓倫理為優先，但是現在整個外王的情景變化，內聖修養道德向度也必須作調整。

我這麼提也就是說我們不能夠通過一種以內聖學為核心的思考方式延著原來的聖賢教言，構作一套新的心性學的理論，再由心性學理論去導出外王學理論。我覺得這條路是不對的；應是具體了解民主發展之程度、科學性思維發展的程度，或者廣的在整個西方所說的現代化或現代化之後我們現在所面臨的實況，我們原來傳統的哲學資源，以儒家來說還能扮演何種角色？這部份你要扮演什麼？而在內聖學方面，如何面臨調整？當然以前的聖賢教言所構作出的體系仍是可貴的，但其必須接受考驗，而落實下來會有很大的不一

樣，我想是整個思考模式會有很大的翻轉，這是我這幾年來一直在思考的。

六、康德的道德哲學與社會契約論密切相關，孟子性善論則與倫理親情密切相關

我之所以會如此思考其實在方法學上有很大的調整，因為我一直認為任何一套道德哲學、形而上學系統非憑空而起的，它與整個歷史發展背景、整個經濟生產方式、整個政治變遷和整體文化傳統發展有密切關係。正因如此，所以我根本上無法贊成康德學與孟子學有那麼接近。因為孟子說的「性善」，在某一個向度上和康德（Immanuel Kant）所說的「無上命令」有某種接近，但康德的道德哲學其實是建立在西方的市民社會底下的契約論傳統，在此契約論傳統底下才有康德的道德哲學。要是沒有洛克（John Locke）、盧梭（J.J. Rousseau）就不會有康德的道德哲學。所以康德的道德哲學必須關連著這樣的社會總體去理解。請問孟子性善論如何去找到他底下的社會契約論呢？如何去找到所謂西方近代的市民社會來作為基礎呢？顯然不是。孟子的性善論是建立在宗法封建、小農經濟，建立在我們原來的家族宗法那樣的親情倫理，由親情倫理往上溯而得出的性善論。

宋明理學是進到帝王專制的宗法、親情倫理、小農經濟這樣的情況下生成的。怎麼可能和康德道德哲學等同，再怎麼相像也是「共款不共師傅」。再怎麼樣也不能將它等同起來。當代新儒學之所以作此詮釋，以牟先生來說，他也不是將他等同起來。他強調可透過此一方式重建孟子學、重建宋明理學。他的重建方式其實就是

接受整個西方啟蒙以來的一種唯理智的思考。啟蒙運動以來，西方哲學主流非常強調理智中心的思考。

大體說來，牟先生所建構的當代新儒學充滿著道德理智主義之色彩。道德理智主義之色彩其實與原來孟子學或是陽明學強調的「一體之仁」有一段差距。就整個氣氛、味道，在牟先生而言，他還盡量保存中國傳統文化、儒學傳統的「一體之仁」、「怵惕惻隱」的氛圍。依牟先生來說，當代新儒學有近於康德，而且他進一步認為康德是有所不足的，所以要補康德之不足。牟宗三先生在他那一本康德道德哲學之譯著，一方面有翻譯又加上詮釋批評，很清楚的表達這樣的訊息；其他像《現象與物自身》、《圓善論》等著作也都透露出這樣的訊息來。我個人以為，就此點來說，牟先生比勞思光先生強很多。

七、天人物我人己通而為一的存有連續觀是中國文化基本模型

勞思光先生基本是透過康德學的整個架構方式來了解儒學，並且認定儒學以心性論為核心；他甚至認定像孟子、象山、陽明基本上是不談天道論的。他以為如果談到天道論，這樣的儒學就是往下墮落的儒學，這就不是真正的儒學。勞先生這樣的思考其實是違反中國文化傳統的基本模式的，違反中國文化精神脈絡的，但它卻成為對中國儒學學詮釋的重要主流之一，尤其在臺灣，這一點是我特別要指出來的。這個地方牽涉到天道論在整個中國儒學之中其實是非常重要的；而天道論並非所謂的宇宙論中心的思考。

因為在華人的文化裡，傳統所說的天道不離人道，天、地、人

交與參贊所構成之整體叫「道」。所以當我們說天道的時候，講宇宙自然法則的時候，並不是離開價值判斷、離開道德意味而說的純客觀宇宙法則；所以並沒有宇宙論中心這樣的哲學，即使有一點點這樣的傾向，亦不應以此角度來看。若將其判為宇宙論中心來看待，那中國哲學很多是不值一談的。這一點就是當我們在閱讀勞先生寫得非常清楚的《中國哲學史》所要了解之處，因為它是違反了天、人、物、我、人己通而為一的、存有連續觀的中國文化最基本、深沉的文化模型的理解方式，這點是我所要強調的。牟先生基本上還觸及到這一點，但勞先生則深受康德架構的影響，當然，牟先生還是局限在現象與物自身的超越區分，他就在這樣的格局下建立他的兩層存有論。

我這樣的思考所要強調的是說：我們面對儒學發展其實不應以本質主義式的思考方式，認為儒學有一核心性的本質，那是心性論，不應該這樣的；應該說心性論只是整個儒學理論構作成的一個組成的成份之一，而它具有非常重要的位置。心性論具有非常重要的位置，正如同儒學具有它的社會哲學、政治哲學的面向一樣，都有它非常重要的位置。天道論也有它非常重要的位置，所謂的「天道」，它基本上是交與參贊所成的一個總體，這一點是我所要強調的。如果以這樣的看法來看待心性論的話，心性論是環繞各個其他不同因素而在不同時代會出現不同的向度，並不是有一個永世不遷的、唯一的、正統的心性論。

八、牟宗三哲學是當代中國哲學最大的別子為宗

一般所謂「孔、孟、陸、王」，其實是以牟先生所說的陸王為

核心，回過頭去往孔孟拉進去，而構作的所謂正統。牟先生以此為正統，以良知學為核心，以本性論為核心，至於朱子則是「別子為宗」。其實，要是進一步來看待，牟先生透過康德整個哲學建構，以一種道德理智主義的方式去建構的理論系統，用這樣的系統來撐起整個中國哲學。這在整個中國哲學的發展上來說，算是很獨特的。這獨特絕不下於朱子，我認為牟先生判朱子為「別子為宗」雖然也有道理，但卻未必恰當。要是朱子可以被視為別子為宗、非正統的話，如果這成立的話，那我覺得牟宗三先生比起朱子更為獨特，正因如此，所以我說牟宗三是當代中國哲學最大的別子為宗。

　　這句話其實是有條件的，我並不太願意這麼說，因為我認為去批判誰是正統、誰是別子為宗沒有意義。我是說牟先生如果批評朱子這樣叫別子為宗的話，那麼牟先生現在所建構成之系統一樣是個新的系統，此一新系統並不足以涵蓋整個中國哲學，並不足以做為中國哲學的正統。如果你要是正統意識那麼強的話，所以我才會講這話。因為我在 1995 年在一個會議上提出這個問題而引發很多的攻擊，之後我原本是想講講就算，後來被攻擊了就變成是我主張，後來就把它主張到底了。主張到底的時候我就把這理由說了：它是有但書的，也就是說朱子若是別子為宗的話，那牟先生也是別子為宗。牟先生說他非常尊敬朱子，我相信牟先生非常尊敬朱子，真的是非常尊敬朱子，他對朱子有非常深入的研究；所以當牟宗三判朱子別子為宗的時候，我聽牟先生親口說這並不是一種貶抑。我一樣也願意用這樣的話說，如果順著牟先生這樣的分判方式，我覺得不得不說牟先生是當代中國哲學裡頭最大的別子為宗，而這基本上絕不是對牟先生的貶抑。因為其他人連是否為宗，如果用牟先生的分

判來說的話，連是否作為別子與否都不能說是，而接下去更不足以談別子為宗。

其實，要說勞思光先生的話，可以說是另一個大的別子，但他是否足以為宗，那還有待考驗。但這就牽涉到很多嚴重的問題，就是說：對中國哲學的理解上，我們必須有什麼樣的裝備？我常常跟很多年青朋友說：「你對中國哲學的理解，譬如說我們中文系的朋友，一定不能離開的文學脈絡。」「哲學如果沒有文學，哲學是空洞的；文學如果沒有哲學，文學容易是盲目的。」這是借用康德的兩句話說的。「沒有感知的概念是空洞的；沒有概念的感知是盲目的。」所以你治中國哲學必須對整個中國文化情境有一種深入的理解。

九、聖賢教言必須置於整個歷史文化總體情境下來理解

什麼叫中國文化的情境呢？中國文化的情境，就是你怎麼對它整個歷史、文化的總體，對於原來的傳統所散發出來的生活實境、樣態有更深的契入與了解。這裡頭有人情、有道義、有情感、有仁義道德，也有世故顢頇，有理性、也有專制、也有……，什麼都有。你怎樣對這些東西有某種契入的理解。我覺得在整個知識系統方面，必須對於考古人類學、對整個中國文化史的知識乃至其他種種，你必須有一定的了解，對中國政治思想的發展有一定的了解，要不然的話，你治中國哲學只隨順著這些古代聖賢的教言，再通過當代的幾位大師所構作成的系統，你隨順著他往下走，那只會愈歧愈遠、愈走愈窄、愈走愈偏而已。當然愈走愈偏並不代表你不能念

博士，並不代表你就不能夠到大學教書，並不代表你就不能到研究院當研究員，都可以；但是對於我們的學術，對儒學之發展其實沒有益處，反而是害處，因為你所構作的整個是虛假的系統，你參與的是一個愈離愈遠的虛假系統。

我認為怎麼樣對這些語境有一定的了解，千萬不要簡單地誤認為中國幾千年來基本上太無聊了，他們只會搞心性之學；好像中國都是不需要去考慮人們生存的實際狀況，不需去考慮其他種種的，而對整個政治社會的構造從未思考過的，其實不是。那一大套東西現在不一定可用，不一定要對那一大套東西作更深入的理解，你如果不是專業的研究者，但是對不起，你一定要將這些東西化入你的思考範圍裡面，當你把它化入思考範圍裡面的時候你整個會變化。這時候你會想：「良知學在不同的時代之中會怎麼樣出現？」

所以今天當我們談以社會正義論為核心的時候，這個社會正義是什麼樣的社會正義。當然以臺灣目前的發展來講，這個社會已經不再是個傳統的威權社會，不再是以血緣親情為主導的社會，不再是個神聖威權體制所主導的社會，不再是個黨意跟公義連在一塊的社會，它其實是一個正在締造之新的公民社會。從社區意識的生長，到公民社會的建立，此一發展過程，是相當不容易、相當辛苦的；而這時候我們再去思考：「儒學有些什麼樣的資源會和這些相關？儒學原來的哪些部份我們必須作些什麼樣的釐清？」

十、「意圖倫理」與「責任倫理」的對比釐清：歷史因素的考量

我覺得像儒學所強調的「責任」這個概念就很重要。儒學「責

任」這個概念其實是「忠」的概念。「忠」這個概念在整個儒學傳統裡被混淆了。從「宗法封建」到「帝王專制」，這個概念從原來「忠於其事」的責任概念到後來變成忠於其君，這種「主奴式」的忠君概念。這已經違背了原本「忠於其事」的概念。

　　忠於其事是個什麼樣的概念呢？就《論語》裡頭說的，曾子曰：「吾日三省吾身，為人謀而不忠乎？與朋友交而不信乎？傳不習乎？」（《論語・學而》）這裡所說「為人謀而不忠乎」的「忠」字就有責任倫理的意義。再者，「令尹子文三仕為令尹，無喜色；三已之，無慍色・舊令尹之政，必以告新令尹。何如？」子曰：「忠矣。」（《論語・公冶長》）楚國的令尹子文三次當上令尹，令尹就是宰相，三次被罷黜，「舊令尹之政必以告知新令尹。」這是「忠於其事」。又《論語》裡頭說「言忠信、行篤敬，雖蠻貊之邦行矣。」（《論語・靈公》）以上所說「忠」字便是責任的概念。在《論語》裡頭，所謂「君禮臣忠」，這是個責任的概念。但是到後世我們說「君要臣死，臣不得不死，不死謂之不忠。」這時候這個「忠」已經是離開了原來忠於其事、忠於良知的概念，而變為主奴式的忠君概念。這種主奴式的忠君概念其實已經不是原先儒學的責任概念。所以你可以發現到原來儒學的責任概念到了秦漢大帝國的建立之後，慢慢不見了，忠的概念慢慢不見了。責任的「忠」轉化為主奴式的愚忠，這很嚴重。

　　我為什麼要談這個問題？因為韋伯（Max Weber）——寫《中國的宗教》（Religion of China）的那位作者，德國的宗教社會學家聞名全世界。他在〈政治作為一種志業〉的講演詞中提到兩種倫理：一種叫「意圖倫理」、一種教「責任倫理」。以他的說法再延伸下

去，中國似乎就變成沒有責任倫理只有意圖倫理。這個分判很有意思，但這分判是有問題的：這個分判只看到整個秦漢大帝國建立之後中國文化的表象，但是如果回到中國先秦典籍裡，顯然不是這樣的。就以《論語》這個典籍來說，很顯然它有責任倫理的概念，並不是沒有。所以我們要問：「《論語》之中責任倫理的概念為什麼後來不見了？」這跟整個帝王專制的建立、高壓極權使得整個儒學原來非常強調社會實踐的向度、非常強調責任倫理的向度慢慢萎縮不見了。

如此一來，久而久之，儒學開始強調心性修養優先於社會實踐；因而人們把道德實踐直接定位在心性修養之上，而強調心性修養是道德實踐的基礎，是社會實踐最重要的基礎，到宋明理學時大體上是如此。那我願意說：這跟整個帝王專制，特別是到宋代更是中央集權有密切的關係；跟整個宋代他從唐末五代、石敬瑭割讓了燕雲十六州以後，整個華人所領有的疆域變窄了，而北宋一直想克復原來的失土，卻沒有辦法。因為遼太強了，後來還有金，北宋不行了。整個中國陷入一個困境，而這個困境有多重的：有外患、有內憂。整個社會政治總體必須要改革，但是改革一直失敗，從北宋就失敗。范仲淹改革、王安石改革失敗，政治改革失敗、社會實踐的不可能，因而轉向內求，強調心性修養的優先性，宋明心性學由這樣的脈絡產生出來的。

十一、心性學與專制主義結合一起造成的異化：專制性、暴虐性與以禮殺人

儒學做這樣的生長，當然有它非常重要的功能，他可以作為一

個儒學生機的一個形而上的保存功能。但是它同時也伴隨帝王專制，走向一種良知的「自虐」方式，而跟國君連在一塊而形成另外一種「暴虐性」。如此一來，它伴隨著整個社會的中央集權，父權中心、男性中心更爲嚴重化。一直走下去，從五代到宋以後，整個中國基本上是個封閉的世界觀，整個心靈是朝封閉之路走，由封閉而開啓了一個形而上的理境。原來外在的燦爛慢慢地申展不出去，因而往回強調內在的精神。

在思想上我們看到是這樣，在文學上我們也看到相同的情形，由詩可看出，有的人稱讚宋詩是：「皮毛落盡，精神獨存。」由繪畫，我們也可以看到，它色彩慢慢地以黑白爲主。從儒學發展史，我們可以看到嚴肅主義愈來愈強，心性修養與嚴肅主義愈來愈強，但社會男盜女娼卻也愈來愈厲害，這是個非常有趣、非常弔軌的現象。我要把這個舉出來是要說，不能孤離地說一套非常偉大、非常崇高、非常莊嚴的道德哲學，並以一種本質論式的思考作爲它的基礎，從那個地方要導出其他的。我們應正視歷史的實況，從發展過程之中去看。

我覺得這個問題其實一直到黃宗羲時候才開始有比較完整的思考，到王夫之的時候打開很大的格局。但是非常不幸地，清朝基本上就是運用了宋明理學的心性之學，並且是運用了保守的程朱學，以程朱學爲主導的與其專制主義連接一塊，把程朱學的整套道德意識形態跟它的專制主義連在一塊，而形成新的一套高壓統治。非常有效率的、非常有次序地，也在非常精明的統治底下，康、雍、乾三朝，在經濟的生產方式有所變遷，而且引進了很多包括南美的作物，還有南洋的作物，這使得中國人口在短短一百三十幾年之間增

加為四億人口。這與朱子學的整個系統是有密切的關係，這是可以連在一塊。到了乾隆晚年，很顯然地，這套專制主義伴隨著朱子學的整套天道論、人性論這樣的道德哲學，這樣的系統已經沒辦法維繫整個大帝國的秩序了。原先的客觀法則性轉而成為「以禮殺人」這樣的後果。這正是戴震哲學的呼聲，戴東原對這問題的批評應放在這脈絡來理解。

十二、「君」、「父」、「聖」三者構成了「血緣性縱貫軸」的基本構造

我把這個事實順著這樣說下來是想說，我們如果正視這些事實，我們就必須去深刻的審視現代儒學；顯然地，我們該去面對的問題，已經不是如何由內聖開出外王的問題，而是在新的外王情境裡，如何調理出內聖的問題，我們又當如何面對正義的問題。這個社會正義該怎麼辦？以前是在一個宗法親情、帝王專制、小農經濟所構作成的我所謂一個「血緣性縱貫軸的社會」。血緣性縱貫軸是以三個頂點所建構起來：一個是國君的君，一個是父親的父，一個是聖人的聖。君，君權，帝王專制；父，父權，家族宗法；聖，聖人，文化道統。「君」他是一套我名之為「宰制性的政治連結」的控制方式；這是整個血緣性縱貫軸的核心。父，就是我所謂的「血緣性的自然連結」。聖，就是「人格性的道德連結」。

古代：　　　　　　　　　　現代：

君：宰制性的政治連結。　　君：委託性的政治連結。

父：血緣性的自然連結。　　父：契約性的社會連結。

聖：人格性的政治連結。

　　關於這部份的理論我在《儒學與中國傳統社會的哲學省察》一書中有比較完整的鋪陳。以前的儒學是在這樣的狀況之下長的，這樣長成的人格性的道德連結，它是以血緣性的自然連結作背景，以宰制性的政治連結為核心。它沒有辦法打破，你不能打破那宰制性的政治連結。在這樣的狀態底下談內聖、談修養，談什麼？所以你可以發覺到那個修養與世故顢頇很接近。因為這樣才能修養，問題很嚴重。

　　但是你可以想一想，如果以現代而言，它已經有很大的變化，現在的變化是什麼呢？他不再是「宰制性的政治連結」而是「委託性的政治連結」；它不只是「血緣性的自然連結」，它有另一層「契約性的社會連結」。這是一個很大的變化。當我們談公民社會時，它不能以血緣性的自然連結直接推出來，原先這個血緣親情所推出來的，現在必須被分隔開來。你在家庭談孝悌人倫，但是你在社會必須以一個獨立個體進入這個社會，這是通過一個客觀的法則性的原理這樣構成的一個契約性的社會。在這個契約性的社會底下，你去實施、去作你該作的事。這時候談的社會正義跟你從親情倫理所長出來的道德是兩回事；儘管他們有密切關係，但還是兩回事。也就是說，一個孝順父母、友愛兄弟的人，他在社會上有可能不一定是個正義的人，你不要那麼簡單就認為他在社會上就一定正義。它是偏執、是有所不同的，這是分開的；他對社會上必須有一種正義的認識，這正義的認識當然可說與孝悌人倫有密切的關係，但是他不是直接可以推出來的。

　　此一部分我覺得現在我們正在生長。這是華人自有歷史以來，第一次這樣嚴重地面對這個挑戰，而臺灣基本上正在這個挑戰的前

頭。香港社會基本上是被英國人所控管的社會，他們這個問題我覺得並沒有那麼直接正視到，有到一定的程度但問題也還不嚴重；新加坡基本上是個多種族的國家我覺得那不能算那麼典型，而且他們也不是算一個充分實現的民主憲政國家；雖然表象上很像但基本上我覺得他還是威權體制。中共當然屬威權體制，到目前為止都是，但是中共要變了，非變不可，隨經濟發展、社會變遷、加入WTO……，整個非變不可。我預期中共十年後將面臨非常嚴重的挑戰，也就是公民社會如何建立的問題。這個挑戰會是一個非常、非常艱難的挑戰。

十三、在帝制下，良知學仍有其主體能動性，具瓦解的力量與根源性的重生動力

我們可以開始想像臺海兩岸的問題該怎麼辦？往後十年會有新局面，只要熬過十年。這十年用什麼方式熬？如何熬十年？中國大陸未來面臨的挑戰很大、很大，現在他們其實已經有人憂心這些問題了，不可能退回威權體制，現在威權正在鬆懈中。所以現在中共靠什麼來調解？靠馬列主義嗎？不行！要靠中國文化。現在中共極力地發揚中國文化。為什麼？中國文化作為整個帝王專制的調節性因子在中國歷史上起了非常大的作用，它可以是共犯，也可以是共容，既是共犯也是共容；在這個問題他們希望是共容而不是共犯，但是你看他也可能是共犯。所以談儒學的在跟中共在打交道的時候，比較知道狀況為何。中共喜愛儒學因其有助於政權之穩定，當然有所助益，特別是讀經運動更是有助益，所以我的朋友王財貴教授至中國大陸推廣讀經暢行無阻。但是同樣是讀經運動在臺灣起的

效用跟在大陸起的效用一定是不同。所以我願意在這裡提說：我們在臺灣是一個新的格局，儒學發展有新的可能性；而我們新的可能性應該放在，我認為應該放在全華人的未來之上。臺灣人要有這樣的想法，這樣的想法才會有希望，如果臺灣人不思考這樣的問題，而只想我要把臺灣和中國徹底切開是不可能的，而徹底切開是無法處理，其實大可以從另一個更高、更遠、更深的角度去思考，這非今日之主題，只是順便提到。

那我這麼說的時候其實是想：現在儒學談內聖應置於社會正義論底下來思考，因為我們現在的社會是一個民主憲政下的公民社會。當然還沒有達到，但是我們理想是一個民主憲政下的公民社會，是一個現代化的民主憲政的公民社會，而在這樣的體制底下，原先很多你認為原本心性修養功夫的東西都已經必須被一大套客觀的制度結構所取代。

其實，我們必須通過一大套的制度結構來安頓身心；而不是你要通過一種宗教式的、修身養性的方式，安頓了你身心以後來適應這個不合理的制度結構。我們以前是這樣，宋明理學以來的傳統是通過一種宗教式的、修身養性的、這樣的身心安頓方式，來適應一套不合理的制度結構。基本上是這樣的，這樣的良知學是帶有自虐性性格，所以你一碰到問題就開始反躬自省，你沒有機會反省制度、結構的問題，一反省你便會遭到更嚴重的問題。

在帝皇專制高壓底下，你有兩個不能問：一個是君、一個是父。君跟父，君運用了父，所以是君父；而且「君」還運用了「聖」，所以是「聖君」。那最高的權力的、威權的管控者，運用了「聖」、也運用了「父」。整個拉在一塊的狀況底下你根本不能

問，你能問的就是你自己，所以良知學在這種狀況底下，就會變成一種自虐性的出現。而在帝王專制之中它談的天理良知便帶有暴虐性，你沒有辦法去反應這個問題。我覺得我們現在可以反省這個問題，我們有機會去反省這問題，當然你會發現到，我們如果只從這個角度去理解良知的暴虐性和專制性那就太偏了。良知學仍有他非常強的主體能動性，它有種瓦解的力量，有一種根源性的自覺動力。

像王陽明一樣，他能夠突破各種困難，這種良知學是帶有事功精神之良知學。但是你知道陽明那個年代是個怎麼樣的年代呢？陽明為什麼那麼強調良知學的重要呢？是怎樣的年代，我描述給你聽：有一個皇帝躲在後頭當木匠，當了四十年，四十年不上朝的，這就是萬曆皇帝；有一個宦官叫魏忠賢的，他生祠遍佈全中國，號稱九千歲，有很多一樣讀良知學的、讀孔孟的，當然也讀老莊、也讀佛教的知識份子拜他為乾爹。你想想看這是什麼樣的年代、就這個年代。這年代雖然整個社會在變遷，政治奇暗無比，但社會在變遷、經濟也在發展，而在此狀況底下，最大的問題是什麼？是知識夠不夠的問題嗎？最大的問題是你的良知有沒有呈現，而陽明以其生命真正的實踐逼到生死關頭而反繞回來開悟，而開悟只有一個就是「致良知」。致良知於事事物物上，如果多幾個讀書人能致良知於事事物物之上，少幾個讀書人叫魏忠賢為乾爹，少一些魏忠賢的生祠，這社會不就變好很多嗎？你想太荒謬了是不是？所以良知學是在這樣狀況下帶有強烈批判性出現，但是陽明的後學裡頭其實也有非常強的批判性的，但是也有往逃禪的方式上走、往形而上的理境上走，強調心性修養功夫而忽略了社會實踐理念。社會實踐走不

出去，政治批判更不用說。但是，像陽明的學生朱舜水把陽明之學傳入日本，卻成為明治維新非常重要的精神資源。明朝末年，陽明學後來和禪學合流成為一種逃遁於世間的一種學問傾向。所以學問並不是就那個學問本身你就可以去立論的，你必須放在一個歷史的發展過程去立論。

十四、公民社會下「自由意志」與「普遍意志」必須有一種理想上的呼應

我們這樣重新來理解，這時候以「社會正義論為核心的儒學」思考不再是在帝王專制底下的那樣的修身養性的方式，不再是那樣的良知的自虐方式。一說到這個問題就要回頭到內在的心性之源上說，除此之外，我們必須回到整個歷史社會總體之道，從道的源頭上去說。我們的心性必須參與到道的源頭，而這個道的源頭是歷史社會總體之道。你必須去正視：你作為一個具有主體性的個體以何種身份進入社會，如何面對具體的制度結構問題？你必須去面對。顯然地，這時候修行方式便會有所不同，而這個修行方式我覺得它就會在一個具體的發展過程中慢慢去學習到，它並不是你去選一個懸空的、構作的理論。

大體說來，它的方向就是你必須要區隔出來，你不再是原先的孝悌人倫直接推出去的社會正義，這不可能。你必須要恰當地去理解，就這點來講的話，其實在儒學裡面並不是沒有他的資源。因為儒學是務實的，儒學是「聖之時者也」，具時代意識、歷史意識；它並不是固守著原來地很基本的什麼東西，它是隨時代變遷而轉化。正因如此，我才會強調「契約」與「責任」，這個強調其實並

不是說要怎樣去強調，而是說我們應該正視在公民社會下有一種契約理性所建立起來的社會，在這樣的契約理性所建立起來的社會，你作為一個主體、你參與進去以後，你通過一個客觀的法則所連結成的所謂契約性的社會連結。這時候形成了一個普遍的意志（general will），借用盧梭（J.J. Rousseau）所說，你的「自由意志」與「普遍意志」必須有一種理想上的呼應，甚至是同一，在這種狀況之下你才能夠談你在一個公民社會下的自由與自律的活動。如此一來，這樣的儒學與康德的道德學便有另外嶄新的接近可能。當然並不意味接近就一定好，而是說這自然而然會有某種程度的接近。

這樣的轉化、發展它並不是以內部的轉化而是在外在互動融通裡面你找尋到，這時候我們既然正式作為一個個體獨立下的主體是我們展開我們的立論、展開我們行動之起點，這是個不可化約之起點，這時候我們就應該鼓動而且應該相信在一個制度結構底下能夠讓我們能暢其言、能達其情、能通其欲、能上遂於道，能如此，這樣的儒學。這樣的儒學基本上就在這樣的過程裡面被調適出來，我相信是這樣的。所以你現在看待這整個發展時，修行在哪裡？修行不在那吞吞吐吐的壓抑底下、不在該說不該說下拿捏分寸，它已經不是宗法親情底下那個「禮」。那個禮貌那個「禮」，那個「禮」當如何？而是在一個社會正義底下，正義之「禮」，那個「禮」當如何。

如此一來，你的修養如何當然要被注意，但是你的修養如何是第二階而非第一階，例如：那個人說話難聽、脾氣不好，但是這個人說話難聽、脾氣不好並不代表道德不好、不代表他沒有正義。正因為我們在一個制度、結構、在一個理想的規範底下我們就容得了

他的脾氣、容得了他激烈的話語。而讓他激烈的話語、他的脾氣通通表現之後還能沉澱下來、還能跟人溝通而能達到更好的共識，這是我們要朝這樣的方向去走。這是說：我們必須將我們原來內在的用了很多氣力去修養的方式轉化成更理想的制度跟結構，締造一個更好的言說空間或是話語空間，讓我們能好好交談，經由交談而得到新的共識。這點我認為是儒學在談所謂邁向一個社會正義可能時所必須要作的。

十五、儒學的內聖功夫涵養主敬必須想辦法將它化成一套客觀的制度結構

儒學重點不只在涵養主敬，涵養主敬必須想辦法將它化成一套客觀的制度結構，讓你進到那裡面，你的話就很簡單、自然，這時候你作為一個 natural being，一個自然的存在，放在社會裡面你是個社會存在，不需思考是不是原先儒家聖人般的道德存在，你就很自然可以把話說出來，而這話就很自然地得到別人的互動、批評，而當別人批評你的時候你也自然而然有其雅量，別人再怎麼激烈你也會有一種雅量，而你談任何問題的時候你就會想到，我只是我的想法，因為我的主體是由我的個體出發的。至於那普遍的總體必須通過這樣的交談空間，一步步上升到的，並不是我這個主體就跟道體連在一塊，我說的話並不就是種全體、全知的觀念。你有沒有發覺到，當我們現在問說：「你有沒有什麼意見的時候？」很多人不敢發言，為什麼？因為他怕錯！為什麼怕錯，因為他腦袋裡面已經有一個標準答案。

為什麼他預期一個標準答案？因為良知之所說一定要對不能

錯。因為他是以良知而說，而良知即是道體，道體就是全體，所以
談話有全體意見；所以你可以發現到在這樣的思考裡面他會失去個
性的，他壓抑自己，而當他壓抑自己抑制到受不了時，他突出來時
那時候的個性就是被壓抑而尋求解放的個性，不是真正具有個體性
又能尊重別人個體性的個性。其實我們現在常常處在這樣的困境裡
面，所以我認為現在我們要談「以社會正義論邁為核心的儒學思
考」的時候，整個被調整：心性論不再是那樣的方式，實踐論不再
是那樣。唯一我覺得還保留的，無論如何怎麼說都會保留的就是誠
懇，就是真正的關懷；誠懇即《中庸》中的「誠」、關懷即《論
語》中的「仁」，其他的都可以從這裡延伸出去說。

它必須放在整個脈絡結構的大調整來說，這時候不必再去強調
主體自覺該當如何，這時候你該當強調的是：「我通過清明的理性
思考在一個開放地、自由地言說論述空間裡，彼此交換意見我慢慢
地得出新的共識，而我預期了：當我好好地、慢慢地展開一個自由
的交談就會浮現共識。」我們在一個契約的社會底下，慢慢尋求一
個恰當的制度結構，而在這個制度結構裡我們可以依著我的個性的
本身我想說什麼就說什麼，而在這想說什麼就說什麼過程中，慢慢
地會調出恰當的方式。這時候我們正視我們是有七情六慾的存在。
我們不需想到一個問題時馬上想到「存天理、去人欲」。因為我們
不以這樣的道德論式作為我們時時刻刻去警覺的核心，而是我們作
為一個人就是一個這麼自然地、進到社會裡頭來開始展開我們的論
述；像這樣來說的倫理學會作什麼樣的變化？它不再是高階思考之
倫理學，不是個要求 90 分、100 分的倫理學，而是只要求 60 分的
倫理學。這樣說的社會公民就是一個以 60 分為基礎點的社會公

民，他可以暢達其情，回溯到他自然本身存在而說的，它不是個宗教苦行式之倫理學，不是個宗教苦行式的這麼偉大的聖人。我們再也不必把整個族群都視為聖人，然後再說這樣的聖人無分別相，再由此去求如何地展開分別相，安排民主與科學，根本就沒有這個問題。

　　我之所以會有這樣的感觸、有這樣的提法，其實是這些年來思考這些問題的時候，總覺得似乎在方向上有點問題。我總以為當代新儒學已經完成了它某一些使命，我覺得 1995 年牟先生的過世代表一個里程碑，新儒學已經完成了。新儒學的完成並不代表儒學已經發展完，而是代表新一波的儒學必須有新的發展。我提出了「後新儒學」的向度，這是在新儒學之後的發展，我認為不再是以心性論、主體自覺為核心；而是以廣大生活世界為反省對象，而是以廣大而豐富複雜的歷史社會總體為反省對象，把自己放在天、地、人交與參贊構成的總體，從這總體之根源來說，即是中國人的道上來說。這時候的「道」就不是我們生活世界之外的道，不是一個形而上的道，這時候談的存有的根源就是天、地、人交與參贊構成的總體，而這根源有它的開顯，而落到我所謂的存有實踐這一層，以我另外一個提法在整個存有論的發展上來講，我的提法就是：以《存有三態論》取代原來《現象與物自身》的「兩層存有論」。在道德哲學方面，我的提法就是以社會正義論為核心的道德哲學思考，以責任倫理為核心的道德哲學思考；不再是以心性修養論為核心的哲學思考，這個部分大體上來說是我這些年來所用心的方向。

　　我認為這樣的提法並不違背原來儒學所強調的「一體之仁」。因為「一體之仁」這是王陽明在〈大學問〉那篇文章之中所提到

的：就是「仁者與天地萬物為一體也」。這其實在程明道〈識仁篇〉中也提到，這樣的「一體之仁」他其實如果放在現在我們說「從外王到內聖」的思考模型裡面，強調人際性的互動軸，以契約、責任作思考的基底，而以一體之仁為調節的向度，這時候對多元、對差異有所尊重，能化解一種單線性的對象定位、擺脫工具性理性的執著，以求一更寬廣的公共論述空間，讓天地間物各付物，乾道變化，各正性命，雖是殊途而不妨害其同歸，這樣百慮而可能一致。

當然問題的焦點不是如何由道德形而上學式的一體之仁，怎麼去轉出自由民主？而是在現代性之社會裡面以契約性的政治連結、構造，以責任倫理為準則重新來審視如何的「一體之仁」。不是如何地由舊內聖開出新外王而是在新外王格局下如何調理出新的內聖哲學。所以當我們談社會哲學的時候並不是說他就跟內聖學、跟道德哲學切開，而是一個新的思維向度。我今天前面談的很多東西跟我這份講義其實可以連著看，但是它是有談到別的地方去。我常說談的時候，所謂話語的契機，就是我們說：你今天怎麼講，你講一個東西你的起頭怎麼講，它就往哪個向度上去。我後來又把它拉回來了，拉得很辛苦，終於把它拉回來，但是時間已經不夠了，因此後面這部分反而談得比較少。還好這講義已經印出來了，就請在座各位朋友回頭再看看，那我們現在還有一些時間，就開始展開討論，先謝謝大家，謝謝。

十六、市民社會的理想公共空間必須經由言說論述慢慢交談、辯證而呈現出來

問題與討論

東華大學中文系主任吳冠宏教授：

　　我想大家跟我一樣都覺得受益很多。我其實在十年前就聽林安梧老師作一系列的演講上課，這段時間雖未聽林老師上課，但有閱讀其著作，覺得林老師永遠都如此清楚、嚴密、條理分明而且充滿生命力。我今天到機場接他的時候，他看到我第一句話就是問我：「行政作得如何呢？」我最大的感覺就是看了林安梧老師的東西給我很大的生命力，就覺得人不能困於內聖，應作些外王之事，人在社會的角色中的扮演是非常重要的。我覺得林老師的文章就帶給我這樣的生命力，而且我覺得由林教授身上感受到叛逆性，這叛逆性是種創造性，我覺得它從新儒學的關懷裡面走出新的路來。我想這樣的反省、批判能力其實常常是我們中文系的同學比較欠缺的，所以我覺得林老師能帶給我們一些新的眼光讓我們走向一個新的探討方式，我想這對大家幫助很大。如同林老師剛所說到的，我們應有多元的對話，那同學也可以儘量地發言，即使你是個六十分的問題，說不定可激起一百分的對話。

博士班陳康芬同學：

　　真的是感觸良深。其實可以從老師的談話裡面，來想這個話題，社會正義這個問題牽扯到一個滿重要的思考，現代的知識份子如何面臨社會實踐的問題。我們來看西方的知識份子，他們從早期

的文藝沙龍發展到後來哈伯馬斯所謂的：在公共領域可以讓知識份子在這樣的公共領域之中作出一個代表社會道德、良心的批判，這也是西方的現代知識份子在一個現代的民主社會之中發揮作用的一個重要傳統。像我們現在仍然可以看到，像我們可以看到如早期的葛藍西、阿圖塞這些左翼知識份子到現代薩依德，他們在這樣的公共空間裡面提出知識份子對整個時代、對整體政治社會之反省。

　　可是我們再看中國傳統知識份子的路徑，從最傳統知識份子的格物、致知、誠意、正心、修身、齊家、治國、平天下這樣的道德主體整個貫穿到政治社會，從未走出一個客體的所謂政治化的社會議題，而都是涵括在道德主體，也就是由內聖到外王，但是沒有注意到內聖與外王之間的分別。知識份子在一個出路上來講，那一個封建社會裡面，知識份子本身他的路徑就是學而優則仕，那你可能就是在一個體制內，就是所謂的忠君的範疇之中；那這樣在這範疇外的異議份子，像我們看黃宗羲、王夫之這樣的異議份子基本上還是沒有完全的走出這個道德主體，走到社會批判的行列。在這之中也沒有形成像西方知識份子他們所形成的這樣的一個公共空間領域。那我們再回到現代的處境，我們雖然走到民主社會的社會體制，我們看到現代的知識份子其實在現代的公共空間的發展，當然還是有啦！透過報紙上的最後一版常可以看到很多學者的議論，然後甚至也有透過媒體，以一個這樣子的方式，但是我們可以看到這樣的知識份子，可能是學而優則仕，這樣不可能代表一個社會的良心建議啊！還是有在一個體制外的知識份子在發揮這樣的作用。但是隨著媒體，例如報紙到現在所謂的第四臺的媒體，一個權力的轉移的時候，其實一個知識份子本身在開展的公共空間部份，其實坦

白說好像並不是那樣的火力強大，或是說可以整個影響到政治主權或是說權力結構，似乎這個部份我們可以看到它的微弱。那其實我覺得在一個公共領域的開發，就像老師說的透過他人的言談所以我們建立是不是也是一個困境的問題。

林安梧教授：

「公共領域」必須在一個理上的想法之後，你再去試著實現，我們去想想在中國傳統中有沒有理上的公共空間？它是一定有的。事實上理上的公共空間就是「道」，那個道是放在血緣性的縱貫軸上說，說到最高的。這跟整個市民社會體系下的理想公共空間是不一樣的。所以市民社會下的理想公共空間它是必須通過一個言說論述而慢慢的交談、辯證而呈現出來。它必須有這個過程，而這個過程在臺灣現在其實在表象上看來非常蓬勃，但在我們看來議論者多，溝通者少。這是目前我們所面對的實況。

我認為一種深沉的理論性思考是重要的，也就是當我面對這些現象的時候，必須有一種理論性的思考來反省它。臺灣現在有一個錯誤的想法：認為我們是不可能締造理論的，所以我們只要援引別人的理論就好了。再來就是，理論性的思考好像有某種普遍性，所以它不一定是從我們自己的生活世界中找出來還是可以用，這其實是錯的。理論性，特別是人文社會科學理論，它普遍性比較弱，它是在一個共同主觀性底下所形成的普遍性，所以它必須與生活世界密切結合。可是我們理論性的思考是培養的，什麼叫理論性的思考？也就是，當我們面對具體的事件的時候，你能把它提到一個相當的、抽象的、普遍層次去問它。我就舉一個最簡單的例子好了，

舉物理的例子比較簡單，我常舉這個例子：坐在蘋果樹下而被蘋果打到頭的一定不只有牛頓，很多人一定都有被蘋果打到頭，被其他東西打到頭也可以。我就被番石榴打到頭過，而我那時候是六歲，我問了一個問題是：「為什麼番石榴不往天上飛去？而是掉下來打到我的頭好疼啊！」我阿嬤就告訴我說：「傻孩子，那是自然會如此的。」我到現在還肯定我阿嬤的回答是對的。但是我問的問題問的太淺了，問題未達到理論性層次。牛頓如果問的問題跟我一樣，就出現不了他的牛頓三大定律。牛頓問的問題是轉成了：「為何一切存在的事物皆會往地面運動？」是要這麼問。那我覺得，我們臺灣這塊土地上，現在有非常豐富的人文現象，但是我們類似我剛說的這樣問問題的方式比較少。就是把他提到一個普遍的抽象層次來問問題，理論性的問問題問的少，我們通過大眾媒體基本上都是非常膚淺，胡說八道一通，逞才使氣的。在整個社會上又有一種誤解，認為理論不重要，認為理論很耗弱，其實不對。理論其實是與生活世界有密切關係的。所以我們應該去問：「我們這樣的族群目前的某些現象，它背後所代表的意義是什麼？」譬如說，選舉的時候，不只是選舉，臺灣在目前政治社會上的發展最常使用的字眼「挺」，實際上是由閩南語轉化而成的，其實背後講的是江湖道義。江湖道義既不是儒家所說的道德仁義，也不是詩書禮義，更不是社會正義，江湖道義只是私情恩義。我覺得就必須要有人去作這個工作去釐清，就是說我們現在的話語，講出的什麼話，背後的心靈狀態意識是什麼？去理清之後作什麼樣的調整？那我覺得這個工作我們作的太少了，這個工作是人文學者、社會學者某部份的人應該作的，慢慢作之後慢慢釐清，我覺得現在也有一些人在作，但是

太少了。另外對媒體應有一些反省，反省還不夠，怎麼樣去慢慢深入，一套話語系統與政治權力跟其他的關係，背後理性怎麼加上去怎麼附麗在上頭，有一種程序理性成為幫兇，如何成為幫兇？這些東西怎麼去理清？這裡都必須要有理論性的工夫，我覺得，我每次講到這裡都感觸很深，就是我覺得人文學者、社會學者、政治學者，當他講理論的時候總是翻著別人，誰怎麼說，沒有好好面對我們這塊土地上之實況去寫它，它的理論是什麼？當然包括其他教育等其他面向。另外我還要再提到內聖跟外王，我認為以前不只有內聖或外王，不同外王不同內聖，不同內聖不同外王，內聖跟外王二者本是一體，所以當外王已經變天了，內聖應作調整，這個地方我認為是這樣的：內外是通貫的。當然我們要問：「為什麼會出現一種想法認為：把內聖定義了以後再從那裡推出外王。」我想我前面作了一些思想史的回顧，我想那道理是這樣來的。所以我們應走出封閉性思考：以為這樣後再怎樣，其實不是，它是在這調整過程裡面，我想我主要是說這個問題。

十七、由多元的互動與溝通慢慢形塑成一恰當的共識

須文蔚老師：

林老師您好，我是中文系的新老師，因為我學的背景是傳播，對社會學也非常有興趣，聽老師的演講其實非常非常的感動，因為老師已經以社會實踐作為新儒學發展一個非常重要的核心。剛才康芬提到的關於公共空間的問題，那西方有一個滿主要的論述，對於這種委託性之政治連結方面，表面上是民主，實際上是公共領域的

變遷，甚至是淪喪；不管是透過媒介，或商業或公關的影響都使得當今現在的社會裡頭其實並不存在真正的空間，所以哈伯馬斯才那麼努力去追溯西方的歷史，才去推崇過去的沙龍時代，其實是很深沉的悲哀。那我們現在重新思考這樣的問題之後，包括老師提到這兩個很重要的概念，期待西方社會學的反省尤其是在中國社會當中的適用問題，產生的某種程度的問題。所以像現在臺灣現在發展的社會學部份，特別是說所謂中國式的社會學，例如黃光國老師所發展的那一套系統來講人情面子，來去追溯那個；事實上不大從契約性的社會連結角度去看這個中國社會裡頭的這種，特別是基本社群的連結問題，就是個人到社會之間的社群連結問題。當然這裡頭有不好的發展就是，居然有很多的學者會把《厚黑學》這樣的東西拿來作為很重要的談述倫理學的範疇。那面對這樣的現象，不曉得老師面對這樣的走向，以儒學作一種實踐，我知道以黃光國老師那樣的研究管理學界當然很歡迎，他覺得很有實踐的適用性，他可以看到我們中國傳統的價值觀念那麼的合用，那當然是滿悲哀的，那不曉得老師怎麼去評價這個狀況，將來的研究發展在這樣的範圍或實踐層面怎樣去介入更深，譬如說傳播的也好，管理學也好，或法律的管制或政治結構的涉及方面，那應該是都可以作某種實踐層次方面思考的滲透。

林安梧教授：

謝謝須老師所提非常寶貴的意見。我覺得這問題是在發展中，也就是說現在還是很難論定何者為好，何者為壞。所謂的問題必須是說：我們雖然還在現代化的過程，但西方已經在現代化之後，而

我們現在目前臺灣社會是既是前現代又是現代化之後的一種奇特的綜結體。這樣的綜合體其實我們就必須要好好的重視這奇特的各種人文社會現象，通過一種現象學式的深層思考，去把握到它的問題的現象學意向本質，在這種狀況底下再去進一步作思考一種解決的可能。在這種狀況底下，我並不否定黃光國先生所提的想法，但是我覺得應該讓其他各種可能也出現，各種可能並不是說它毫無意義的想怎麼出現就怎麼出現；而是說帶有某種理論性意義，有理論性基礎的，它有本有源的，它具現實意義的。那我就認為應給出一個學術論述空間，大家真誠的有更多互動跟討論，慢慢的會摸索出一種可能。而這種可能我在想，它可能是種委託性的政治連結，這是肯定的，應該是這樣的，但怎麼樣達到這委託性的政治連結的構造，我覺得這是非常多元的變通性很大。契約性的社會連結我想也是，是以中國原來傳統的人情面子，它這個會參扯，就是作用我認為它也在變，至於原來的血緣性的自然連結，孝悌人倫、包括人格性的道德連結，我認為大概是這個方向、向度是可以保存的；當然那宰制性的政治連結部份是應該瓦解掉的，只不過在這個現代性裡面它可能用不同的姿態出現，而那個是很麻煩的，你如何去瓦解它？我想剛才康芬有提到就是現代化之後所面臨的嚴重困境，就是當我們以為是民主化之後，才發覺到我們是被另外一群更多數人專制的。以前是被一個人專制你還可以喊冤，被多數人專制以後你只能摸著鼻子說是：「你把我的頭砍掉，砍的很好。」這是很悲慘的。但是問題我想是應該這麼想，我們相信有更多精神資源放進來的溝通的時候就有新的可能。這樣想的話會不會太樂觀？就這樣。

十八、我們應深入古典把他的意義解放出來參與到國際人文學的論述脈絡之中

碩士班一年級張雅評：

林教授你好，我是碩一的同學，我想請問林教授的就是：在臺、港、大陸有各種不同的新外王，那我們無法割離臺灣、香港、中國的關係，不過剛才林教授有提到臺灣跟兩岸的關係不是今天的主題，不過在實際上我們從新外王，就是在民主科學上去思考內聖如何可能的同時，我們如何站在身為後新儒學的社會存有論與社會實踐論的立場，在臺灣、大陸不同的新外王上解決現代化危機，如何可能？謝謝。

林安梧教授：

這問題很大，如果我要很簡單逃避性的回答是說：『這些尚在發展中讓我們好好努力。』這樣回答真的是最適合的。但如果說硬是找出一個方向來，我願意這麼說：『我們是有一點責任的，特別是中文系的同學。』我們的責任就是我們應該好好的深入到古典裡面把它的意義解放出來，參與到我們整個國際的人文學、社會科學的論述結構，至於會產生什麼效果我們不要太預期，但是我們有這個責任。特別是已經進入到二十世紀所謂文明衝突，我想在文明的對話，我覺得在這文明對話的可能裡面，華人文化傳統是最為完整的，非常大的傳統。而這個非常大的傳統是跟西方主流的文化傳統大異其趣。

我的比喻就是「筷子傳統」跟「叉子傳統」。「叉子的傳統」就是主體對象化活動的傳統，「筷子的傳統」就是互為主體性的傳

統；使用叉子是主體通過中介者強力的侵入客體的傳統，而筷子比喻則是你的筷子經由中介者連接到客體而形成整體。我以此來作比喻，這裡有很大的不同處。這個不同的傳統目前來講我們自己通過什麼樣的教養機制讓它顯發出來？在我們學術教育教養體系裡面，只有中文系的保留最多，所以我們必須去作這個工作。我常鼓勵年青一輩的同學，你應該慶幸你第一個母語就是漢語，第二慶幸是你唸了中文系。接下去你必須帶有責任，你必須作這事，誰叫你是以漢語為母語又念了中文系。這個事中文系不作要叫誰作？沒有人作，所以我非常強調回到原典作這個事。至於現在兩岸三地以及各方面種種，我覺得應該好好面對目前臺灣本身的問題，臺灣最迫切的問題就是公民社會如何建立起？這是華人自有歷史以來的第一次。其他的華人社會還沒有這個問題，它將是整個華人在歷史的發展下一個很重要的里程碑。

我們如果作好，將不只是作為臺灣人的發展而已，他將是所有華人的問題，特別是中國人。所以我的提法就是臺灣人應把心胸放大。我們現在最重要的問題就是「問鼎中原」，「問鼎中原」是什麼？「問鼎中原」是告訴他們，我們要作好，天命就落在臺灣，真主就在臺灣。臺灣似乎被下了魔咒，長久以來，一般人就是認為臺灣出現不了真主，出現不了真命天子。其實是這樣的，清朝是對臺灣下了咒，有沒有聽老一輩的說嘉慶君過海來臺灣，敗壞臺灣的地理，因此，臺灣出現不了真命天子。這說法，其實像咒一樣，因為臺灣地處偏隅，難以管理。須知：臺灣這塊土地上來的漢人是全華人之中最具有冒險犯難精神，最沒有文化包袱的。它深具有拓荒性格，施郎把鄭氏打下以後，臺灣收到清朝的版圖裡，它還是三年一

小亂、五年一大亂如何治理？而且它反清復明的旗幟一直都有，最好的方式是下一道符咒把你咒住，日本人來繼續咒，臺灣人就是低一等，蔣介石來也一樣繼續，蔣介石政權當然不是外來政權，他是中華民族政權怎麼是外來政權？所以說它是外來政權是說蔣介石的政權充滿了外來性，所以你說他帶有外來性的政權那是肯定的。但他不是外來政權，所以要區別一下。

那這個問題就很麻煩，臺灣人他真正的主體該怎麼擺，他搞不清楚。他一直處在一種我所謂的主奴意識裡頭。我順便講一下，我在 1992 年曾出版一本小冊子，叫作《臺灣、中國：邁向世界史》，在唐山書局出版。我就提到那個雙重的主奴意識，我們一直不能擺脫。你沒有理由面對中國大陸時，自己先把自己放得謙虛、卑下？這沒有理由，真的沒有理由。是臺灣的媽祖比較興盛還是大陸的媽祖比較興盛？當然是臺灣的。文化大革命的時候，大陸的媽祖怎樣？斷手斷腳，偶像的屍首何在都不知道了，是臺灣的媽祖很興旺回去幫祂建的。臺灣的媽祖在神格上比大陸的媽祖高一格，大陸媽祖叫媽祖娘娘，我們叫作天后。為什麼呢？因為當年施琅帶兵打臺灣時跟媽祖許了個願：如果成功的話，那臺灣的媽祖就升一格。清朝皇帝就封祂升一格。這臺灣就是這個問題，在主奴意識底下一直長久處在奴位。所以他現在有機會也不敢，有機會就只想當長工頭，作長工頭就興奮莫名了，這臺灣人的悲哀在這裡。臺灣人現在其實要問鼎中原，你憑什麼問鼎中原？『憑著以這塊土地上好好建立一個良善的公民社會，作為一個華人社會未來歷史發展的重要楷模。』我們要去思考一個問題：「真主不是一個人嘛！」以前講真命天子是一個人，帝皇專制時代；現在講真主、真命天子，它

該是一套制度，一套思考方式，一套價值認定方式、一套生活方式。我覺得臺灣人應該有這樣的想法，我們應建立一套適合我們華人生活、居住的方式，一套制度、一套結構，作為整個華人歷史發展的標竿。過十年，讓我們用文化的融通，問鼎中原，不是武力的逐鹿中原，而是王道而和平的問鼎中原，臺灣應該如此想。我常鼓勵臺灣年青人應該想問題，要往這邊想，你不往這邊想你還是困在原來主奴意識裡面，然後想自己作長工頭就好了。有兩種長工頭：「一種就是我跟你無關啦！已經獨立了。」另外一種就是：「我讓你摸頭好了，我讓你任命我。」臺灣現在不是這兩派最大嗎？一派叫獨派，一派叫統派。這不是很可悲嗎？所以我覺得要怎樣突破，這點我們要想辦法，我認為那是可能的。我是從這個角度來思考這個問題的。

十九、內聖學的重建如同一個點滴工程，須從點點滴滴的研究累積來調整

碩士班一年級張雅評：

　　還有一個問題，就是老師剛剛說從新外王發展到內聖，那在我們這塊土地上，新外王、民主和科學不斷的發展，那科學過度發展，民主也過度發展，那在不斷的改變當中我們如何去安頓內聖？謝謝。

林安梧教授：

　　這個只能夠與時俱進，時時刻刻在調整。譬如說，舉一個最具體簡單的例子：以前在帝王專制以父權社會為主導的男性中心，這

樣的男權至上的狀況底下，很顯然的，男女兩性的關係和現在是不一樣的。現在男女兩性的交往、互動，這裡頭就是個大修行了，這裡頭就有它必須找尋到的，新的恰當的方式，這不簡單。這時候不是你儒學研究者就能夠去思考的，但是你作為儒學研究者必須思考。而你也必須去好好理解其他，譬如說，研究兩性、女性主義者、同性戀者乃至其他各方面的思考。那我知道以研究儒學在這方面作有很多思考的是曾昭旭先生。據我所知，如果有許多儒學研究領域的學者，並沒有人好好重視曾昭旭先生所作的一切，而且很多人認為他在講那些東西是風花雪月，就是講給年輕小女孩聽聽，這是非常大的誤解，非常不應該。那所謂這是一個新的內聖學，這個部份是。那內聖學就是我寧可如同一個點滴工程，點點滴滴的研究累積來作，來調整、慢慢調。你不能夠再拿以前言男女之大防，言夷夏之大防，不為聖賢、便為禽獸，這些說法可能都得受到新的考驗。其實人不會為禽獸，人只有禽獸不如。人是不可能為禽獸，因為禽獸有禽獸的天然、自然，依王船山哲學來說，禽獸是「天明」、自然之明，牠不會有染汙的，禽獸只兇猛不邪惡，人才會邪惡。禽獸也不會墮落，人才會墮落。人有靈性才會墮落，我們可以從一個角度來思考，人是理性的動物，人幾於禽獸者幾希啊！所以人應該是這麼定義，人是可以用墮落去稱呼的一種存在。人具有可墮落性，你不能說我家有一頭豬很墮落。這很詭譎，因為靈性本身有它的可墮落性。佛教講「一念無明法性心」。所以內聖學是不斷地在調，所以我覺得像曾昭旭先生所作的的工作其實是很重要的。所以我常說如果有人願意，當然就不一定是中文系的論文，有人如果願意去做【曾昭旭的愛情哲學】我很願意充當他的指導老師。因

為我覺得這很有意義，很多人不能了解他的意義，很多人站在傳統的觀點來貶視，就難免會覺得男女問題有什麼好談的？大丈夫何事於此！這樣的想法就很荒謬。

博士班簡齊儒：

很感謝老師去年一整年帶給我們班很多思考方向的啟發。我一直有一個問題想請問老師：老師提到一個公民社會的建立的話，可以以契約性的連結來出發。其實講到說我們要從個人的角度來出發然後重視一個形象空間，那這樣一個契約性的建立會不會落入到一個就是老師剛才提到民主霸權的危險，而形成了另外一種危機。

林安梧教授：

的確是可能，而且現在正在發生中，不止臺灣在發生，臺灣未成熟的民主社會已經在發生，西方很成熟的民主社會也在發生中。這也就是為什麼哈伯馬斯要提出批判理論來對這現象批判。我們在這個地方必須要，所以我們不能夠揚棄人事，而完全強調法制，其實是「人存政舉，人亡政息」，這話若恰當理解，是很有道理的，他不管是不是民主政治都是如此。人，無論如何都是最重要的。制度是人造的，我們一直很希望有更好的制度，但是「徒善不足以為政」、「徒法不足以自行」。這部份我只能說我們要不斷地去反省，我認為除了不斷地去反省，儒學裡頭有一些資源，那儒學的資源可貴的就是我們回過頭來，我們要看一下原來心性學裡面，就是在於一個帝王專制高壓底下，心性學除了我剛講的那些弊病以外，它有它非常可貴的地方。它是作一種獨善其身的、一種既是形而上的，善的保存；他獨善其身的保存了文化的生命力，這個部份我覺

得這種人格典型是值得歌頌的。我覺得這時候是需要這樣的。其實西方民主政治就是有一些人作為典型，美國的民主政治還是維持現在像大家所常歌頌的，我曾經看過一本書叫《美國的政治家們》，就談早期美國議會民主下的議員，國會議員是地方選出來的，他能站在國家利益下的觀點來思考，他覺得這個議案應該通過，但是地方反對這個議案；但他知道這議案通過之後一時之間對地方不利，但過一段時間就會對地方有利，他就說服地方。結果，地方上的人不聽他的，反對他。「民可使由之，不可使知之。」這不是中國古代才如此，全世界都是如此。所以下一回他選國會議員的時候就沒選上，他自己也知道下一回他選不上，但是他認為該當如此。我認為這背後是他的宗教精神使他這麼作。我們華人文化傳統背後則是儒學或者道教或佛教，或乃至他是別的宗教，例如基督教都可以，因為我們也是多元宗教，我認為要肯定這個部份，這個穩立了以後，典型建立之後他才會慢慢變好。人格的典型他永遠在一個制度的建立過程裡面是最為重要的，要不然是不可能。我認為施明德所說的話，其實是很真實也很令人傷感的，就是現在的總統、副總統他們已經當了總統、副總統，但是他想的他還是總統候選人跟副總統候選人，我想不只是總統、副總統，現在人都如此。也就是人都是想：「我要怎麼樣獲得下一回的權力？」這很慘。「我要如何勝選？」一個政黨如果一直思考著如何勝選，這是很可怕的。你知道嗎？臺灣所有的政黨都只思考如何勝選，臺灣現在最大的危機就是一直在思考我如何在競爭、鬥爭過程中獲得勝選，他整個公共的議政空間非常狹隘，知識份子能參與進去的公共議政空間也非常少。這很可怕這該怎麼辦？我們現在只能思考一個辦法，很多東西需要

調整，如果你去搞一個媒體去希望它能變動，當然還有一些東西是不變的，就是我們在腦袋裡面想它該怎麼如此。

廿、人作為一個眞存實感的存在要重新去調整自己力求安身立命

博士班陳康芬：

剛才有提到《厚黑學》，我覺得看那本書還挺有趣的。你可以它作為一個儒家系統裡面的知識份子，然後對歷史人物的品評，你可以看到其中它對歷史的思考。現在許多人把它用在經濟上，他們在那邊搞的厚黑學，就是商業界把他弄得跟管理術一樣，我一直覺得它變成一種工具理性。這麼一來，就很像老子變成帝王之學一樣，我不知道該如何去看待這個問題，但是實際上工具理性在現代這個社會，其實是高於人文素養、人文精神，我不知老師如何看待這個問題，謝謝。

林安梧教授：

工具理性的高張是現代性的特徵，那這也是整個文化衰頹的表徵之一。這個問題其實在二十世紀初年很多有智慧的思想家或人文學工作者都已經思考了。史懷哲在他的《文明的哲學》一開頭就說：「文明正在衰頹之中，而戰爭只是文明衰頹的一個表徵。」史賓格勒《西方的沒落》其實也在訴說這樣的訊息，現在已經進入二十一世紀，文明衰頹、文化衰頹、人的心靈衰頹，這其實是一個說法，他其實代表的是一個時代變遷，這變遷面臨到什麼呢？也就是說，人們可能必須好好正視，從笛卡兒以來的，啟蒙運動以來的，

西方的科學思潮為主導的現代性，這樣的工具理性的高度發展，它已經幾乎走到了盡頭。這時候人怎樣好好的重新面對存在，人作為一個存在，具有真存實感的存在。他怎樣重新去調整自己如何安身立命，這問題當然很難，有身體力行的要擺脫工具理性，臺灣我知道至少有一兩位人是這麼作的，我是說我認識的人，譬如說：孟東籬，他就跑到花蓮海邊，在和南寺那邊，鹽寮那邊，現在他好像又回臺北去了；只剩下區紀父還繼續著，我想這就是一種典型，他的意義就是促使你思考。西方來講的話，其實很早就有了，梭羅，後來在美國越戰之後的嬉皮，事實上都是如此，而現在我們說的這個體制有沒有錯，我們要好好的去面對、去思考。其實西方所謂的「新時代運動」的很多思想家，包括奧修、克里斯那穆提、達賴都提出了他們重要的看法。希望我們中文系的同學能夠不止把中文學好，也把英文學好，我們能把中文古代漢語裡頭所帶有的訊息更多傳佈出來，跟他起一種互動。至於說，《厚黑學》在臺灣如何的拿到管理上去應用、形成管理術，我覺得那是應時的，很快就會過去，不用太在意。那厚黑學其實它是某種反動下的產物，它代表另外一種思考，其實滿有意思的，我並沒有把《厚黑學》看的很重，就這樣子，謝謝。

主席結語：吳冠宏教授：

　　林老師這樣子的一場演講帶給大家活絡的思維，我相信以林老師的學問一定可以有更多的對話。但時間已經晚了，我想作為一個主席我還是應該把時間在這裡作一個結束。如果同學有意願的話，林老師還可以的話，我們等一下可以有一些私人的談話。其實，同

學們可以感受到林教授他這樣的主張是艱辛而可貴的，林老師在新儒學陣營裡面是非常獨來獨往的，我想他對新儒學、對心性論的深切反省，像他提出「契約、責任」這樣的思考，我想在某些人的感覺裡面，說不定會群起攻之。雖然如此，我們可以感受到林教授有那種「雖千萬人吾往矣！」的開創精神，我想這就是他可以跟時代的脈動結合，他覺得學問不該關在一個象牙塔裡面，回到我們自己作學問裡面我們可以發現到：沒有一種學問是會腐朽的，只要大家以一個活的心，關懷時代的態度，用一種新的方法、新的態度、新的眼光，那他一定會帶給學問一個無窮的路。我相信今天的這場演講一定給大家很多幫助，我們再用熱烈的掌聲來結束今天的演講。謝謝大家。

（本文由東華大學中文研究所學生紀姿菁紀錄）

附錄三
當代中國哲學思維向度之理論反思

主講：林安梧教授（臺灣師範大學國文系所）
主持：林義正主任（臺灣大學哲學系所）、
　　　陳鼓應教授（臺灣大學哲學系所）
紀錄：廖崇斐先生（中興大學中文研究所博士生）
時間：二○○二年十一月廿五日

○、引言

臺大哲學系主任林義正教授：

　　各位老師，各位同學。教育部覺得我們博士班應該加強基礎教學。我們這一次的課題是屬於當代的。今天邀請到我們的傑出系友——林安梧教授。他目前在師大的國文系所。在年青一輩裡面，是相當有衝勁、有見地的。一方面，自己系上畢業應該要回饋；二方面，從照顧學弟妹的立場，我們也希望您能多多提供研究的方法，多多拉拔。很不容易在您百忙中抽出時間來，我們非常高興，也感謝您。

一、問題的緣起：關於哲學話語的問題

　　在座的各位老師，各位同學晚安。真的很高興回到自己的母

校。（陳鼓應先生：你畢業了多少年？）我算了一下，快十二年了。真的非常快。真的很謝謝陳老師，還有系主任的好意，讓我有機會來這兒，跟在座的各位老師還有各位同學一起來討論一些問題。回到這個地方的感覺，我想一下，真的叫近鄉情怯。（陳先生：以前是在這一棟？還是？）對，畢業的時候就在這一棟。但我入學的時候是在文學院。碩士是在文學院，考博士的時候也在文學院，後來就搬到這一棟。臺大哲學系是一個很有歷史的系，也是全臺灣在哲學方面最古老一個的系，我很幸運能夠在這裡唸完學位。因為我們比較晚設博士班，所以我很幸運還是第一個畢業。今天也很幸運是第一次回到我的母系，真的要謝謝陳老師跟系主任，因為以前有種種因素，所以一直沒有回到系裡面來做講演。

　　大體來講，這些年來我在思考一些問題。不知道每一位朋友是不是都有這一份講義，我講一個東西不一定要按照講稿，我想把自己的想法說一說。這一份講稿，我想就把他當成我再回來面對這裡的老師、學長的時候，交給系裡面的一份小小的成績單，請陳老師、林主任再鑑察一下，出去了十一年應該還算認真吧。真的很高興，但是我情緒上還沒平復得很好。回想起來，十一年前的六月十三號，在系裡面我做過一次演講，談我在臺大哲學系裡讀了九年的心得。那時剛畢業，系學會請我做了一次講演，之後，一直期待著有這樣一次機會能夠回到這裡跟大家討論。我到過清華教書，也回到我另外一個母校——師範大學。師範大學跟臺大都是我的母校，在我的內在情感中都是感觸極深的。人，難免會近鄉情怯。我想，當陳老師在外面漂泊了一段時間，回來的時候也是這番感觸吧。即使如此，我的心情仍然充滿了喜悅。

　　我認為目前的中國哲學，真的是到了一個值得去正視他可能有一個新發展的年代。在我這幾年來，大體來講我在思考一個問題，是有關於整個我們所使用的哲學話語的問題，這是一個很重要的問題。我們怎樣進到一個古典的話語系統，把這個古典的話語系統熟悉了，將這裡面的意義釋放出來，進到我們整個生活世界，再跟我們的現在的生活話語結合在一塊兒，而且又能夠通過現代的學術話語把他表述出來。這一點大概是我這幾年來發展的工夫。

二、過去接受西學的過程是運用一種格義的方式

　　今年我剛好有一個課程跟中國佛學有關。我在思考一個很有趣的問題就是「格義佛教」。所謂格義佛教，大體來講是指中國傳統的讀書人通過老莊去理解佛教。通過老莊的「無」，去理解佛教的「空」；通過了原來老莊的很多哲學概念的範疇去理解佛教。當時，很快地就有所謂般若系統的「六家七宗」出現，當然，不免有些生吞活剝。但是到了僧肇的〈物不遷論〉、〈不真空論〉、〈般若無知論〉出現，由整個「肇論」系統我們可以看得到，其實已經努力地想要擺脫格義佛教而有所創造，也就是說，佛教真正開始進入了中國化的過程。之後，在竺道生更提出了「眾生皆有佛性」，那就更明顯了。從「眾生皆有佛性」這樣的一個提法來說，我們可以看到，他其實已經是在中國化的過程了。

　　就我們接受西學的一個過程來講，如果再往前追溯到明代中葉以後，像是利瑪竇的《天主實義》，其實很明顯的，他也是運用一種格義的方式。他通過中國的《詩經》、《書經》還有中國古代的儒家哲學，跟天主教的教理結合在一塊兒，於是寫就了《天主實

義》。王夫之也曾批評過《天主實義》。換言之，當時接受西方哲學的方式，也是一個格義的過程，而這個格義是通過中國的儒學、道學去接近天主教，去接近西方的哲學。另外包括李之藻、徐光啟這一撥人，在當時也都是如此。

非常可惜的是，清朝初年西學中斷。我覺得皇帝太英明有時候未必是好事。康熙皇帝很英明，直到雍正、乾隆這一百三十四年間，中國的人口從不到一億，變成四億，相當厲害。他也重新起用朱子學。朱子學強調的是一個道德的超越的形式性原則，結果他被專制化了，變成一種專制的一個意識形態；變成一種專制的道德的形式性的原則；變成一個強制的規範。朱子學成為官學後，在清朝特別是這樣，但是他卻形成一個很重要的內聚力，因此也使得清朝前三代變得非常好，進步也非常快。當然，這跟整個經濟產業的發展有關；跟從海外移進來的作物，包括玉米、馬鈴薯以及其他種種有關。但是到了乾隆末期的時候，中國人口已經達到四億。我一直常提到說，戴震哲學的呼聲就是已經告訴我們，這麼大的一個土地，這麼多的人口，用儒家的以程朱學為主導的意識形態來作為一個道德倫理的規範來管理這一個國家，其實是已經面臨很大的問題了，所以戴震哲學提出「以理殺人」這樣一個說法。

我們今天不是要談清代哲學，只是從這一段歷史可以看到清代有一個很大的錯誤，那就是閉關自守，西學中斷。前面那一段時期的富強，其實只是一種封閉式的、內聚的富強。他的內部其實問題很多，所以到了乾隆晚期有和珅的貪污、以及種種問題，接著就一塌糊塗了。後來有太平天國之亂、鴉片戰爭，種種問題，接踵而來，整個中國幾乎被打破了。西學這時候也重新進來。西學這時候

進來，跟以前進到中國來的整個態勢不同，他們除了挾帶著船堅炮利之外，也強烈地負擔著白種人的那種上帝選民的使命感。在這樣一個過程裡，我們基本上是很難抵擋住西學的。但有意思的是，即使在這種情況下，當時我們的第一批的留學生從容閎，到後來嚴復，他們回到國內翻譯西學的時候，走的其實還是「格義」的路。像嚴復將 J.S. Mill《On Liberty》（《自由論》）譯成《群已權界論》，其實意義已經差很遠了。而且他還是用文言文翻，這個文言文形成了一種很奇特的、龐大的、溯及於道的一種根源性的力量，當他整個融進去以後，我們可以發現，他其實是用中國的哲學來格西方的哲學，這一格進去以後，到最後都放到裡面去了。

　　所以我們現在發現到有很多問題，例如包括把 Mill 所提的「個性」（individuality）翻成「特操」。「特操」這個字眼和「個性」，從漢語來看有很大不同，但是我們現在如果從整個歷史的發展去看的話，其實也很難說這樣的翻譯一定那麼不好。因為在整個文化的互動中，他有沒有主體性是非常重要。到了民國初年五四運動以後，白話文運動如火如荼。基本上我們對西方的哲學的翻譯，再也不可能用文言文了。再也不可能是簡易的文言文，而是徹底的白話文。而且那樣的一個白話文，基本上跟《紅樓夢》的白話文也是不一樣的。《紅樓夢》的白話文跟整個文言文的脈絡，還是可以有一個連續體。但是民國初年以後的翻譯體的白話文，基本上是盡量的依循著西方的語文脈絡，因此形成了一個新的語種。這個新的語種，可以說到現在為止還在盛行中。譬如所謂「做出偉大的貢獻」這些辭，在我們的華文裡頭，原來是不太通的。但是現在大家已經很習慣了。其實佛經的翻譯，也曾經產生新的語種，只是原來

我們中國傳統文化的那個精神意味仍然比較重。所以他能夠形成了非常龐大的系統，並且跟整個中國哲學連在一塊，而形成了所謂的三大宗派：天台宗、華嚴宗、禪宗。

三、未來接受西學仍應正視中國文化本身的主體性

西方哲學在整個傳譯的過程裡，在整個中國的發展過程裡面，我覺得前輩先生們有很多貢獻。他們盡量的求其準確。當然，我們如果從現在解釋學的觀點來講，很難說什麼叫做準確的翻譯。但是，我常常說「語意是沒定點，但總有個範圍」。在範圍上可以盡量靠近。像賀麟的翻譯、宗白華的翻譯，我覺得都是非常好的翻譯。像朱光潛，為了翻譯維科的《新科學》，年紀很大了還在學義大利文。很了不起。另外我想說的是，前輩先生們所做的不止是翻譯的工作。畢竟他們原來的漢文底子夠，所以即使在翻譯上未必能顯露出中國文化的氣息，但是在研究西方哲學時，他們其實是努力地在做一種融通，或者說是格義的工作。

雖然那已經不太可能像魏晉時的那種格義方式，也就是說他不太能夠完全以中國哲學為本位而進到佛學裡。像朱光潛、賀麟、宗白華，他們不太可能以中國哲學為底，去格西方的哲學。更何況在當時，整個風氣上也不被允許。但是，如果我們去看賀麟對黑格爾的詮釋，我們可以發現到，他其實是很有意的知道，如果西方哲學要在中國哲學生長的話，他其實是必須要正視自己文化的底子。在〈黑格爾學述〉這篇文章裡他曾提到，通過《易經》「太極」這個觀念，通過朱子哲學的觀念，盡量地想辦法要去跟黑格爾哲學湊泊在一塊，而去思考那個絕對精神到底是什麼。

　　當然，這樣的做法是否妥當還有問題。但是，這樣的一個方向其實是值得正視的。我想賀麟、宗白華他們都做出了一些成績。馮友蘭的新理學，把西方的新實在論跟宋明理學特別是朱子學連在一塊，也做出一些成績。像金岳霖的《論道》做出一些非常重要的成績。那麼我就在想一個問題，現在我們在做西洋哲學的先生們，他們是不是能夠正視到這個問題。也就是說，在華人地區，有沒有所謂中國人的，或者華人的西洋哲學傳統？還是我們所做的西洋哲學，頂多是一個介紹？或者我們之所做，仍然是完全放在一個西方哲學的氛圍裡面，然後全部被吸到那個系統的脈絡裡面去？如果以這幾十年看來，其實是後者。

　　這個禮拜天，有一場關於勞思光先生的會議，林老師也在。會後有一個座談。座談中我曾提到這個問題。林正弘老師也強烈地感受到這個問題，並繼續這個問題討論了一下。他也支持我這個意見。我覺得，如果我們沒有自己本土的西洋哲學傳統，這個西洋哲學其實到最後，風一吹就過去了。其實讓我感受更深的是，他不止是沒有自己的西洋哲學傳統，連自己的中國哲學傳統也幾乎快立不住了。許多號稱做哲學工作的人，往往是在一個西方新的哲學思潮出現後，循著那個新的思潮的一個向度，以及那後頭所隱含的方法，然後通過那個方法進到中國哲學來，卻號稱自己又發現了什麼，卻說自己是從什麼樣的觀點於是又看出了什麼。譬如以前通過康德學來看儒學。現在又有所謂揚棄康德學，於是又通過海德格爾來看孟子學。我對這樣的一個作法非常不以為然。

　　我一直覺得，實在沒有理由說，當我展開一個哲學詮釋，回溯到文本展開詮釋的時候，就有人問我說：「你用這個語詞，請問是

西洋哲學哪一個詞的意義?」老實說,我真的是回答不出來這是哪一家的意義。並不是我對西洋哲學那麼不熟悉,而是因為當我使用一個 term(詞),當我進到中國哲學去做詮釋的時候,雖然他是一個西方語詞,可能黑格爾用過,康德用過,或者海德格爾用過,而我現在的目的很可能是回到《孟子》這個原典,努力地嘗試去說他。但是這樣的方式,在我們哲學界裡卻不被認可。他一定要問你,你這是黑格爾的觀點嗎?還是康德的觀點呢?還是海德格爾的觀點呢?還是 Whitehead 的觀點?我真的是不能理解為什麼可以這麼問。但是,他們真的就這麼問。

中國文化不是個礦產,所以不能用開礦的方式。更嚴重的說,我說中國哲學不是妓女,不必等待恩客。你不能夠把西方哲學當作恩客,把自己當成妓女來等待恩客。好像新的恩客有新的開發方式,這毫無道理。但是我們居然就這樣。

我覺得我們現在做很多所謂中國哲學的一個詮釋的活動,如果沒有回溯到原典,那是不應該的。而所謂回溯到原典,必須要做一些很基礎的工夫,包括學術史的、思想史的,乃至社會史、文化史的工夫。總的來講,也不是說我們一輩子只做某一個工夫而已。而是在很多人都做了這個工夫之下,我們還有些什麼可能。或許這也代表者,我們其實必須借助於更多歷史系、中文系,乃至其他各個學門所做的有關中國文化的總的基底,我們是非常須要那種厚度的理解。當然一些基礎性的訓練,包括語言、文字、訓詁這些理解是非常重要的。我知道我們哲學系以前有一個要求是要開文字學,我不知道現在還有沒有。我認為這是一個非常好的傳統。

四、從文化類型學的對比展開對自身文化的理解

回到我們剛剛所提的問題，我們再回溯去想中國哲學的做法，到底應該怎麼辦？我們剛剛也提到幾個應該留意的問題，不能夠隨著西方的問題意識起舞；不能夠隨著西方的問題的發展以及背後的方法起舞。除此之外，我們也不應該故步自封，而是要全幅的敞開，而有真正的交往跟溝通。如何全幅的敞開、交往跟溝通？我認為必須回溯到我們自己的經典，展開理解跟詮釋。而這個理解跟詮釋，不能夠放棄了整個歷史社會總體的理解；不能夠放棄一個整個文化類型學的對比。譬如說，中國哲學基本上是天人、物我、人己通而為一的思考方式，而西方哲學是神人、物我、人己分而為二的思考方式。大體來講，我們可以通過這樣的文化類型學，或者哲學類型學作區隔。這個區隔，並不意謂著他就被我們設定了。他其實只是通過這樣的區隔，讓我們通過一個類型學的對比，讓我們有機會來深入地探討這些問題。所以，很多問題我們其實必須有一個很大幅的一個文化學、人類學、社會史……等等，以這些東西作為基礎，回過頭去我們就可以看到，原來是如此。

這些東西也可以驗諸於我們倫常日用之間，可以從我們生活實踐裡頭看到。我很喜歡談這個問題。舉一個很簡單的例子：1979年的時候，我在師大認識一位外國人，名叫戴思客。前一陣子的時候，他還曾到中研院作訪問。他很喜歡讀《易經》，也很喜歡臺灣。當時，他是哈佛人類學博士的侯選人，在臺灣作田野研究，也娶了一個臺灣老婆。為了生活，他曾經到處騎摩托車去教英文。他問了我一個非常有趣的問題。他說：「我覺得很奇怪，你們臺灣人

怎麼可能在那個紅燈變綠燈的前 0.1 秒就已經知道。然後你們摩托車就可以往前衝了？」當時這個問題真的讓我傻住了。其實這個問題很容易了解，這是因為他們的視覺習慣跟我們不同。符號帶給他們指令跟他們實踐的互動，那種內在心靈的機制不同。他們的視覺習慣是對象性的視覺，是定點式的透視。他們的指令是一個符號所下的一個命令，因此而展開了一個實踐活動。而我們不是。我們一到那個地方就是一個場域式的。我們是眼觀四面，耳聽八方。我們是看了那一邊的綠燈變黃燈，黃燈在閃了，我們這一邊就開始發動。所以我們不是一個話語的論定原則，而是一個氣的感通原則。這是很有趣的一個例子。還有很多的例子都可以跟這個相關。所以我後來讀張光直的《考古人類學專題六論》的時候，於我心有戚戚焉。他說整個中國文化跟馬雅文化，可以連成一個叫「馬雅中國文化連續體」。而西方的以基督教為主導的這樣一個文化，他變成現代文化主流，其實是一個很獨特的發展。而這個獨特的發展，他所展開的是一個「存有的斷裂觀」，而不是「存有的連續觀」。我覺得非常有道理。

我們在其他的例子裡面也可以看到。大家想一想，我們按門鈴的時候是怎樣應門鈴的？我們這一代人已經被西化的很厲害了。讓我們想一想父母親那一輩是怎樣按門鈴的。我猜陳老師大概還是這樣按門鈴。我以前也是這樣。上面的人問：「誰？」下面的人說：「我。」上面說：「喔！你。」門就開了。西方常不是這麼問的。你按門鈴他們就說：「Who is it?」他一定把他變成一個他者。這個「it」很重要。然後他講：「It's John.」西方這個「他者」的傳統很強。此外，因為我們還有一個很重要的關係，就是「我與您」

這個關係。就是馬丁·布伯（Martin Buber）講的「I and Thou」。而西方文化傳統裡面，有一個很重要的「I and it」。這是非常獨特的。所以，我們的哲學基本上，骨子裡頭是天人物我人己通而為一的，在西方的哲學裡，則是神人物我人己分而為二，另外在中間還有個連接者，或者說是第三者，也就是所謂的耶穌基督，以及後來的教會。這整個概念系統是不同的。

五、理解中國哲學必須照顧到歷史社會總體

　　牟先生有一個新的發展。他回過頭來，通過儒學，他要補康德學的不足。這是他的一種格義的方式，而提到最高，構成他的一個系統。在他的《現象與物自身》這本書裡面我們就可以看到。很了不起，但是並不一定很妥當。至於勞思光先生所說的儒學，理解上的問題很多，這是沒辦法的事情。因為他是不講天道的，他單強調道德主體這樣的儒學，這是不合乎中國哲學始源的。如果回到整個文化的場域裡面來說，這很容易理解。勞思光先生的《中國哲學史》有很大的貢獻，但是也有很大的缺失。只是因為他寫得很清楚。

　　我常跟很多的朋友說，寫得很清楚，論證很清楚，並不代表著結論就是對的。即使論證對，並不代表著結論是對的。因為大前題就已經錯了。所以他只是錯的更曲折，錯的更精緻，錯的一般人沒有辦法去提出來。而勞先生這一部書影響臺灣太大了。我其實對勞先生這個地方一直是有意見的。因為你把天道拿掉了來談道德主體，從這個地方去談儒學，談到底了，其實他便走了樣。沿著康德學來談自律跟他律，這是大有疑慮的，因為中國哲學其實可以不必

通過這樣一對概念來談。我覺得這些都必須要照顧到所謂歷史社會總體，整個文化型態，各方面總總對比，如此才不會搞錯。

這些對比，其實在我們日常生活中就可以感受得到。例如我們剛剛所談到的視覺方式，從美術來講，我們的國畫是一個多點的、散點的透視，而西方的風景水彩畫是定點的透視；我們的散點透視是人走到畫裡面去，而西方是定住一個點去看，看這個風景，然後去畫定。所以他是一個主體的對象化活動。對他們來講，這是非常重要的一個活動。所以「說」這個活動對他們來講是無比重要的。但是對於我們華人來講的話，「說」之上有一個超乎「說」之上的「不可說」。「說」後頭是個「可說」，「可說」後頭是個「不可說」，「不可說」而「可說」，「可說」而「說」，由「說」到說出了「對象」，這是一個非常複雜的過程。從這個角度，你回頭去看《老子》或者《莊子》的〈齊物論〉，你不得不佩服，在兩千多年前我們的老祖先，對於語言跟存在跟思考之間的反省，可以到達那樣的高度，那樣的深度。

中國人是非常會思辨的一個族群。當然，後來的中國人思辨能力為什麼減低？那跟帝皇專制、父權中國、男性中心、帝制中心有密切的關係。因為封閉了。但是，並不是中國人原先就不會思考。現在有一種說法，包括一些西方漢學家還問：「亞洲人會思考嗎？」「中國人會思考嗎？」「中國人有哲學嗎？」包括我認識的朋友，蔡錦昌先生也常常這樣問。這一些問題很怪。居然還有人說：「是因為受到西方哲學影響之後，才有中國哲學。而中國哲學原先是沒有什麼思辨性的，而後來因為受西方哲學挑戰才開啟了思辨性。」這些論點居然還在哲學界裡面成為一個很重要的論點，我

覺得非常荒謬。

　　我常常說：「哀莫大於浮淺。」何謂浮淺？不讀書之過也。倘若你讀過《易經》、《老子》，讀過《莊子・齊物論》。我覺得，你真得應該相信金聖嘆所說的，什麼叫做「天下第一才子書」。他覺得這是「空前」，老實說我覺得應該再加上「絕後」二字，只是我們不願意說人類以後沒有更高的東西。這麼會思辯的一個族群，後來為什麼那個腦袋不太動了？這是因為大統一以後，整個思想封閉了。這不是指春秋大一統。春秋大一統是多元的一統，而統一的時候是單元的。這整個封閉了，整個中國從五倫變三綱。五倫變三綱以後，原來彼此對待的方式，變成一個主奴式的關係，結果整個儒學在這個過程裡面，變成一個帝皇專制化的一個儒學。這個問題是很嚴重的。

六、歸返原典以破斥虛假論述

　　我們再回溯到剛剛那個問題去想，目前來講，我們的中國哲學還有什麼可以繼續做的？對於所謂的虛假論述，必須要唾棄。什麼叫虛假論述？就是回溯到原典，禁不起原典考驗的；回溯到一個更寬廣的、宏觀的對比觀點，禁不起這個對比的，這就是虛假論述。譬如有一位西方漢學家說：「《論語》是倫理學的行為主義，而到了《孟子》，叫倫理學的動機論。」這個說法大有問題，因為他沒有真正回到原典，而且也沒有一個寬廣的深厚宏觀的對比，畢竟他可能也沒有這個能耐。所以，當我們去面對並且了解這些問題之後，回過頭來我們發現到，歸返原典非常重要。但是，歸返原典不是把原文重抄一遍，也不是照著原來人家所說的跟著說。譬如朱熹

講：「仁者，心之德，愛之理。」你重講了一遍，意義不大。我們應該嘗試的去理解。譬如說，「仁」怎麼解呢？仁可以從感通說，從真實的一種真實存在的道德感說。連著怵惕惻隱，連著鄭玄說的「相人偶」，而說人跟人之間的一種真實的關係。那麼，當我們嘗試著各種說的時候，如何找到定準？我覺得這時候我們應該相信，他是可以一致，可以融貫的。

譬如說，「禮」這個字眼該怎麼解釋呢？禮者，履也。禮是一個實踐，是個體現，是個途徑；禮是個分寸，是個規範，以及其他種種。一個一個說，他總有是一個比較適當而可說的。一般我們說，禮可能是分寸。他可以上升到一個所謂「大禮者與天地同和」、「大樂者與天地同節」的層次。禮是個節度。我們進一步去想，我們就慢慢的可以將古典的話語，通過現在自己的體會，用現代的學術話語，嘗試的將他表述出來。我覺得這是須要做的。譬如說孔老夫子的「六藝」之教該怎麼解呢？我們在國小、國中都背過。但是，即使把「禮、樂、射、御、書、數」背了十遍，也還是未必能了解他的意思。那麼，我們應該怎樣用現在的話語將他講出來呢？譬如說，我認為孔老夫子是最早的通識教育的提倡者。「禮」，講的是分寸、節度；「樂」，講的是和合同一；「射」，講的叫對象的準確；「御」，講一種主體的掌握；「書」，講的是一個文化的教養；「數」，講得是邏輯的思辨。當我們用這樣的語詞重新說他的時候，這個「禮、樂、射、御、書、數」就活過來了。

因為我曾經做過清華大學通識教育中心主任，也擔任了通識教育學會理事，所以我也跟黃俊傑先生說過。我說我們談通識教育，

不要老接著西方的芝加哥大學、哈佛大學談，我們要接到孔子談。我們研究的畢竟是中國傳統文化。可是非常可惜，他還沒寫過這樣的文章。我認為，我們怎樣去將古典話語跟現代話語連在一塊兒，是一個很值得正視的問題。

　　譬如說在老子《道德經》中，「道」跟「德」這兩個字一再出現。孔老夫子也說：「志於道，據於德。」我想當我們用現代的話語去重新說「道」跟「德」的時候。不能夠說孔老夫子講一個，老子講一個，他有一種共通性在。這個「道」應該怎麼解呢？我的解法是：「道，就是總體的根源；德，就是內在的本性；仁，就是彼此的感通；義，就是客觀的法則；禮，就是具體的規範。」這也是我經過了二十年左右的琢磨過程中，慢慢地發現到，這是正確的。當然，這是一個開放性的論述，他必須要隨時接受挑戰。但是我們應該要嘗試用這些話語去說。

　　哲學如果不止是停留在骨董的研究，而應該跟現代的學問連在一塊兒，那麼用這樣的方式來解釋老子《道德經》裡面的東西，能否解得通呢？我們可以嘗試看看。譬如《老子》第三十八章說：「失道而後德，失德而後仁，失仁而後義，失義而後禮，夫禮者忠信之薄而亂之首也。」這段話我們怎麼解呢？當那總體的根源失掉了，我們就要強調內在的本性；當內在的本性有所缺失了，我們就強調彼此的感通；當彼此的感通失去了，我們強調客觀的法則；當客觀的法則失去了，我們就強調具體的規範；當人們努力強調具體的規範的時候，就是人們的忠誠信實已經薄弱，而亂世已經開始了。我認為這麼解是通的。不敢說是老嫗能解，但是一般人似乎也能依稀彷彿地了解。所以我認為中國哲學的生化、活化，如何回到

一個真正的生活，讓他能繼續長下去，這一點是我非常關心的。

我們還可以用《老子》第五十一章的「道生之，德畜之，物形之，勢成之。」這段話來講。一個總體根源的生發，經過了內在本性的涵養蓄藏，而落實為一個存在的對象物。所謂「名以定形」、「文以成物」。經由這個主體的對象化活動，以及話語的介入之後，「物」才使之成為物。經過我們這樣去說他，於是「物」形著了，因為「名以定形，方為物也」。這時候，這個物如果沒有「尊道而貴德」，就會「物交物引之而已矣」，於是他就形成了勢。所以老子一再告訴你要「尊道而貴德」。

因為道家是放在本體論，放在宇宙論這種發展裡頭去說，而儒家能夠放在人的自覺上去說，所以孔子講「志於道，據於德，依於仁，游於藝。」志，是一個心靈的定向，往一個神聖信息走的一個定向。一個心靈的定向，必須要迴向一個總體的根源。「志於道」的道，就是指這個。所謂「道生之」而「德蓄之」，便是在這種狀況下，德既已蓄藏，於是方為可據，也就是「據於德」。所以，就這一點來講，我是主張「儒道同源互補」。再往下說「依於仁」。仁是感通，人有如此之本性，方而為人，而人與人，人與物之間，才能夠有真實之感通。如此方為可依據，所以「依於仁」。所謂「游於藝」。藝者，整個生活世界都為藝。

七、哲學語言本身應回到生活世界去檢察

我就在想，我們可不可以嘗試用這種方式，慢慢地把中國哲學這些語詞，跟現代的生活，跟現代的學術用語搭在一塊兒，而重新去締造一個新的可能。而這些觀點，他就不是從康德的觀點，或者

從黑格爾，從海德格爾，從沙特……，從哪一個觀點，而是溯到我們中國哲學的觀點。至於這些語言本身是否適當？那是開放的，他必須接受檢察。而檢察的原則就是從整個生活體驗上去檢察。在整個話語的訓詁、解釋上，必須檢察；在你整個學術裡頭的用語能否一致，這也必須接受檢察。他必須從不斷地接受這些檢察的過程中，長出一些新的可能。在這樣的方式裡面我們就可以發現到，一個一個字眼慢慢地敲，他會敲定一些可能。譬如《老子》第二十五章：「人法地，地法天，天法道，道法自然。」地，渾厚；天，高明。地代表的是具體性，生長性的原則；天代表普遍性，理想性的原則；道是總體的根源的；自然代表一個自發的和諧的狀態，所以要「人法地，地法天，天法道，道法自然。」也就是說，人要學習地的渾厚。作為一個具體的生長，他必須朝向一個普遍的理想，也必須朝向一個總體的根源。而所謂總體的根源，必須效法那自然的和諧。這是一種自發的和諧。

　　我們通過這些語詞，一個一個慢慢出來以後我們可以發現到，你通過亞里斯多德的觀點去理解中國的形而上學，那是不恰當的。不管你理解的是《易經》，或者《老子》，乃至於看起來非常接近托馬斯·阿奎那（Thomas Aquinas）的朱熹，那都是不恰當的。因為中國哲學再怎麼頂，就算頂出那個絕對的他者 God，我們仍然是那渾而為一地交融成那不可分的總體——道。

　　這個是很清楚的。所以我們的「道」，下來有「教」門，因此你就可以看到，我們的民間宗教為什麼會那麼多。我的家鄉有一座神農大帝廟。我記得小時候去過，裡頭居然還供奉著穆罕默德。你會覺得很奇怪，但是對他們來說，這些都是「教門」。在那上頭有

一個東西，他是融通的，那叫做「道」。所以，這時候就沒有理由會出現這種論述說：「西方因為有基督教的傳統，所以有原罪說，所以有民主政治，所以我們應該趕快去信仰基督教，所以才會有原罪說，所以才會有民主政治。」沒有理由這麼說。我們也沒有理由說：「在中國的哲學傳統裡面出現不了民主政治，中國文化出現不了民主。」這其實是一個非常複雜的學習過程。這是另外的問題。關於傳統和現代的問題，我曾經通過了幾個不同的次序去釐清，也就是「學習的次序」、「理論的邏輯次序」以及「歷史的發生次序」，通過這些，我做過一些分析。我在《儒學革命論：後新儒家哲學的問題向度》裡，大體做了闡述。

八、研究中國哲學應學習操作古典話語

連著我們剛剛所談的話題，我是一直期盼著我們哲學系研究中國哲學，其實有非常重要而且需要去做的，那就是回到原典，回到生活，回到學術。但是也不能拒絕於西方的學術，畢竟我們是生長在這個世界。當然，我們可以使用主體這個概念，但是你不會是康德意義的，也不會只是黑格爾意義的，可能就是看你回到孟子、老子或者荀子，各有不同。在這個過程裡面，一個一個詞慢慢敲定。剛剛我們也談到，這樣一個過程其實是很重要的。我們也必須能夠回到一個很重要的論點上去談。在談整個古典的話語系統的時候，這個古典的話語系統怎樣去說服人。我常跟很多朋友說要學習操作。即使寫不好也沒關係，但是要操作。做中國哲學，你要寫寫古文，也應該做做對聯，寫寫詩。在這個過程裡面，你就會進去了，進去之後才能夠把他拉出來，一步一步地出來後，他就會有一個往

上發展的可能。當你真的對這個語言脈絡很熟悉的時候，你就能了解什麼叫做「參造化之微」、「審心念之幾」、「觀歷史之勢」。我用這三句話來概括《易經》。但是，我們學生輩對這些詞語可能都不太熟悉了。我覺得學習語言，他其實是一種熟悉。那是一種自覺。熟悉，你就會了。

　　我常說，其實閩南語講的常常就是文言文，只是你自己的不知道而已。譬如閩南語說「爾有閒否？」（你有空嗎？）其實就是文言文；閩南語說：「爾真橫逆。」（你很蠻橫。）也是文言文；閩南語說：「敢有？」（有嗎？）還是文言文。我的意思就是說，這些東西都要去自覺。在我們文言文中有很可貴的東西，你能否去自覺？自覺以後，再嘗試去運用看看。譬如說，要描述臺灣現在的最大的問題，我們可以很簡單地用文言文來表達。那就是：「志不定，心不安，身不勤，國不富。」志不定，國家目標何在呢？心不安呢？志不定就心不安嘛。就心性學來這麼說。志不定，心不安，身就不勤。身不勤，國就不富。這些語詞通通是活的。很可惜，我們政治學的教授不讀。我們經濟學、社會學的教授不讀。現在只靠我們中文系跟哲學系的、做中國哲學的、做東方哲學的，然後我們死命地說這些有多重要。

　　這些東西，譬如我們剛剛講到的志、心。這該如何了解呢？其實你一讀就了解了。譬如讀《太上老君說常清靜經》：「人神好清，人心好靜」。人神是屬於「志於道」這個層面；人心，是心這個層面。他底下是個慾。他用三個範疇去說。「人神好清，人心好靜。」「人神好清，而心擾之。人心好靜，而慾牽之。」我們一看就很清楚，這裡頭可以講一套修養的學問。將他放到心靈意識去分

析，我們可以發現到，總體的心靈活動叫「心」；心的指向叫「意」；意往上提，通於道叫做「志」；意往下落，涉著於一個物叫做「念」；而在這個念上起一個貪取佔有叫做「慾」；而當你停在這個念上起一個「了別」的作用，這叫做「識」。

從這裡我們可以發現到，中國語詞的構詞關係很有意思。你可以講心念，可以講心意、心識，但是就不能夠講識心，因為他是有高低的、上下的隸屬關係。你可以講意識，可以講意欲，講意念，就是不能講「念意」。誰說中國人的語詞不清楚，西方語詞才清楚。在師大我曾碰到一位先生，他跟我說：「你們搞中國哲學腦袋是不清楚的。因為『天命之謂性，率性之謂道，修道之謂教。』天、命、性、道、教，這些字眼換來換去都可以。」我心裡想著：「怎麼會換來換去都可以。因為你不懂，當然換來換去都可以了。」就好像一個洋人聽到我們講姑丈，講姨丈，講伯父，講叔叔，他換來換去都可以，因為他們都叫 uncle。那怎麼可以呢？他在不同的脈絡清楚，並且各自澄清。

九、方法論上應跨越本質主義的思考

這裡順便說一下。十幾二十年前，當時我們是博士班第一屆，為了到底要考些什麼科目，大家在那裡爭。當時我提議說研究西洋哲學的也應該考中國哲學，研究中國哲學的也應該考西洋哲學。但是有些教西洋哲學的老師認為不必考中國哲學。我說：「因為我們在華人地區，如果不了解中國哲學，即使你所了解的西洋哲學，那也完全只是些皮毛而已。」這是我的論點，但是在當時卻被視為笑話。我還記得有一次上課，我們在討論 Weber 的時候，討論到

「ideal type」這個觀念。我說這個如果嘗試用「體、用」的觀點是什麼。一講完之後，全部的人都笑我。因為大家都覺得，何必要牽涉到中國哲學去理解這些概念呢？這些概念應該回到西方本身的原文去理解。

我真的不能理解，為什麼回到西方的原典裡面你可以理解。因為對西方哲學來講，我是外國人，我當然要回到我的本國的語言、本國的母土，回過頭去深入的理解。但是，居然到目前為止仍有很多人認為，研究中國哲學必須通過西方的哲學的某一個觀點，然後再穿透進來做自己的研究。這點我非常不能認同。我覺得這是主客異位，出主入奴而已。但是你現在跟人家這麼講，人家聽不懂。所以我現在把這些問題提出來以後，想到自己這些年來做的一些工作，我覺得其實前輩先生們走了很多冤枉路，而那些冤枉路是為我們走的。我們不能夠忽視他們那麼認真走的那些路。而我們現在大體來講，有機會跨過那個「格義」，或者「逆格義」（通過西方的哲學語詞來理解自己，叫做「逆格義」）。

我們大概有機會重新去思考，怎樣將古典的話語系統跟現代的生活話語，跟現代的學術話語連在一塊兒，而有一個重新的發展。我用了很多心思在思考這個問題，所以在這種狀況之下，我就重新的去釐清一些問題。譬如說，中國哲學如果談到本體論、宇宙論的時候，他到底是「理」這個概念作核心呢？還是「心」這個概念作核心呢？還是「氣」這個作核心？我認為，真的是「氣」這個概念在作核心。因為在以話語為中心的中國思想才會以「理」為核心；在主客對立的兩橛觀底下，強調主體性的，才會以「心」為核心。

當然中國講本心論的時候，他其實不是主客對立的，他是更上

一層渾而為一的。但是總的來講，他應該是以「氣」為核心。這個概念的解釋力最強。所以由於這個因素，我重新再去思考包括牟先生所做的很多工作。我覺得牟先生他們所作的新儒學，因為整個時代的關係，他們免不了一個道德主體主義的傾向，免不了站在傳統的本質主義的傾向。他們希望從他們所定立的陸王「心即理」為主的這個心性論，從這樣一個主流裡，再去開出民主跟科學。而他的後頭，其實是一個文化的本質主義。這些東西我都寫文章批評過。我的一個理解就是，我們必須跨過這個「方法論的本質主義」（methodological essentialism）的思考，以一種「方法論的約定論」（methodological conventionalism），或者「方法論的唯名論」（methodological nominalism）的思考來重新想。

因為文化是多元的，是互動的，是融通的。不是儒家是主流的，道家是輔助。也不是道家是主幹，儒家是支流。他其實總的來講說是多元的互動，而儒道同源而互補。他後頭通到一個最古老的巫祝傳統以及道論的傳統。從巫祝、巫史的傳統，後來轉成一個從「帝」、到「天」、到「道」，這是一個很複雜的過程。整體來講，他還是一個存有的連續觀，也就是天人物我人己通而為一這個觀點。這樣的觀點，他才有一個從「可說」到最上頭的「不可說」，所以他強調「氣的感通」，而不是強調「話語的論定」。

我常常喜歡拿《論語》：「天何言哉，四時行焉，百物生焉，天何言哉。」用來跟《舊約·創世紀》對比。〈創世紀〉一開頭是講：「上帝說有光就有了光，於是把他分成白晝和黑夜。」這對比的很清楚。一個是話語的論定：「說有光就有光，把他分成白晝和黑夜。」；而我們是「四時行焉，百物生焉」，但是「天何言

哉」。在《老子》書裡面，到最後一定要談到「無言」。「無名天地之始」，接著再講「有名萬物之母。」在兩千多年前，王弼就能夠提出「名以定形」這個觀念，他就是接著《老子》說「有名萬物之母」。「名以定形，文以成物」這樣的思考告訴我們，我們根本沒有，或者說至少不重視西方的如亞里斯多德的實在論傳統。我們根本上就是物我通而為一。當我們說任何一個存在的對象，他基本上是經由一個主體的對象化活動，話語的論定以後才成為一個對象。那是這麼複雜的一個過程。所以我常說：「論形而上學，我們的確是非常非常精彩」。

我們論形而上學是超乎西方所說的形而上學，所以有人說他是「超形而上學」；而像「形而上者之謂道，形而下者之謂器」這些語詞怎麼解？這個「形」當然應做為「形著」（embodied）之義，「形而上者」指的是在這形著的活動，而上溯其源，就這根源來說叫做「道」。「形而下者」指的是經由這形著的活動，下委而成，就這所成之具體物，叫做「器」。「形」不是「形器、形物」，而是「形著為器物」這樣的活動。

如上所說，「形而上者謂之道，形而下者謂之器」，這些語詞用我們臺灣話來講，就是要慢慢地「chiau」（慢慢挪動），慢慢地「chengt」（慢慢移動）。在這個「chiau-chengt」的過程中論定，大體來講，他就可以再往前走。當然，當我們做這些工作的時候，必須建立在很多前輩先生做的基礎上。譬如說，屈萬里先生他做了很多工作，這些工作是中文系的工作，那我們哲學系要不要念？當然要。譬如說，我們讀不讀熊十力的東西？讀！你讀不讀胡樸安的東西？讀。你讀不讀朱謙之的東西？讀。你讀不讀馬一浮的東西？

讀。你讀不讀皮錫瑞的……。當我這麼說的時候，不要說哲學系的，我問中文系的研究生，他都不知道有這些書。這個問題很嚴重哪！這代表我們話語訓練的系統裡面，這些東西基本上並沒有進去。

我一直在呼籲，我們失去了一個文化的母土，失去了文化的主體性以後，哲學就會鬆動。哲學如果只是拉著西方的某一個問題意識談得那麼高，那是沒意義的。哲學其實應該連著我們的整個生活世界來進行，然後我們再去談如何意義詮釋的問題。本來我今天所給的一個講綱，其實就是關聯這個——所謂「生活世界」跟「意義詮釋」，這是要對所謂「後新儒學的存有學與解釋學」所作的一個提法。但是後來想了一下，其實我不喜歡只是念講稿，我喜歡即席地講，即席地將我的一些新的東西說一說。

十、結語：保臺灣以存中華文化之統，並以此邁向世界

另外，我也憂心我們目前在古典方面的能力。關於這點，年青人還很迷糊，而我們的用功也不夠。最近，我剛去大陸開船山學會議，也順便到湖南的幾個大學去講演。早上六點半，我到他們學校的操場上，真的是讓我感觸很多。因為一群學生已經在那裡讀書，背英文了。我問他們是不是要期中考了？他們說不是。在臺灣，我們八點上課，學生卻是姍姍來遲，有的還帶早餐來。想到兩岸這樣一對比，我們將來怎麼辦？在這個對比之下，我突然興起一個非常強烈的本土意識。我非常強烈的覺得：「咱臺灣人不能輸大陸人！」內在裡頭，我真的非常憂心。所以我回來之後，第一件事情

先把我孩子叫來罵一頓。這種地域意識，我認為是很自然的，而且是很良善的。這是一種競爭。像是湖南人跟湖北人，他們常常會分。我覺得這沒什麼不好。只要不變成一種狹隘的族群意識，我覺得這就好了。

從整個華人在歷史發展的觀點，我常常引王夫之《讀通鑑論》裡講王導的方式，用那種方式來講臺灣。他講王導叫「保江東以存道統」。我說我們是「保臺灣以存中華文化之統」。現在則是要「存中華文化之統以保臺灣」。但是很多人在這個地方想不清楚。無論怎麼講，他都想不清楚。因為目前的臺灣是「黃鐘毀棄，瓦釜雷鳴；讒人高張，賢士無名。」（《楚辭·卜居》）至於我們的哲學界，我感覺最多的問題是「勇於內鬥，怯於公戰」。我很期待能夠讓中國哲學活過來。中國哲學是個活的東西。這一回我在長沙湖南博物館看到馬王堆的古物。一位大陸的考古人員陪著我，為我一五一十的做了解釋，非常清楚。我感覺到，我們以前對中國文化圖像的一些理解，其實值得檢討。

譬如說「中國沒有知識論的傳統」、「中國沒有科學」這些理解是錯的。所謂「中國不注重客觀法則性」這個理解，基本上不完全對，而應該是說，為何中國原來非常著重客觀的契約法則性的東西，非常著重科學的整個脈絡系統，非常著重司法，居然後來這些東西都慢慢萎縮了。我們應該這麼問，這麼問才會問出問題，也才會問出能力來。結果我們以前卻不是，反而說：「我們中國以前就是怎樣怎樣……，西方人就是怎樣怎樣……。」我們以前是用一種民族性的定性方式把他定性，然後說自己很差。其實沒有那個道理。但是，竟然還會有人說：「中國人沒有理論思辨的能力。」哪

有這一回事！中國沒有文學理論構造的能力？我說一部《文心雕龍》就足以輝耀千古，一篇〈齊物論〉，一部《老子》，他就可以告訴你，這個族群曾經是很會思考的。不是因為我們有民族主義情感，而是真的如此。譬如說，我這幾年一直在推一個東西，就是儒道佛跟意義治療（Logo-therapy）的關係。華人的安身立命怎麼安身？他後頭有一套東西。目前有位搞本土心理學的朋友也注意到這個問題。我回師大，教育系、心理輔導系也找我談這個問題。所以我覺得臺灣是有希望的。我覺得我們哲學系真的應該去正視一些問題，去群策群力地面對一些很可貴的問題。

回到自己的母系，內在情感會有很大的不同。這跟我在大陸演講，甚至在師大演講的感覺不太一樣。雖然，我對師大的情感是很深的，對臺大的情感也是很難分彼此。但是對臺大卻不只是情感，還有情結。我是一個很直接的人。其實我很感謝在座有幾位老師、學長。特別陳老師、林老師、郭老師，平常對我都很愛護。今天有幸回到母系來，談自己一些微薄的心得，心裡是非常高興的。我的太太特別跟我說：「一定要跟陳老師說今天是什麼日子。」今天是我結婚二十週年的日子。她說：「你結婚二十週年的日子，居然跑到自己的母系去。」所以我一定要守信用，把這個話帶到。今天我先說到這裡。我想還有一些時間留給諸位。謝謝大家。

問題與討論

聽眾提問：

◆　林安梧老師對中國哲學的註釋系統，與牟先生的差別何在？

各位老師，各位同學大家好。我其實有一些問題想問老師，另

外也有一點感想。我跟林安梧先生其實是有一些淵源。以前我在師大附中念書的時候，林安梧先生就在我們附中教書，而且又再臺大哲學所念博士班。後來我考上清華大學，林老師他適巧又到清華大學教書。記得我上過他的「哲學概論」，「道家哲學」（《老子》），還有「《論語》」。林老師可以說是我哲學上的啟蒙老師。這跟我在日後選擇做哲學研究有著密切的關係，所以我今天也很高興同時是以學生，又是學弟的身份，在這個地方，聽這個演講。

聽完老師的演講，我有些感想。這個學期我正好有上林義正老師的課。我發覺兩位老師的確有很多英雄所見略同之處，那就是一直強調說要回到原典，然後強調我們整個中國哲學，其實是一個和諧融貫的一個整體系統。但是有時候用了西方哲學的一些概念之後，他反而變得支離破碎。我感覺到老師每次上課都很努力地要找出在這背後的那個整體的東西，然後也很希望我們不要再走過去一些學者走過的冤枉路。每次上課，我都感覺有些沈重。我們這一輩的人，好像必須在這些基礎上來做。我其實是想從這個地方問老師一個問題。我知道老師這幾年的方向，就是重新回到《易經》、還有《老子》這些文本的解讀，然後重新去建構一個比較適合中國哲學的詮釋系統。就是說，把「人」跟「世界」看成是一個「道」的整體，然後提出一個「場域」來說。

林老師您也以此為一個出發點，對牟先生就中國哲學詮釋成一個超驗主義哲學這樣的一個哲學系統有一些批評。那麼我想請問老師，您覺得牟先生將中國哲學詮釋成一個超驗主體這樣的一個結論，他最大的問題在哪裡？然後，您再重新去理解中國經典，提出

「場域」這樣一個理論，您的優越性在哪裡。

然後我還有一點感想。昨天我也聽了一個演講，他講的是西方神學家眼中的《道德經》。可是他的立場很清楚，就是牢牢地站在西方神學的系統，來看我們這個《道德經》。然後把我們《道德經》這樣拆，那樣拆。當時其實有很多老師有意見。本來我也不想發言，可是最後我還是發言了。因為他的結論說：「基督世界是一個開放的世界，道的世界是一個封閉的世界。」然後我就告訴他說：「根據我對《老子》的了解，《老子》裡面的世界觀，其實是一個不斷辯證的，然後呈現自己的過程。在這個過程裡，人跟天地是一直在交相參贊。」我說你如何可以去這樣說，說你自己可以把他詮釋成一個封閉的系統。可是他最後告訴我說，說他因為覺得中國是一個 circular 的一個系統，所以他把他詮釋成一個封閉的。然後西方是一個直線型的，所以他把他詮釋成一個開放的。我說可能正是因為這樣，所以要把他顛倒過來。因為只要是直線性的，就是有一個目的性，他可能是封閉的。何況中國這個 circular 並非不斷地重覆。但是現在有一些研究者，卻引用這樣的說法，認為《道德經》裡面有一些西方神學的概念。我覺得心情有些沈重。不好意思，說這麼多。希望老師還能記得我剛才問的問題。謝謝。

林安梧老師回答：

◆ 前輩先生們有許多貢獻，而我們應發展其新的可能

其實我剛剛提的時候，已經稍微說了一下。包括勞思光先生、牟先生，或者其他的先生，他們做的中國哲學其實並不是說他們錯了。他們做了很多貢獻。而這個貢獻，包括他們也曾經告訴我們，

當你現在重新看的時候就會發現到，他有些東西其實是不通的。所謂不通，是因為現在挖出更多東西，有更多的背景、更多對比的可能讓我們去了解更多。在這種了解裡面我們就知道，其實不須要這樣去詮釋嘛！如果用別的方式可能更恰當，然後再求其融貫一致。舉個例子來說，譬如康德道德哲學，很明顯是跟盧梭的社會契約論有密切關係。整個康德學，他後頭的自然科學也是以牛頓的物理學做基礎。關於整個社會的理論思想，他是以盧梭為基礎。他後頭所要去問的問題，也就是人的安身立命，他是放在一個契約論的社會下的安身立命，然後去說明那個道德實踐如何可能的問題。

至於孟子，則是放在一個人倫的場域，放在所謂孝悌人倫，放在我所謂的「血緣性的縱貫軸」下說的。所以他有他的特點，也有他的限制。我們在詮釋的時候就要去思考這些問題。所以我之所以寫《儒學與中國傳統社會之哲學省察》那本書，其實是要對一個社會哲學、歷史哲學、文化哲學做一個背景式的烘托而來檢討儒學。因為我覺得這個工作我們不做的話，一定會不準確。這個工作，我們必須建立在很多人已經做的工作上。譬如說社會史、文化史、人類學，各方面種種，慢慢我們可以釐定大概是怎麼樣。

譬如說，牟先生動不動就談「縱貫的創生系統」。這談得很好。因為在「血緣性的縱貫軸」底下，才會有縱貫的傳統。這個東西，在結構上有一種類似性。所謂的「縱貫的創生系統」，他有什麼樣的創造力跟同時他有什麼樣的限制性？良知他有一個什麼樣的動能，可以突破些什麼樣的限制。但良知卻隱含了專制性跟暴虐性。他如何可能？我常用一個自我嘲諷說：「良知的專制性跟暴虐性，從我的朋友邊你就可以看到了。」他最講良知，但是卻也非常

專制。這也不錯，因為他可以作為我一個反省的對象。我來自一個以父權為中心的傳統家庭，我和弟妹們一回到家，我們的腦袋總是只有三分之一會動，另外三分之二不動。當我們離開家以後，另外三分之二就會動了。所以我們想到，為什麼「男兒志在四方」，就是這個意思。

我就想，這裡有很多其實跟我們親身體驗有密切的關係。現在我回到了母校——師範大學國文系。我叫她「大宅門」，一個研究中國文化最好的地方。為什麼呢？因為中國文化沒有的氛圍在那裡全部都找到了。不管好的、壞的。他有真正的人情、義理，他也有世故與顢頇，什麼都有。其實這也很好，作為一個中國文化的研究者，你很難找到像這樣的地方。你要寫古詩，在那裡可以找幾個人寫古詩；喜歡唱戲，可以找到一群人；要寫字，也可以找一群人。但是，要找世故顢頇，他也有一群人。你找鄉愿他也有。什麼都有。但我覺得這果真夠富有。臺大哲學系還太小，就不至於這麼豐富了。不過如果加上中文系，加上其他系，他就很豐富。這個很有趣。

我曾經寫過一篇很有趣的文章叫做〈孔子與阿Q〉，副標題是「一個精神病理學式的探討」。我試著去聯繫孔子與阿Q這兩個截然不同的人格。孔子代表一個道德的理想人格；阿Q則是魯迅筆下所描寫的那個年代下的，中國一個現實猥瑣的一個人物形象。他們都是中國人，這個中國人有一種內在的關聯，我們怎麼說？如何去疏理他？我覺得這個工作必須要做。我之所以處理這個，目的就是要了解，為什麼從孔子所強調的「道德的社會實踐」慢慢轉成了「道德心性修養」，會變成「道德的境界追求」，慢慢地又從境

界追求到變成一種「精神的自我勝利」。他是怎樣轉的？這是很複雜的過程，必須放在一起。

我覺得這些東西須要去想。當然我自己也覺得很幸運，在我的生活週遭的很多朋友，還算蠻容忍我去想很多其實很大逆不道的問題。包括我的老師牟宗三先生。我常常開玩笑說：「我繼承了我的老師牟宗三先生一個很重要的精神，那就是批評老師。」因為牟先生常常批評他的老師熊十力先生，至少我聽過好幾回。我覺得這個批評，其實是很尊師重道的一個方式。我也覺得牟先生的學問不是隨隨便便可以達到的程度。這也是幾百年來很難得有的，我想很多學界的朋友也承認這點。但這並不代表他已經達到所謂最高頂峰，而一切已矣！其實他正代表一個新的起點。

再看當代新儒學，我們常常把唐君毅、牟宗三兩位先生連在一塊兒。唐先生跟牟先生根本是兩系，就如同伊川先生跟明道先生一樣，他們兩個應各別是很大的不同係絡。只是明道早過逝，唐先生也是早過逝，另外也有其他種種因素，所以唐門凋零，牟門獨大。而在這獨大裡面，又因為其他各種特殊的因素，變成了他有另外的限制。但是也還好。譬如說以《鵝湖月刊》為例。《鵝湖月刊》其實是非常多元的，從政治上的左到右，從思想上的各種爭論。我是覺得這是很有趣的。

另外，我還是想藉著機會再說一下我們的這個母系。我覺得臺大訓練我最多的，就是西洋哲學的訓練。當然中國哲學也有，但是西洋哲學的薰陶，我覺得更應該公開的說。其實像郭博文老師的西洋哲學對我影響很深。雖然郭老師後來思考的一些基本向度跟我不一樣，甚至他對文化霸權毫無警覺與思考，而對中國哲學多有貶

抑，但是他的西洋哲學我還是覺得很好。另外林正弘老師的西洋哲學，我在方法論上也受過他啟發。我常常跟很多朋友說，在臺大裡頭要盡可能多學一些。除了學中國哲學，也要學西洋哲學。學西洋哲學的，除了西洋哲學要學也要學中國哲學。臺大最可貴的就是書，還有自由開放的風氣。臺大的老師，他不會給你板一個什麼面孔。這是個非常難得的地方。在這裡的九年，我覺得很有意思。

◆　　「存有三態論」與「兩層存有論」的異同

我覺得自己在做所謂「存有三態論」，其實是比較合乎《易經》的傳統。而那個部份，其實我是從《老子》跟《易經》連在一塊說的。像「道生一，一生二，二生三，三生萬物」跟「易有太極，是生兩儀，兩儀生四象，四象生八卦，八卦定吉凶。」我大致上仍在揣摩這個問題，我曾經用一個很有趣的數學數值來表達這個東西。今天不太有時間講這個，但是我可以稍微表達一下。我是覺得很多東西很有趣。《老子》是就本體宇宙論的說「道生一，一生二，二生三，三生萬物。」；《易經》的「易有太極，是生兩儀，兩儀生四象，四象生八卦，八卦定吉凶。」他是在價值哲學的實踐哲學上說。《易經》與道家其實很可以通為一個總體來理解，或者可以說他們根本是同一個傳統。就是孔老夫子也不能外於這個大的傳統；這就是這個道論的本源，是不可說的「X」。而這個「二」，代表著陰陽，兩端而一致的思考。就這一點來講的話，我自己在做碩士論文的時候，基本上我是很認同王夫之的。我認為他的思想深度、廣度、厚度遠過於程朱、陸王。

雖然牟先生不太談他，認為他不夠精準，但是我認為王夫之的思維模式以及辯證性的思考，都是合乎《易傳》的。因為他接著張

載，而張載其實就是從《易傳》跟《中庸》來的。這是非常可貴而值得重視的。所以，在這個過程裡面我們可以發現到，他的這種「兩端而一致」的思考，這可以通到前面我所說「I and Thou relation」來講。其實，這非常重要。像王夫之最喜歡談「互藏以為宅，交發以為用」，「性／情」、「道／器」、「理／欲」，都可以經由兩端而一致來理解。再說「理／勢」，我們說「即勢而成理，以理導勢」，我曾經通過「理」跟「勢」來說明目前的臺灣未來的發展，我覺得這個也可以用。所以我一直在想，我們怎樣去回到中國哲學，而再去想如何發展。

　　我所謂「存有三態論」，從「存有的根源」、「存有的彰顯」到「存有的執定」，我是合著「道生一，一生二，二生三，三生萬物」說，也合著一些新的發展來談這個東西。我慢慢的覺得大體來講他的解釋力，比牟先生的「兩層存有論」的解釋力的架構更強一些，而且可以免除主體主義的傾向。我覺得中國哲學通過主體主義去收縮、融攝並不恰當，所以我才慢慢地改用這個系統。這些最主要是在做熊十力的體用哲學的時候轉出來的。其實有些東西，我覺得是很幸運的。我在做熊十力的時候，牟先生其實不太贊同。他覺得熊十力先生的哲學有什麼好做的。我說我做老師的老師的學問哪。當時牟先生因為身體因素，居於香港，較少來臺灣。我雖亦時相請益，但我那本論文牟先生只看了一章，以後各章是其他先生幫我看的。考試的時候，是戴璉璋老師、蔡仁厚老師、王邦雄老師、黃振華老師、張永儁老師、金忠烈老師幫我主考。我那時候一心一意想發揚熊先生的學問，我以為一定要由牟宗三先生回到熊十力，當代新儒學才有希望。當時，其實我的想法跟牟先生的思考已經有

一段很大的區別。牟先生晚年對學生比較寬容，這一點我覺得是幸運的，比較起來，我可思維的空間要多些、大些。我就順便再提起一下。其他是否還有問題？

陳鼓應先生回應：

◆ 關於對話要如何不失去主體性

《莊子》有句話說：「失之交臂。」我記得 1996 年，在北京召開第一屆關於道家的國際學術會議，世界各地的專家都來，你（林老師）也來參加。當時你發表對《老子》第一章的看法，我就很欣賞，於是就跟你邀稿。你當時也答應了。但是我後來卻卻始終沒有收到。你爽約了。今天在這裡聽了你的談話，我才知道，你會一直講儒道同源，其實也是在這個場域裡面。我們有這麼多相通，頗讓我感覺意外。雖然我們經常在一塊兒，但是我始終卻不太了解你的想法。我也非常謝謝今天你來這裡，你的談話也給我很多的啟發。首先我謝謝你。同時，我覺得對於我們來說都很有意義。另外也轉告你太太，謝謝她在你結婚紀念日這天還放你過來。記得我自己結婚二十五週年時，還記得當時是我女兒跟兒子安排的，他們商量好了我才知道。我這個人以前是只知道自己生日的，後來因為我喜歡吃蛋糕，所以我一直都記得。

我先要講一下，也是要讓各位了解一下。人都會受老師影響。我在哲學思想上受方東美先生影響很深，當然，我還受殷海光先生的影響，這是大家都知道的。剛剛我們講到東西方如何對話，講到如何避免失去主體性。臺灣現在的狀況有點像大陸以前的文革，文革把整個中國的東西都掃光了，我覺得這一點是文化的浩劫、文化

的大毀滅。現在臺灣將中國文化邊緣化，將中國哲學外化，這是另外一種政治上的一個小型的、小規模的文革。

我接著要說，我因為受到老師的影響。方先生給我的影響是一種學術的威嚴。他不苟言笑，可是我們也常常會去找他。方先生與牟先生曾在中央大學任教過，他們之間有過節，彼此的學術觀點不同。殷海光先生也是一樣。這兩位先生都非常的排斥，也很抵制牟先生，所以彼此之間一直沒有溝通。我在東海的時候，曾經找同學晚上去聽牟先生的課。後來我在文化大學任教，學校要我請他去演講。牟先生的書我也看。可是因為老師的關係，所以有這種影響，我一直對牟先生的本質主義有意見。方東美先生的《新儒學十八講》，《原始儒家道家哲學》都很可觀。我覺得每一個念哲學的都有他自家的系統，方先生有方先生的哲學。方先生是一輩子在讀書，他到美國講學之前都講西方哲學，到美國之後回來都講中國哲學。大概也是受到大陸馬列的刺激，所以他那個時期的脈絡，完全是因為這樣的影響而寫的。

至於牟先生。對不起，因為我每次都批評牟先生。這個也是我的個性。尤其你們都會覺得怪怪的，兩三次學術會議中我都批評牟先生。（林老師：我知道你批評錯了，我們再批評。）有一次我說：「牟先生的文章寫得很差。」嘩！當時大家的眼睛瞪得跟什麼一樣。後來我接下去說：「牟先生跟我說的。」因為牟先生他自己講他為什麼文章寫的不好，他一個句子二三十個字沒有標點。這是在文字上很難懂。但是學生的學生，他們就模仿牟先生這種文風，好像是形成一個牟先生的門派，或者牟教一樣。就好像大陸人寫文章一定要有毛主席說。（林老師：這情形是不可能，這是傳言誤解……。）我講兩個例

子。我曾看過一個用胡塞爾現象學，然後就寫《易經》潛龍勿用的本體論。這讓我覺得怪怪的。即使我們應該跟古典對話，但是這種對話也未免太望文生義了，甚至是指鹿為馬。還有一個例子，也是像剛剛那個問題。他寫尼采跟《莊子》的比較。他說《莊子》卮言的卮是酒器，而尼采是酒神精神，結果卮言竟然是酒言酒語。我的老天！這篇文章我又不能給他很低，當然也不可能給他很高。（林老師：這樣好不好。……）對不起，我要說的是……（林老師：牟先生的學生大概……）像某某某啊……很多都是這樣。（林老師：少數……）但是又不能批評牟先生，一批評那不得了。我的老朋友——韋政通，就是因為批評了牟先生，所以被逐出師門。大家對他咬牙切齒。我也是第一次聽到你說牟先生晚年的那些事情，那個我也很存疑。不過，我覺得他這個陸王新心學，走心學一走進去以後就走不出來了。你們師大也有一個牟先生的學生——曾昭旭，後來講什麼戀愛的，也是搞心學以後就走不出來（林老師：可能你沒了解）。

關於學術上的本質主義。對不起，我其實沒講得那麼重。我因為是牟先生、殷先生的這個。這裡面當然還有一個情節，我們從事於自由民主的運動的時候，他很多人是站在，躲在背後跟我們這個……，那種東西我就今天不說了。所以我也很懷疑新儒學可以開出自由民主。所以從來沒有沒有人敢在我面前講儒家，新儒家什麼自由民主。因為我們從事於民主運動的時候，他們那些人在底下搞我們……（林老師：現在你這個地方你不要談……沒有，這個地方你不要談。）對不起，我很快就講完了。我要把這個心底話，我對於這個很多舊儒家。舊儒家都是一個陣營，那當然這個我要講的很長。因為我覺得凡是在歷史上的，像管子可以看的出來，就是道家影響了

稷下學風。這個是我覺得《老子》作用很大。然後《呂氏春秋》，看到中國要統一了，他覺得應該是百家競起。這個也是以道家為主體，但是後來統治者又結合法家，反而少掉了。至於《淮南子》，那更是一個氣勢蓬勃，可以容納各家之長的，但是他又結合儒家，後來卻反而以儒家為主了。所以，今天聽你的話，我想方先生跟牟跟熊十力先生，他們都有一個共同點，他們認為儒家在漢代以後就死掉了。熊十力比方先生還要絕對，他認為在這以後就沒有儒家了。對不起，我剛剛會批評新儒家、新儒學，對不起其實不止是新儒，舊的我也有意見。「攻乎異端，斯害也矣」。我喜歡道家，心裡不喜歡儒家。這是有血肉感的。因為在我生成的環境中所遇到的儒家，總是心胸狹隘。但是我現在呢，可能是時來運轉了。我現在遇到的，我覺得都還不錯。我也不諱言，我覺得他（指林老師）建立旁通學，建立他的那一套儒學對《易》的詮釋，我很鼓勵他寫這種東西。而且他很有很多見解。好多年前，我還請他到班上講過二、三次課。本來我們這個儒道很對立的。但是在系裡面，我大概跟他喝茶喝最多。另外還有王曉波，我們兩個對話是談最久。今天我們有這麼多溝通，我覺得很高興。對不起，我想我對儒家有很深的，說是成見也好，意見也好，那是因為我的經過有那樣的一種感受，有血肉感。很多的儒家，簡直要置我於死地。國民黨有一個警總。如果儒家手上有掌權的話，他可能會搞兩個警總來對付我。這個事我就不說了，你可能也不能了解我這個過程，但是我這個還是一個追求理念的問題。

今天，我覺得你講到很多非常有意義的問題，比如說對話的問題。關於對話要如何不失去主體性，這個也是我感觸很深的。從我

們念書的時候開始，西方哲學跟中國哲學，根本就是楚河為界。我在大學時念西方哲學，在研究所也念西方哲學。並不是我瞧不起中國哲學。後來很偶然的，我看到西方的存在主義。另外《莊子》也講：「尚吾生者乃所以尚吾死也。」這句話很有存在主義的味道，我才找《莊子》來看。結果兩個都看進去了。因為這兩個都反傳統。我的精神其實是從五四來的，這個反儒家的傳統。另外也藉尼采來反中國的傳統，我之所以進入尼采也是因為這樣。但是進去以後呢，進《老子》能夠旁及諸子。其實我對於孔子、孟子，我心裡也有一些期盼。這就是說，這裡應該怎麼去理性看待。有一點，剛剛談到說學風的問題。這個如何把握？讀中國哲學千萬不要排斥西方哲學。那麼我們怎樣看待西方哲學呢？我的老師殷先生，他一直是西學派的。還有金岳霖，還有賀麟，他也研究西方哲學。大陸方面來說，像是現在王樹人、葉秀山……這一些人都很不錯。還有余敦康，他的西方哲學的訓練比我們還好。我最近幾年才發現，商務印書館出版了一些西方哲學原著的翻譯本。余敦康他雖然不懂英文或德文，但是他直接讀翻譯的原著。他這一方面有一個學風。所以我覺得這是一個學風的問題。

另外一點就是你剛剛談到的，假如自己的本國文化沒有根柢的話，即使研究西方的東西，表達能力也有限。比如說《讀書雜誌》，那是非常好的一本雜誌。我看過一個在外國教書的年青學者，他寫出來的東西，就沒有我們看朱光潛、宗白華那麼親切，那麼有意境。我不知道他寫什麼東西。後來有一次，我忍不住跟他們講，我說：「這作者的中文表述的不夠好吧。」但是我不敢講他們中文底子不好。所以，我覺得要接受西方的東西，表述能力也非常

重要，不然就會很容易用西方的框架硬套。今天我們讀古典，不管是西方或中方的典籍。我們都要進行對話。對話不能失去主體性。比如說你剛剛講到孔子六藝。我們教孔子，研究孔子，我們不能把他的文化環境給甩掉。所以我們現在的學問，有一點去生命化的傾向。有些食古不化的人，喜歡用西方的概念框套中國。如何能夠不去生命化，這樣才能夠有主體性，才能夠對話。所以我非常謝謝你今天跟我們大家說的這些。你是很肯思考的。牟先生的書，我可以看得進去，但是我覺得牟先生學生的學生，狀況太多。我想溝通是很重要的。今天要講的很多，最後我再講幾句話。我們當代中國哲學的幾位前輩，他們在中、西學方面的功力都相當地深厚。比如你剛剛講，由嚴復這一代，還有郭崧燾。郭崧燾解釋《莊子》就是這麼幾條，但是都相當精采。如今我的年紀也大了，我覺得，至少還算對得起自己。我也是想勉勵同學，要好好努力。比如說徐復觀先生，四、五十歲才發奮圖強。所以你們也要好好加油。

聽眾回應：

　　我是社會人士。在哲學方面是外行。只是我喜歡到處去聽演講。像林老師能夠去省思固然不錯，但是我覺得現在學界研究孔子都必需要借重西方，那是很可悲，也很可嘆的。倘若果真是和西方對話，那還無話可說。可是自己沒有從自身的生命出發，變得只是像是翻譯機、錄放音機一樣，沒有經過自己消化，那也是枉然。或許你們認為我是在批評也好，因為我講話也是蠻坦白，蠻實在的。因為我不想做一個媚俗的人。剛才陳老師說儒派、道派，我覺得哲學系自己都不能省思，難怪會教出一大堆不會思考問題的人。哲學

系應該有冷靜的頭腦，如此才不會受到人事物所累。不然就會有像剛才所說的派系之分。

我以為應有敏銳的觀察力，才能夠宏觀跟微觀。宏觀才能看到各面向，才不會心胸狹窄。微觀才能抽絲剝繭，找到優先次序。才能先治標，才能治本。希望大家要多努力，也期待林教授能夠繼續提出箴言。

林老師回答：

◆　　學術是多元的，彼此可以互動和融通

聽到剛剛陳小姐那一番言論，我們作為一個讀書人其實是有一點慚愧。其實，陳老師是有血有肉的感觸到問題去說。他不喜歡把他放在心裡。關於陳老師提到牟先生學生的學生，我還是有一個想法就是，既然他成為一個家派的宗師，他總會有一批這樣的人，你就用一個慈悲的心靈面對他。其實還好。我一直覺得其實牟先生的學生們也非常多元，你可能就是運氣比較不好，然後碰到一些不愉快的事情。其實現在我們有一些機會。譬如說鵝湖月刊社，他其實是一個和而不同的團體。基本上他非常多元，鵝湖的朋友們也很清楚。當然，少數個例上，每個人有每個人的內在衝突，但是有些還是可以克服。譬如說我談到在臺大受教育的整個過程，我覺得我一定要憑良心的說郭先生對我的影響。雖然我運氣不太好，他這個哲學研究所不發展中國哲學，對這點對我來講，我是很不舒服，但是談到我做的中國哲學，如果我做出一點成績來，我想郭先生對我有很大的影響。即使我還是有些遺憾。另外我也遺憾說，清華大學的哲學研究所沒有中國哲學。我認為這是一個最大的錯誤，也是一個

不可彌補的錯誤。但是沒辦法。那沒有關係，有些東西叫因緣不可思議。我回師大就是因為二、三十年前講的一段話，不知叫做「願力」，還是叫做「業力」。很多事情，我還是蠻相信佛教的，真的是願力（業力亦然）不可思議。我記得大四畢業那一天謝師宴的時候，因為我對師大國文系很不滿，喝醉了酒，我趁著酒意，當著列位老師及同學的面前說，我決定不念自己師大的研究所，但是我希望十年後，能夠回師大任教。果不其然，我是在十年之後，是在畢業了廿二年後，回到了師大國文系所任教。我回師大以後，覺得這裡有一些可以砥礪的朋友，包括學長。

　　我一直覺得，老一輩人的恩怨大概差不多了了。像陳老師我認為他不太像莊子，反而像孟子。我記得他剛從美國回來的時候，我就請他到清華去演講。我覺得在我的感覺裡頭就是這樣。譬如說林毓生先生我也很熟悉。林毓生是自由主義者，但我認為他根本是儒家。這只是我的腦袋的認知，沒有別的意思。這也很有趣。所以這裡是牽涉到整個儒家在這兩千年的帝皇專制、父權中心這一套。林義正先生大概的意思也是回溯到孔子，再講公羊學，講《易經》。其實能講公羊學，講《易經》的人很少，國內也有一些做這方面工作的同仁和專家。我一直覺得就是說，大概到我們這一代，有一些機會可以彼此互動、融通和討論，思考一些新的發展的可能。我也常跟師大的同學講，看看能不能跟臺大多一些互動。

　　至於牟先生學生及其再傳之學生。他們的表現上極少數是如陳老師說的，我想這個只是一個門派下很自然而然會有的。如〈齊物論〉所說：「詼詭譎怪，道通為一；厲風濟，還歸於虛」，之後就可以「萬籟俱寂」了。我覺得我所了解的牟先生很好，他能夠批評

熊先生,所以也讓我能夠取得合法性去評議牟先生。我覺得這非常好。所以就這一點來講,截至目前為止,我對牟先生的理論上的批評,在我的師友輩裡面並沒有人認為是大逆不道。或者只有極少數人有嚴重的異議,但也都相待以禮,這是極為難得的。我覺得大體來講還好,可能有那麼一兩位,我想我們都有共同的體會,就姑且不論了。

陳鼓應先生回應:

其實我剛剛講的是心裡的話。對於牟派的學風,我回臺灣以後,實在不敢領教。今天碰到你,我認為在這個公開場合有機會我一定要講。我也不怕得罪人。我之所以講是因為聽到你的演講,我百分之九十、九十幾都是同意的。我的意思是說,我們認識這麼久,但是經過今天的談話,我才知道我們之間可以有這麼多對話。以前我不知道,所以我們每次碰到都沒有談學問,因為我覺得我們在學問上可能沒有什麼機會能「儒道匯合」。在我的經驗裡面,很少能夠有機會能夠像今天一樣對話。那我現在有一個看法上的不同,就是你講到清代諸子學的興起,造成專制的一種官學。我想我的解釋剛好相反。是每一個朝代,譬如說漢代儒學的發展到這樣的一種地步以後,往後才有諸子學的興起。諸子學的興起,是魏晉玄學產生的一個前奏。(林老師:不是,我講的是朱熹,是清康熙帝提倡的朱子學。)哦,對不起,我聽成是諸子學了。剛好晚清也是有一個諸子學。

學生反應:今天非常謝謝林老師,我覺得收穫很多。正好今天主任也在,還有陳老師、郭老師也在。我有一個建議,就是能否請林老師也在系上開一門課?

尾　聲

林義正先生發言：

◆　　各愛其異，適足以聚其大同

今天非常難得請到林教授來到這裡。林教授可以說這十年來，深思熟慮。在儒學這一方面，他立基於熊先生，然後又回歸到王船山。王船山融攝了程朱、陸王之學，他面對當時的環境，在文化慧命的那個情況之下，有一個大開大闔的情況。這個地方，林教授掌握得很好，確實可以說是活生生的。林教授一直要把儒學不止是作為一種學術性的，或者是哲學性的，他其實很重要的地方就是要把他活化。儒學不只是以供談資而已，真正是變成深入的。就中國哲學來講，這個方面絕對是正確的。只是要如何發展，大家還得好好思考。

今天的情況，只要陳老師在，一定會批評儒家的。我覺得從儒家來講，孔子跟子夏講：「汝為君子儒，勿為小人儒。」所以儒家也有很多品類。有高等儒，有小人儒。這一路下來到了《荀子》，有瞎了眼睛的儒，有陋儒、俗儒，一直到了大儒、雅儒。所以這個「儒」，實在是太廣了。也許陳老師所碰到的儒，大概是陋儒、俗儒這一類。又或許是碰到拿著招牌的儒，結果被他們打了一下頭，所以對儒就害怕了，從此對儒就不懷好感了。陳老師在生命歷程當中，碰巧有這個際遇，所以從此就有所戒心。我覺得這點是難免的。依我的了解，牟先生的課我從是頭聽到尾。唐先生的課我也從頭聽到尾。方先生的課我也是選修了，還有吳康老師，以及其他老師。對我來講，學無常師。讀完以後，我覺得老師們都有他的道

理。這個時候，我絕對不會說哪一個老師有道理，我就去做他的信徒來崇拜。我還是在思考我自己。

談到我為什麼要研究孔子。牟先生講到孔子有四個字：「踐仁知天」，我覺得孔子不應該只是這四個字就能夠講完了，應該還得好好地挖掘，所以我就往這方面走。另一方面，當然也有我的背景在。在文化的時候，我碰到了毓老（愛新覺羅毓鋆），他強調學問要好好地從經學做底子。他是康有為的弟子，也是王闓運的弟子，他講的經學就是公羊學，他一天到晚跟我講公羊學。後來，我又修了吳康老師的課才知道，原來吳康老師在法國讀巴黎大學的時候就是學公羊的。他寫了《春秋三大政策》，法文版的。後來我到他家去，他就拿出本博士論文給我看。他說：「我的指導教授很欣賞這本論文。這個是講春秋的。」我說：「原來老師也是從這一路下來。」我才知道吳康老師原來也是從晚清今文經學這個地方著手的。他講《公羊傳》其實是可以做一做，我就有點好奇了，毓老師講公羊學，但他又不多講，這給我心中留下一個 question mark。後來碰到吳康老師說公羊學可以做一做，於是我就做公羊學。結果沒想這一路做下來的儒學就是從《春秋》通到《易》，然後就是以《論語》為本。我讀《論語》的感覺，跟陳老師讀起來不一樣。陳老師讀起來認為「攻乎異端，斯害也矣。」好像孔子就是喜歡批評別人。我的理解不同。我認為「攻乎異端，斯害也矣。」這個攻，是攻擊的攻。異端就是不同的端。攻擊不同的端是有害的。那是什麼意思呢？就是「和而不同」！孔子是無常師，集大成，而且是聖之時者也。這個是從孔子透示出來的儒學精神，那是多麼地通情理，是多麼地博大精深。孔子這樣博大，居然還去拜老子為師，可

見孔子的偉大就在這個地方。我總覺得，在中國的哲學裡面，孔子的學問幾乎是包含著老子的學問。孔門的四科，德行科裡面顏淵這一派，就是孔門裡面道家氣味最濃厚的，但是孔門又不是只有講道家這一派，他還有子路這一個政事派，有子貢這一個外交家，有子游、子夏這個文學家，還有教育、思想、文化的人材。可見孔門的門徒，何其雜也。這個雜有一個好處。雜者，並非雜亂，而是會通。所以我覺得未來我們時代的整個思想潮流，各愛其異，正好能夠聚其同，會其大同，從這個地方才能夠顯現出來。所以我覺得就是要有不同，才能夠激發我們的思考，學問才能夠變好。今天聽到林教授的話，其實他就有一種精神，就是要把學術的語言變成生活的語言，把儒學從經典的語言，變成生活的語言。我覺得這一點是我們須要去做的。但是，我覺得他說「道生一，一生二，二生三……」這一點，我覺得好像是望文生義。發揮是很好，很清楚，但是這個地方我是覺得發揮是可以，但是仍然得回歸原典。這個地方我覺得是很重要的，我也趁這個機會提供我的看法。今天非常感謝林教授能夠來我們的系，適逢他的結婚紀念日，那更是生生不息的開始。

林安梧老師回應：

關於《老子》的部份，我想我還是說一說。這個部份其實是這樣子，我且先嘗試說說，今天時間不夠，沒有辦法去說他，但願以後有機會再說。我在大四的時候，修了兩個課，一個是《易經》，一個是《老子》。起先，我想去談一個東西是關於「不可說」、「可說」、「說」跟「說出對象」的關係。這是整個從語言哲學的

角度重新再審視《老子》跟《莊子》，也就是思考語言、存在跟價值的關係。今天我們可能沒有時間來談這個問題。其實我們在思考一個東西一定不能穿鑿，我非常不喜歡穿鑿。你一定不能附會、不能穿鑿，但是你可以發揮，而發揮一定要回到原典。談到原典我要強調的就是：「如果只讀原典，那就會走不出座標的原點；如果不讀原典，就會回不到座標的原點」，所以不但要讀原典，我覺得也要讀好的詮釋。譬如說，我想方東美的東西我們讀過，還有徐復觀、唐君毅、牟宗三、熊十力，還有馮友蘭、賀麟。另外，現在還健在的像李澤厚、葉秀山、……他們是都是我熟悉的前輩朋友，我也是受益很多。

關於我所想的這些東西，我也一步一步地盡很多力量。另外還有很多的東西必須去看，包括馬王堆、帛書、楚簡的東西，我也很注意地在研究，我一直覺得不能疏忽這些東西。特別是，中國哲學之所以難治，在於他的整個學問性的傳統還沒有建好，這其實還要花很多的工夫。我想，因為現在慢慢的有一點機會了，這一代，一步一步地累積。我也常跟年青一輩說，我們能夠做的，不是牟先生他們那一代做的事，而是在培養下一代。再下一代，可能再兩三代也不知道能不能再出現像牟先生、方先生他們那樣比較大的學者，在綜合力、各方面總總。雖然我談的也很宏觀，但是我常常強調：「沒有微觀的宏觀會空洞，沒有宏觀的微觀會盲目，會失去焦點」。能夠回到自己系裡面來做這樣的一場演講，我真的很高興。

國家圖書館出版品預行編目資料

中國人文詮釋學

林安梧著. – 初版. – 臺北市：臺灣學生，2009.10
面；公分
含索引

ISBN 978-957-15-1476-5 (平裝)

1. 人文學　2. 詮釋學　3. 方法論　4. 中國

119　　　　　　　　　　　　　　　　98016853

中國人文詮釋學

著　作　者：林　　　　安　　　　梧
出　版　者：臺 灣 學 生 書 局 有 限 公 司
發　行　人：楊　　　　雲　　　　龍
發　行　所：臺 灣 學 生 書 局 有 限 公 司
　　　　　　臺北市和平東路一段七十五巷十一號
　　　　　　郵 政 劃 撥 帳 號 ： 0 0 0 2 4 6 6 8
　　　　　　電　話　：（ 0 2 ） 2 3 9 2 8 1 8 5
　　　　　　傳　眞　：（ 0 2 ） 2 3 9 2 8 1 0 5
　　　　　　E-mail：student.book@msa.hinet.net
　　　　　　http://www.studentbook.com.tw

本 書 局 登
記 證 字 號：行政院新聞局局版北市業字第玖捌壹號

印　刷　所：長　欣　印　刷　企　業　社
　　　　　　新北市中和區中正路九八八巷十七號
　　　　　　電　話　：（ 0 2 ） 2 2 2 6 8 8 5 3

定價：新臺幣五○○元

二 ○ ○ 九 年 十 月 初 版
二 ○ 一 七 年 三 月 初 版 二 刷